中国金融四十人论坛
CHINA FINANCE 40 FORUM

致力于夯实中国金融学术基础，探究金融领域前沿课题，引领金融理念突破与创新，推动中国金融改革与发展。

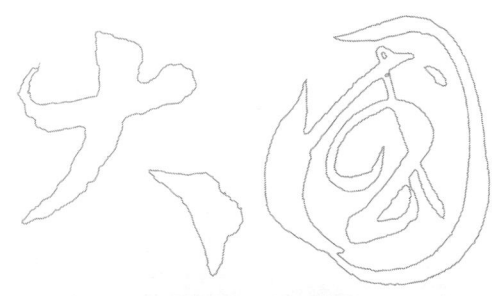

大国债市

金融高水平开放背景下的
国际化之路

万泰雷 张琪 陈夙 ◎著

BOND MARKET OF A GREAT NATION

THE JOURNEY TOWARDS A GLOBALLY IMPORTANT
MARKET IN THE ERA OF A HIGHER-LEVEL
FINANCIAL OPENING

中国人民大学出版社

·北京·

"中国金融四十人论坛书系"专注于宏观经济和金融领域，着力金融政策研究，力图引领金融理念突破与创新，打造高端、权威、兼具学术品质与政策价值的智库书系品牌。

中国金融四十人论坛是一家非营利性金融专业智库平台，专注于经济金融领域的政策研究与交流。论坛正式成员为40位40岁左右的金融精锐。论坛致力于以前瞻视野和探索精神，夯实中国金融学术基础，研究金融领域前沿课题，推动中国金融业改革与发展。

自2009年以来，"中国金融四十人论坛书系"及旗下"新金融书系""浦山书系"已出版160余本专著。凭借深入、严谨、前沿的研究成果，该书系在金融业内积累了良好口碑，并形成了广泛的影响力。

推荐序一

上海浦山新金融发展基金会会长、中国社会科学院学部委员　余永定

万泰雷、张琪和陈夙合著的《大国债市——金融高水平开放背景下的国际化之路》一书对中国债市国际化（internationalization of bond markets）的历史进程进行了全面回顾，系统探讨了在这一进程中中国所面临的种种挑战。无疑，本书是中国债市国际化研究领域的一部力作，对从事相关工作的政府官员、从业人员和经济研究工作者都具有重要参考价值。

布雷顿森林体系崩溃之后，随着资本管制的放松或解除，金融国际化成为国际金融活动的一个基本趋势。债市国际化是金融国际化的一个重要组成部分。可以认为，金融国际化包含三个维度：第一，资金的跨境流动；第二，资金借以跨境流动的金融工具；第三，支持资金实现跨境流动的基础设施。资金只有通过一定载体才能实现跨国流动，正如人员的跨境流动，必须依靠飞机、轮船、火车等不同类型的交通工具，债券、直接投资和股票等金融工具都是资金流动的载体。为了使作为资金载体的金融工具（如债券）实现跨境流动，还需有相应金融基础设施的支持，正如飞机、轮船、火车等交通工具的安全运行必须有机场、港口和车站等交通基础设施的支持。

对应金融国际化的概念，下一层级的概念应该是"债券国际化"和其他金融工具的国际化。但文献中似乎不太用"债券国际

化"这个概念，常见的说法是"债券市场国际化"。因而，债市国际化的概念应该至少包括两方面的内容：其一，债券工具（bond instruments）的国际化，即债券的自由跨境交易；其二，债券市场本身的国际化，即为方便债券的跨境交易，建立合乎国际规范的债券市场。

债券工具国际化意味着中国筹资者和投资者可以自由跨境发行或购买国际债券。所谓国际债券包括三类：外国债券、欧洲债券和全球债券。

外国债券是指非居民发行的用发行地所在国货币计价的债券，如扬基债券、武士债券、猛犬债券和熊猫债券（以下简称熊猫债）等。欧洲债券是指居民或非居民发行的用发行地所在国之外国家货币计价的债券，如在伦敦发行的日元债券、美元债券。全球债券是指融资者同时在不同国家（包括本国）发行、可用包括本国货币在内的任何国家货币计价的债券。与欧洲债券不同，全球债券可以用发行地所在国货币计价。例如，作为全球债券，日本居民发行的日元债券不仅可以在日本发行，也可以在其他国家发行。

理论上说，中国借贷者和投资者发行或购买国际债券可以有如下情景：

第一，中国借贷者在境外发行以发行对象国货币计价的债券，即发行外国债券（如扬基债券、武士债券和猛犬债券等）。

第二，中国借贷者在境外发行以非发行对象国货币计价的债券，即发行欧洲债券。

第三，中国借贷者同时在多国（包括在国内）发行用某种外币或人民币计价的债券，即发行全球债券。

第四，中国投资者购买外国借贷者在中国发行的人民币债券（对非居民而言，是在中国发行的外国债券，即熊猫债）。

第五，中国投资者在境外购买外国借贷者发行的欧洲债券。

第六，中国投资者在境外购买外国借贷者发行的全球债券。

第七，境外投资者在中国购买中国借贷者发行的人民币债券（对非居民而言，即购买外国债券）。

不难看出，作为借贷者，中国发行外国债券（如在美国发行扬基债券、在日本发行武士债券）、欧洲债券（如在我国香港发行美元债券，在香港发行人民币债券——点心债也属于这一范畴）、全球债券（如我国内地企业在我国香港发行全球销售的美元债券）。作为投资者，中国购买外国借贷者在中国发行的人民币债券（如购买国际金融公司（IFC）和亚行发行的熊猫债）、外国借贷者在境外发行的外国债券（如在美国购买美国国债或在境外购买熊猫债）、外国借贷者在境外发行的欧洲债券（如通过"南下通"在我国香港购买美元债券和其他币种的债券）和外国借贷者在境外发行的全球债券。

在过去20多年中，中国借贷者发行全球债券、外国债券和欧洲债券从境外筹集资金，形成海外债务；中国投资者则购买境外借贷者发行的全球债券、外国债券（熊猫债）和欧洲债券向境外提供资金，积累海外资产。中国的跨境债券交易基本涵盖了国际债券的所有方面，中国债券市场的国际化已经取得长足进步。从理论上看，中国的债券工具国际化还存在以下几种可能性：中国投资者在中国购买外国借贷者发行的欧洲债券；中国投资者在中国购买外国借贷者发行的全球债券；境外投资者在中国购买外国借贷者发行的欧洲债券；境外投资者在中国购买外国借贷者发行的全球债券。

中国借贷者和投资者同境外投资者和借贷者之间的所有通过债券买卖实现的交易都不再受到限制或很少受到限制，且大多数交易已经达到足够规模之日，即中国债券资金实现跨境自由流动之日，便是中国债券市场实现国际化之时。

本书指出：截至2020年末，中国债券市场规模超过110万亿元，占国内生产总值（GDP）比重也超过100%，市场规模已经跃居全球第二。但截至2020年第二季度末，全球国际债券25.58万亿美元存量中，发生在我国在岸债券市场的跨境债券融资（熊猫债）存量只有383亿美元[①]，在全球份额中占比仅为0.149%。截至2020年末，我国债券市场境外机构持有占比仅为2.92%。与此形成鲜明对比的是，截至2015年末，全球债券中，有31%的份额是由外国投资者持有的。从这些数字可以看出，中国债券市场的国际化还有相当大的提高余地。

本书主张加速债市国际化的一个主要根据是，中国的跨境债券交易规模同中国国内债市规模"极不匹配"。这种观点或许是正确的。但我感觉讨论中国债券的国际化问题（不是债市国际化）似应将其纳入一个更为普遍的框架之中。

首先，中国海外资产和负债的规模是否同中国资源跨境、跨时的优化配置相一致？一方面，中国是一个高储蓄国家，并不需要依靠外资维持经济增长。因而，可以主张中国的海外债务应该保持在一个较低水平上。另一方面，中国是一个发展中国家，为了实现经济的较快增长，中国首先应该把资金用于本国的软硬件投资。因而，也可以主张中国的海外资产应该维持在一个较低水平上。这样，中国海外资产和负债规模在中国财富中的占比，以及占GDP的比例似乎存在一个适度规模，并非越多越好、占比越高越好。

其次，中国海外资产和负债的结构是否合理？数十年来，中国一直保持贸易顺差和经常项目顺差。因而，按定义，中国是资本净输出国。如果不能实现经常项目的平衡，中国就不得不持续增持海外资产。中国持有海外资产的形式不外乎是持有外国借贷者发行的债券（包括美国国库券、其他国家的主权债、金融机构债、公司债和一些短期融资工具等）、外国公司股票、中国的对外直接投资。这样，中国就存在一个优化海外资产和负债结构，提高投资收入的问

[①] 中国银行间市场交易商协会2021年1月14日发布的信息显示，截至2020年12月31日，共有54家境外发行人（经该协会注册）累计发行熊猫债2 649.5亿元，其中2020年累计发行525.5亿元，同比增长12.2%。

题。例如，在中国 9 万亿美元的海外资产中，收益率极低的储备资产为 3.3 万亿美元，占总资产的 37％。外汇储备在中国海外资产中的占比过高应该是不争的事实。同股票资产相比，债券资产波动较少、风险较小，但收益较低。同直接投资相比，债券资产风险更低，但收益也更低。因而，债券资产（除外汇储备资产）在中国海外资产中的比例是否应该进一步提高？这是一个值得认真讨论的中国海外资产结构优化问题。

长期以来，在中国的海外负债中，外国直接投资占有压倒性的重要地位。在改革开放初期，这种状况自有其历史原因。时至今日，这种情况自然会发生变化。最近几年中国的国际债券融资快速增长可看作中国海外负债结构的改善。但在中国继续维持经常项目顺差，即中国由于国内储蓄过剩，一直是资本输出国的情况下，外债迅速增加是否正常？在肯定中国企业在海外融资有其合理性和必要性的同时，也必须考虑海外借贷的迅速增长是否同企业因流动性短缺而同央行进行的博弈，或同企业、金融机构的投机套利有关？

事实上，如本书所指出的，次贷危机爆发后，以美国为首的发达经济体实施量化宽松和零利率政策，美国国债收益率降到 30 年来最低水平。对于有海外业务的发行人，直接在美元市场融资比利用人民币融资后出境更便宜。随着中美利差的逐渐增大，2013 年起中国海外公司债发行规模持续居于新兴市场国家首位。与此同时，在相当长时间内，人民币升值，一些境内企业借入美元债务，近端结汇成人民币，到期购汇还款，获得人民币升值收益。近年来，中国实施"去杠杆""去产能"政策，国内融资环境趋紧，尤其对房地产企业、城投公司及落后产能行业企业发债融资进行限制。这些企业在境内融资受限，于是到境外发行人民币或外币债券。

总之，国际债券跨境流动的增加并非目的本身，国际债券跨境流动的规模应该促进资源配置的改善和中国国民财富的增加。为此，必须通过改革消除扭曲国际债券跨境流动的制度性因素，必须实现汇率的基本自由浮动，必须加强宏观审慎管理，必须保持必要的资本管制。

虽然理论上可以建立实现国际债券规模和结构最优的模型，但实际上，很难说这类模型会有什么实际作用。最简单和直观的办法还是历史的和国际的对比。遗憾的是，本书没有做这方面的对比。

直觉上，金融的国际化，包括债券市场的国际化，必能改善中国的资源配置、提高中国的国民福祉。虽然资源配置的改善和国民福利的提高如何衡量依然是一个没有很好解决的问题，但资金的跨境流动将导致中国海外净资产的增加，而海外净资产的增加将导致投资收入的增加。世界上所有资本净输出国的情况都是如此，然而中国却不在此列！中国海外投资头寸表存在两个被长期无视或视而不见的问题。

第一个问题：按定义，给定时期经常项目的累积＝该时期海外净资产＋价值重估效应。中国的海外净资产在2011年中就已经达到2万亿美元，而2011—2020年中国累积的经常项目顺差为1.8万亿美元。但十年之后的2021年中中国的海外净资产依然是2万亿美元。这是怎么回事？虽然海外资产的计算要考虑估值效应，但这高达1.8万亿美元的缺口无论如何是无法用估值效应解释的。那么，钱到底到哪里去了？在这个问题没有搞清之前，我们又如何能够放心大胆地推动债券国际化。

第二个问题：尽管中国在过去十年中海外净资产一直保持在2万亿美元左右，但在过去十几年中，中国的投资收入一直是负值，造成这种状况的原因是什么？如何解决？同1.8万亿美元的缺口相比，这种情况理论上比较容易解释：中国海外资产负债结构不合理，低收益的资产（如作为外汇储备持有的美元国债）在资产中的占比过高。此外，作为最为昂贵的负债——直接投资，所占比例过高。因而，尽管中国持有2万亿美元的净资产，投资收益却是负值。这种情况是否合理？其长期后果对于迅速老龄化的中国意味着什么？要使投资收益转负为正，中国海外投资头寸的结构必须调整。但怎么调整？有没有解决这个问题的行动计划？没人知道，甚至少有人提及。

总之，中国国债国际化问题，应该在优化海外投资头寸总量和结构的框架下讨论。否则，难以判断中国是否应增加国际债券的发行和购买。

正如本书所指出的，"国际投资者进入中国债券市场是一个典型的渐进式和主动性的开放过程，是从央行类机构准入到境外商业类机构备案，从结算代理投资模式到合格境外机构投资者（QFII）/人民币合格境外机构投资者（RQFII）模式，再到债券通模式的阶段性引入过程。"这种渐进性突出体现在国际债券资金跨境流动通道的安排上。而这种安排则是中国资本项目自由化的渐进性所使然。本书对中国债券市场开放过程的回溯充分反映了这种开放的渐进性。

中国债券市场的上述开放进程充分体现了中国资本项目自由化过程的渐进性。正是由于执行了渐进性的方针，在资本项目自由化的过程中，中国金融稳定性并未受到严重冲击。中国没有理由不在今后继续坚持资本账户开放的渐进方针，中国债券市场的开放当然也应该继续坚持渐进开放、渐进实现国际化的方针。

中国债券市场国际化是本书的另一个主要内容。金融市场国际化有两层含义：第一，制定规则、建立机构以支持和便利资本的跨境自由流动；第二，这些规则和机构需要符合国际规则和惯例，很大程度上就是要以纽约和伦敦的金融市场为模板制定规则和建立机构。

为了支持中国投资者购买外国借贷者发行的债券和方便外国投资者购买中国借贷者发行的债券，以及为了支持中国借贷者向外国投资者发行债券和方便外国借贷者向中国投资者发行债券，中国必须完善债券市场的基础设施。完善中国债券市场的基础设施在很大程度上就是要按照国际标准为中国的债券市场建章立制，直白地说，实现中国债券市场的国际化在相当程度上就是要按国际模式和标准建设中国债券市场。

本书讨论了债券市场国际化的六个维度，即参与主体、资金流动、支持项目、基础设施、金融规则、跨境监管。我认为，在这六个维度中，前两者涉及市场参与者和市场参与者的活动，而后四者都可以归并为国际债券市场的基础设施建设。

按照国际清算银行（BIS）的说法，金融基础设施主要包括支付系统（PS）、中央证券存管（CSD）、证券结算系统（SSS）、中央对手方（CCP）、场外交易平台和交易资料储存库（TR）等。所谓债券市场国际化，在很大程度上就是根据国际标准建设中国的债券市场。

本书以熊猫债市场基础设施建设为例，介绍了中国金融当局和相应金融机构为熊猫债的发行建章立制的过程。

2005年2月，中国人民银行、财政部、国家发展和改革委员会、中国证券监督管理委员会四部委联合发布《国际开发机构人民币债券发行管理暂行办法》[①]（以下简称《暂行办法》），对国际开发机构发行人民币债券的行为进行了规范。《暂行办法》一是明确熊猫债发行的适用范围为进行开发性贷款和投资的国际开发性金融机构；二是明确发行审批流程及审核部门分工；三是明确发行条件，国际开发机构申请发债需要满足信用资质、境内投资规模、募集资金用途等方面的条件；四是明确发行文件，包括申请报告、募集说明书、信用评级报告、境内投资情况及证明文件、法律意见书等；五是明确中介机构管理要求，对会计师、律师、承销商等中介机构资质予以规范；六是其他事项，包括对账户开立、募集资金的汇兑、划转和使用，以及信息报送等行为进行规范。

2010年9月，对《暂行办法》进行了修订：一是提高发行条件，即提高了评级要求；二是强化信息披露要求；三是对募集资金使用的要求更加灵活，允许发行人在"遵守中国人民银行的有关规定"

---

① 2018年废止。

的条件下，可以汇到境外使用，"经国家外汇管理局批准，国际开发机构发行人民币债券所筹集的资金可以购汇汇出境外使用"。

2018年9月，中国人民银行和财政部联合发布《全国银行间债券市场境外机构债券发行管理暂行办法》（以下简称"16号公告"）。"16号公告"对熊猫债的发行管理（如审批主管部门）进行了大量简化；大幅放松了发行条件；允许境外机构与定向合格机构投资者自主协商确定财务报告所采用的会计准则；明确了交易商协会作为自律组织开展注册发行，制定信息披露指引，对信息披露情况进行评议和后续监督等的职责。

2014年以来，一批优质非金融企业熊猫债项目在银行间市场落地，熊猫债产品范围涵盖中期票据（MTN）、短期融资券（CP）、超短期融资券（SCP）、定向债务融资工具（PPN）、绿色债务融资工具（GN）等，发行期限涵盖75天～10年，发行人行业类型覆盖汽车、环保、消费、能源、芯片制造、电力等。在试点阶段，熊猫债项目主要在银行间市场既有的自律规则框架下进行。

2019年1月17日，中国银行间市场交易商协会发布《境外非金融企业债务融资工具业务指引（试行）》，以银行间市场自律管理体系为基础，就非金融企业熊猫债特有事项，构建覆盖熊猫债业务全流程的制度安排。

本书详细介绍了熊猫债的建章立制过程，以及熊猫债发行的基础设施建设，具体说明了中国是如何根据国际规范，结合中国具体情况建设和完善债券市场基础设施建设的。本书在许多不同地方，从不同角度、不同层面分别对中国债券市场基础设施建设进行了讨论。我认为，如果作者单辟一篇集中介绍中国债券市场基础设施建设，可能会使读者对中国债券市场的国际化进程形成一个更为明晰、完整的概念。

除了建章立制、创建机构外，债券市场基础设施还包括提供各种先进硬件。本书第四章第一节讨论了金融科技应用创新问题，指出：互联网支付、大数据、区块链、人工智能等前沿技术已经逐渐并不同程度融入债券市场业务，有望在推动中国债券市场国际化中发挥重要作用。金融科技的应用将大大降低国际债券交易的成本，提高交易效率和安全性。例如，蚂蚁集团研究院的一份报告指出：我国跨境电商行业高速增长，市场规模突破10万亿元，在跨境贸易中的份额已经超过三成。其研究发现，在通过电商平台进行的贸易计价与支付中，货币的"使用惯性"相对较小，人民币的计价与支付的突破相对容易。互联网支付在债券交易中发挥作用的潜力很大。中国的一些互联网支付运营商已经拥有投资理财的平台。为了发挥中国电子商务的优势，有学者建议，在政府的适度监管下，整合国内金融机构发行的理财产品，建立面向发达国家的人民币理财产品国际投资交易平台。

为什么要实现债券市场的国际化？本书的回答是：需要债券市场的国际化来实现本国货币国际化，提升国际金融话语权和全球金融治理能力。我更倾向于认为：虽然人民币国际化和债券市场国际化可以相互促进，但债券市场国际化不是为了实现人民币国际化，而是实现中国在全球范围内的资源优化配置，最大化中国居民的福祉。世界上所有发达国家都在推进本国的金融国际化，包括债券市场国际化，但几乎没有国家把本国货币的国际化作为政策目标。美国在竭力维护美元霸权，但美元的国际储备货币地位并非美国政府推行美元国际化政策的结果。日本在美国压力下，一度推行日元国际化政策，但很快就放弃了这一政策。欧元区国家则干脆用区域货币取代了国别货币。

中国人民银行行长易纲在多个场合反复强调：人民币国际化应由市场驱动，央行不会主动去推动；要深刻认识到中国经济稳定发展的态势没有变，人民币国际化的市场驱动力没有变，这是人民币国际化最重要的基础和支柱；人民币国际化要坚持市场主导，要减少对人民币跨境使用的限制。易纲行长的这种观点无疑是十分正确的。我认为，一方面，债券市场国际化不应该以人民币国际化为目标；另一方面，在遵循市场规律的前提下，在债券市场的国际化过程中，应该让人民币发挥尽可能多的作用。

例如，在中国海外资产—负债总额给定的情况下，中国应该尽量减少以美元计价的资产，而代之以以人民币计价的资产。在美国国际收支和财政状况持续恶化，外债对 GDP 比超过 70%，财政赤字对 GDP 比超过 100%，通货膨胀和美元指数前景不明的情况下，提高熊猫债在中国债券资产中的比例是一个不坏的选择。熊猫债的发行可以提高中国海外资产的安全性，其本身就是人民币国际化的一个重要组成部分。至于中国海外负债中债券工具应该用什么货币计价则很难一概而论。原则上，外债应该用在久期内可能贬值的货币计价。在这种情况下，对未来实际偿债负担高低的考虑就应该重于推动人民币国际化的考虑。

货币是一种索取实际资源的凭证。在纸币时代，一国居民只有通过向国家让渡自己所有的资源，才能获得相应的资源索取凭证。法币本身没有价值，国家必须通过强权保证货币持有者可以凭币按市场价格取得实际资源。但国家强权并不能保证商品的市场价格不变。因而，作为法币的货币只是政府发行的一种可以直接兑换商品和劳务的特殊债券。货币的通用范围受制于国家权力的投射范围。货币在境外流通或被非居民持有，意味着货币发行国以索取实际资源的凭证（"借条"）换取了对外国实际资源的占有。在境外流通或被非居民持有的本国货币越多、持有的时间越长，意味着货币发行国暂时占有的外国资源越多、时间越长。本国货币的国际化意味着本国货币在国际贸易和金融交易中越来越多地发挥了价值尺度、交易媒介、价值贮存的功能。本国货币国际化能够带来的好处很多（当然有利就有弊），但我以为，其中的最大好处是通过开"借条"占有外国资源，也有人称之为征收"铸币税"。

当然，理论上，非居民迟早会凭借"借条"向"借条"发行国索取实际资源，从而完成"交易"或实现"货币的回流"。但是，在现实中，有些"借条"是可以永远不兑换成实际资源的。例如，充当"国际流动性"的美元，并不会在流出美国之后瞬时流回美国，在任何一个时点上，在充当国际流动性的美元中，总会有一定比例的美元"滞留"美国境外。这些"滞留"美国境外的"美元借条"就代表了美国对外国实际资源的占有。[①] 但是，通过"美元借条"占有的外国资源仅仅占美国占有的外国资源的很小一部分。占有外国资源的更重要途径是通过维持高额净外债实现的。

由于数十年经常项目逆差的累积，截至 2021 年第二季度，美国的净海外投资头寸（NIIP）逆差高达 15.42 万亿美元。当然，这并不意味着美国开出了 15.42 万亿美元的滞留于美国境外的"美元借条"。"美元借条"只是索取美国实际资源的凭证，并不支付利息。为了鼓励或诱使非居民继续为美国提供实际资源，美国为他们提供的选择是持有美元债券、股票或直接投资（股东权益）。非居民购买美国债务工具和债务证券后成为严格意义上的债权人。美元流回美国，通过非居民持有"美元借条"确立的广义债权债务关系不复存在。但借条不是靠向"债权人"提供实际资源赎回的。因而，从持有"美元借条"到持有美元债券的转变只是债权债务关系形式的改变。同持有"美元借条"相比，非居民持有美国债券，以"债权"流动性的降低换来了一定收益。从美国的角度来看，继续占有外国资源的成本提高了，但债务的不确定性减少了，安全性提高了。只要能够以新债还旧债，美国就能继续占有国外资源。美元的诡谲之处在于，无论美元升值还是贬值，无论美国的利率高还是低，甚至当美国出现金融危机之时，非居民都依然要持有一部分美国债券，特别是美国国库券。截至 2021 年第二季度，美国的净外债已经高达 15.42 万亿美元，但美国债券收益率依然保持在十分低的水平。更有

---

① 这种对实际资源的占有似乎不同于铸币税。

甚者，同中国形成镜像反映的是，尽管负债累累，美国的投资收入依然年年顺差，近10年来一直保持在2 000亿美元左右。虽说"天下没有不散的宴席"，但没人知道这场已经持续数十年的宴席还会持续多久。

对于中国来说，美元的国际储备（货币国际化的最高层次）地位的最大问题是美国拥有印刷美钞的垄断权。中国启动人民币国际化进程的动因是对持有美元资产的安全性的担忧。2008年次贷危机爆发，由于持有大量美国国债和政府机构债（房利美和房地美政府机构债），"两房"的破产引起中国政府的极大不安。2009年中国人民银行行长周小川提出用特别提款权（SDR）取代美元充当国际储备货币的建议。但这一建议因美国的反对而胎死腹中。于是，中国决定另辟蹊径，通过人民币国际化来降低中国海外资产的风险。当时的共识是，为了实现人民币国际化，第一步应该是通过人民币进口结算向境外提供人民币。事实上，2009—2013年中国就是这样做的。但这条道路已经被证明是不成功的。一旦人民币升值预期转为贬值预期，外国出口商就不再愿意用人民币结算，而通过进口结算在我国香港积累起来的人民币存款也会马上下降。通过发行点心债实现人民币回流（非居民持有人民币债券）的设想也因人民币贬值预期而落空。其实，即便不考虑汇率因素，从总体上看，作为一个贸易顺差国，中国通过贸易渠道为境外提供人民币流动性也得不偿失：向非居民发放"人民币借条"的代价是等量增持"美元借条"。更何况，为吸引外国出口商接受"人民币借条"，我们还需要给他们提供额外的利益。

假设中国出口额为5 000亿美元，进口额为3 000亿美元，可能主要有两种情况：

（1）进出口全部用美元结算，贸易顺差2 000亿美元，结汇余下的2 000亿美元用于购买美国国债。

（2）进口全部用人民币结算，美元结算顺差5 000亿美元，结汇余下的2 000亿美元用于购买美国国债。此时，境外出口商在取得等值于3 000亿美元的人民币收入后，又主要有四种选择：持有等于3 000亿美元的人民币现金；用等值于3 000亿美元的人民币购买点心债；把等值于3 000亿美元的人民币存入某个中资银行；把等值于3 000亿美元的人民币用于对中国的直接投资。

对应于情况（1），国际收支平衡表上，贸易项目顺差2 000亿美元（资金流入），资本和金融项目下，外汇储备增加2 000亿美元（资金流出）。

对应于情况（2），国际收支平衡表上，贸易项目顺差2 000亿美元（资金流入），资本和金融项目下，外汇储备增加5 000亿美元（资金流出），非居民进口商无论是以人民币现金形式持有出口收入，还是将其转化为存款、债券或直接投资，都将记为等值3 000亿美元的人民币负债（资金流入）。

可见，人民币进口结算，只能增加而不会减少中国海外资产的美元敞口。只要经常项目顺差不减少，除非中国将外汇收入投资于其他币种的资产，全球金融危机发生时中国政府所担心的美元贬值、美债违约致使中国资产遭受损失的危险，不但不会因人民币进口结算而减少，反倒会因此而增加。①

除进口人民币结算外，中国还可以通过购买外国借贷者发行的人民币债券（熊猫债）向境外提供人民币国际流动性。熊猫债发行人可能用人民币进口中国商品，也可能把人民币兑换成美元。假设中国的贸易顺差是2 000亿美元，中国购买境外进口商发行的等值2 000亿美元的熊猫债，国际收支平衡表上，中国经常项目下计入贸易顺差2 000亿美元（资金流入），资本和金融项目下计入中国资产增加等值2 000亿美元的熊猫债（资金流出）。可以看出，在这种操

---

① 如果人民币以直接投资的形式回流，在接续期，在其他条件不变的情况下，中国的货物进口将会增加。

作下,在外汇储备(美国国债)少增2 000亿美元的同时,中国增加了等值2 000亿美元的人民币债券。显然,作为经常项目顺差国,通过投资于熊猫债,中国可以降低海外资产的风险。但是,这条道路也难以走通,因为中国投资者能够购买多少外国借贷者发行的人民币债券,取决于外国借贷者对人民币的需求。由于人民币并非国际货币,境外借贷者对人民币的需求是有限的。这种情况反过来又使人民币国际化难以取得我们所希望的快速进展。

近年来国际市场已经发生一些有利于人民币国际化的变化。例如,尽管由于中国出口对象国的消费习惯,以及中国出口商品的性质,外国进口商一般还不愿意用人民币计价,但由于中国作为进口大国的地位,外国出口商已经比较愿意用人民币计价和结算。中国目前已经成为发展中国家的最大债权国。中国的债权表现为直接投资、债券投资和股权投资。由于中国对"一带一路"沿线国家的投资,中国完全可以通过购买"一带一路"沿线国家发行的熊猫债,为这些国家提供资金。对中国而言,熊猫债可以替代美元债。但是,由于"一带一路"沿线国家本身的资信问题,熊猫债又会带来性质不同的风险。因而,说来说去,关键问题还是中国应该尽量实现经常项目的收支平衡,减少持有美元资产的必要性,把资源更多地用于发展国内经济、改善国内民生。在海外资产的持有上要具体问题具体分析,做到分散风险,提高收益率。

需要指出的是,美国作为经常项目逆差国和债务国,向全球提供国际流动性,在美国境外流通的美元、美国发行的股票、债券和其他金融工具,在同美国海外资产相抵消之后,在相当大程度上代表了美国对全球实际资源的索取和占有。如前所述,这种状况恰恰反映了美元的力量和美国的能量。

同美国正相反,作为经常项目顺差国和债权国,中国是为海外提供实际资源,而不是利用海外实际资源。但是,在局部、在一定范围内,人民币的国际化也能为中国带来一些额外的利益。正如本书所指出的,"'一带一路'建设所催生的对外直接投资需求,就是很好的人民币供给渠道。"中国海外投资的东道国在接受人民币贷款(或用其他方式筹集到的资金)用于购买机器设备的同时,必定需要持有一定比例的"人民币借条"。东道国可能还会以"人民币借条"投资于以人民币计价的中国中短期债券。东道国持有中国发行的以人民币计价的债券意味着人民币(人民币资产)成为境外非居民的价值贮存手段。使人民币成为非居民的价值贮存手段则是人民币国际化的最高目标。

就债市国际化的方向而言,中国债市的发展应该致力于解决资产"下落不明"和"正净资产、负收益率"两大问题,特别是后一个问题。前一个问题同债券市场基础设施建设有关,后一个问题主要同优化资产负债结构(包括币种结构)有关。原则上,在资产方,应该增加人民币计价债券(熊猫债)的占比,降低美元计价债券(美国国债等)的占比。在负债方,在其他条件相同的情况下,可以考虑增加美元或其他贬值趋势明显的债券的占比。鉴于中美之间的地缘政治冲突,中国降低美元资产占比的步伐应该加快。从资产安全的角度来看,同中国一贯秉持的"宽进严出"的原则保持一致,对于美元负债的增加可以持更为宽容的态度。但是,考虑到中国是一个资本供给剩余的国家,金融机构和非金融企业大举借入外债,其中必有蹊跷,很可能是出现了市场扭曲和政策扭曲。宏观调控和监管当局应该采取措施,消除这些扭曲。

总之,债券的发行与购买是个微观经济问题,是企业和金融机构根据各种复杂因素做出的微观决策。债券市场的国际化、债券工具的国际化是无数微观决策合力的自然结果。政府的任务是消除市场和政策扭曲,同时根据经济发展目标和地缘政治需要对企业行为加以引导。简言之,债市国际化不应以人民币国际化为目标。

由于所谓"网络效应",人民币国际地位的上升不仅取决于中国自己的努力,而且取决于美元地位的衰落。随着中国经济的日益增长、国力的日益强大，随着中国特色市场化改革的成功，相信人民币终将成为国际货币，并最终成为国际储备货币。但这将是一个漫长的、市场驱动的自然过程。

本书详细介绍了债券市场各参与主体积极研究、探索通过债券市场支持"一带一路"建设的一些阶段性成果。由于"一带一路"沿线国家的主权债信用评级大多是 B~BBB，这些国家存在风险较高、信息不对称等问题。书中还介绍了为分散风险而设计的基于担保结构、项目生命周期、收益债交易结构、证券交易结构、信贷资产支持证券交易结构、债贷基组合融资交易结构的不同金融资产。正如本书所指出的："随着越来越多主权国家的主要融资方式由银行贷款转向债券融资，现有的国际减债和重组经验表明，国际化的债券市场有利于债务国进行主权贷款证券化、债券互换等现存债务重组安排，在必要时通过贷款转债券或债券以旧换新的方式，减轻债务国短期债务负担，提高其债务可持续性。"最近一段时间以来，西方国家对中国及其他发展中国家债权的透明性大做文章，指责中国为发展中国家设立了债务陷阱。我个人倒是更担心债务国无力或不愿偿还对中国的债务。真正可能陷入债务陷阱的国家可能恰恰是中国，而不是中国的债务国。本书为"一带一路"建设设计各种金融产品是一项非常有意义的工作，希望这些产品在为"一带一路"建设融资的过程中发挥重要作用！

总之，尽管全书的结构还有进一步调整的余地，但的确是一本内容丰富，资料齐全，全面反映中国债券市场历史、现状和未来挑战的好书。预祝万泰雷、张琪和陈夙在未来的实际工作和学术研究中取得更大成绩。

推荐序二

中国交通银行行长 刘 珺

我是中国资本市场特别是银行间市场建设的最早一批"工程兵",那是一个边学习、边消化、边实践、边建设的时代进程,延续至今,并且在深度、厚度、广度、力度等方面继续拓展、继续前行。其间有遭遇坎坷的沮丧,有获得进步的欢愉。一个新产品、一个新制度,哪怕一个新的点子、新的建议,都是我们这群市场建设者孜孜以求之后"炫耀"的资本和感动的源泉。数十载倏忽而过,国家如此,国民经济如此,资本市场亦如此。但对我们而言,总觉得瞬间与永恒之间中国资本市场已然立体地呈现于眼前,并展示给全世界。这是改革的故事、开放的故事,也是建设者追梦的故事。

中国资本市场建设的方向,首先是多层次,是金融更好地服务于实体经济的市场平台建设;其次是更高水平开放,金融是开放的范畴,开放是资本市场的基因;再次是数字化,金融资产与数据资产的交互,驱动金融数字化转型和经济数字化的范式跃迁;从次是ESG[①]和可持续,是绿色金融和绿色经济的并辔前行;最后是人类命运共同体,是金融服务实体、资本向善的价值观锚定。所以,我们这群资本市场建设者,既要干好国内大循环中金融和资本市场的既定分工,还要参与并融入国际循环,让资本更好流动,让市场更好连通。显然,工作量不小,使命也艰巨,不愁没活干。

---

① ESG 即环境(environment)、社会(social)和治理(governance)的英文首字母。ESG 投资即社会责任投资,是指在投资过程中将环境、社会和公司治理这三个因素纳入投资决策框架,希望在获得利益的同时为社会带来一定的正面影响和价值。

日前，一群更有活力、更年轻的建设者拟著书为资本市场建设鼓与呼，嘱我作序。仓促之间，先说几句心里话，然后以一篇近文代序，既是急就章式的权宜，也是对中国资本市场建设的一份执着。若能为本书"直播带货"，并有些许助力，就算超额完成任务了。

是为序。

中国资本市场建设的"多元叙事"

引　言

国内外理论研究与实践经验表明，资本市场的建设和深化，对于经济转型、科技创新、金融体系建设和社会财富创造等意义巨大且深远。随着市场经济深化与金融创新演进，资本市场的功能逐步完善，大体上可以用三个层面的"力"予以概括。

1. 资本市场为资源配置增加了"张力"

资本市场通过资本积累和有效配置资源，提高了商品、服务的交换效率和生产率（Levine，1997）。随着市场主体增多，资本市场由主要围绕企业融资服务的一般性功能，逐渐转向包括债券、股票、期货、衍生品等各类金融产品发行和交易，以及金融资源配置、社会融资结构优化和经济转型在内的多元复合功能。资本市场所具备的多元"张力"，使资源配置的维度和效率呈几何级提升，更高效、更高频地发挥驱动经济金融深度发展的作用。

2. 资本市场为经济现代化注入了"驱动力"

资本市场是市场经济的重要组成部分，成熟稳定的资本市场能够提高投资效率并促进经济增长（Goldsmith，1969）。现代资本市场从传统的商品与服务贸易中应运而生，通过将货币转化为资本，技术创新、产业升级与资本市场有效联动，拓展市场主体资本、债务获取和补充渠道，并驱动更多的资金流向风险高、回报大的创新型企业和行业，以此加快传统经济向现代经济转型，并催生新经济、新业态和新模式。

3. 资本市场对财富积累具有"吸纳力"

实证研究表明,资本市场是财富效应的直接或间接传导渠道之一,资本市场财富增加可以促进居民消费增加,或居民预期收入增加,经过一段时期后消费也会增加(Karen E. Dynan, Dean M., 2001)。通过多层次资本市场体系,多通道吸纳居民储蓄资金,将储蓄资金进一步转化为权益资产,增加居民财产性收入,实现财富积累和财产保值增值,从而强化了资本市场的社会财富创造功能。

当然,资本市场在发展进程中也存在一定缺陷,特别是近年来全球资本市场出现了金融衍生品过度创新、金融市场与监管非正和博弈等趋势性变化。资金的逐利属性使企业过度金融化,对实体经济投资产生了"挤出效应"(Orhangazi, 2008)。于新兴市场国家而言,虽然消除金融抑制、发展高效的资本市场是其经济增长的关键(Ronald I. Mckinnon, 1973),但由于其资本市场基础监管制度的健全是一个长期进程,一味照搬发达国家资本市场建设经验,反而可能诱发金融系统脆弱性上升的风险。

经过30多年的发展,中国的资本市场已成为全球重要的资本市场。但与发达国家成熟的资本市场相比,中国资本市场建设在深度与广度、质与量上仍有较大的距离和改善空间。未来中国资本市场建设的重点在于改革制度和完善规则,营造适合资本市场成长的政策环境(吴晓求,2013)。国家"十四五"规划纲要提出,要完善资本市场基础制度,健全多层次资本市场体系。因此,我们既要明晰多层次资本市场建设兼具资本、金融、经济和社会"多元叙事"的特点,借鉴发达国家的先进经验和成熟模式完善资本市场基础性制度建设,又要结合自身禀赋条件和目标导向,吸取新兴市场国家资本市场建设中出现的过快开放、放松监管等教训,促进资本市场健康稳健发展。

资本市场建设：不仅是资本叙事

多层次资本市场建设不仅仅是资本问题，而且涉及中观的金融市场与社会融资结构问题。资本市场是现代金融体系的重要组成部分，在金融运行中有"牵一发而动全身"的作用。自20世纪90年代初沪深两地证券交易所开业至今，其功能定位从最初的服务企业融资需求逐步演变为投融资两端并重，财富创造功能持续增强。相比主要发达国家，中国资本市场差距仍然比较明显。初步估算，截至2019年底，美国、德国资本市场市值占金融资产的比重分别为58.6%、45.5%，而中国仅为38.5%。

发育不良的资本市场严重制约了社会财富配置，社会储蓄缺乏疏导出口，致使融资结构发生扭曲。对中国而言，从计划经济进入市场经济的历程，并非西方国家普遍的渐进式进程，而更多的是"自上而下"的选择性转轨，改革红利叠加人口红利使中国经济发展实现了没有参照系的高速度和新模式。改革开放40余年，中国的年均经济增速达到9%以上，经济体量和增长速度远超预期。与之对应，居民部门的储蓄和财富也快速积累。数据显示，2006—2019年，中国的居民总资产实现了年均15%的增长，比同期美国高出近11个百分点。然而，社会财富的快速积累却没能有效转化为投资。从社会融资结构角度来看，2019年中国银行业资产与国内生产总值（GDP）的比值超过290%，远超美国的80%和日本的200%；中国资本市场规模与GDP的比值为180%，距离美国、日本等300%以上的水平还有较大差距。中国充裕的货币供应量和社会融资规模的总量特征，与直接融资比例偏低、间接融资比例过高的结构特征形成强烈对比，是"不缺资金缺资本"的具体写照。其直接原因是资本市场建设滞后于社会财富的增长，一定程度上扭曲了金融体系为实体经济发展配置数量充足、结构完整的全流程、全周期资金的作用机制。

与此同时，资金的扭曲性配置反而催生了影子银行业务加速扩张。根据20国集团金融稳定委员会的统计口径，中国狭义影子银行规模与GDP的比值从2006年的0.2%升至2016年的68.2%。此后，由于影子银行监管趋严，特别是2018年"资管新规"（中国人民银行发布的《关于进一步明确规范金融机构资产管理业务指导意见有关事项的通知》、中国银行保险监督管理委员会发布的《商业银行理财业务监督管理办法》和中国证券监督管理委员会发布的《证券期货经营机构私募资产管理业务管理办法》）出台，影子银行非理性增长势头才得以遏制。与之形成反差的是，中国债市、股市规模与GDP的比值却呈现出增长缓慢甚至有所下滑的态势。

这一融资结构失衡引发资金循环失衡，缺乏比较完善的资本市场作为居民财富的吸纳机制，使得社会储蓄无法转化为投资，影子银行自然成为资本市场的非对称替代品，吸收了相当一部分居民财富。影子银行的膨胀式发展又进一步制约了资本市场功能的充分发展，进而加剧资源配置和财富分配失衡，并易于诱发金融体系系统风险和金融机构监管套利。因此，发展多层次资本市场的要义在于促进社会融资结构的优化配置，为居民储蓄和投资提供畅通的渠道，改善有所失衡的融资循环结构。

由此看来，资本市场建设不仅是资本叙事，而且是金融叙事。

资本市场建设：不仅是金融叙事

资本市场发展水平不仅反映金融市场自身，还是衡量一国金融体系对实体经济支持程度的"标尺"。从全球范围来看，美国、日本、法国属于全球资本市场第一梯队，其资本市场规模与GDP的比值均超过300%。数据显示，截至2020年底，美国债券市场和股票市场规模遥遥领先，分别高达44.80万亿美元、40.74万亿美元，两大市场合计规模与GDP的比值达到408.55%。得益于资本市场的深度和广度，美国的消费内需在财富效应的作用下成为GDP增长的主要动力，同时高新技术产业也从资本市场获得了充足的资金资源，推动美国成为全球科技创新的高地。

中国资本市场建设的时间比较短，历经30多年从实践探索到逐步深入，资本市场在改革中前进，在开放中成长，从无到有、从小到大，实现了历史性突破和跨越式发展（易会满，2020）。数据显示，截至2020年底，中国债券市场规模、境内上市公司市值分别达104.32万亿元、79.72万亿元，两大市场规模与GDP的比值首次突破180%。但对标发达国家资本市场，中国资本市场尚与经济高质量发展和现代金融体系建设目标不相适应，其在服务实体经济投融资功能中主要存在两方面不足：

一方面，资本市场的投资功能不完善，可投资金融资产短缺使社会闲置资金的"天平"向房地产市场倾斜。资本市场发展滞后，使得大量超发货币没有相应的产业部门有效吸纳，转而流入房地产市场，进而形成高度依赖房地产的经济结构。

房地产市场的发展主要有以下三个推动因素：

（1）人口结构与社会经济发展因素。人口红利助推经济高增长，而经济快速发展又促进居民收入水平提升，住房的刚性需求持续增加。

（2）货币超发因素。与外汇储备增长同步的是外汇占款增长，而货币供应的巨大增量需要在流动中被相关经济部门使用，当实体经济增速有限甚至相当比例实体经济部门发展乏力时，房地产就成为吸纳货币的主要行业，这一定程度上解释了货币供应量增长没有引发消费者物价指数（CPI）等通货膨胀指标持续高企的"货币沉默"现象。

（3）资产配置因素。房地产的投资属性和居住属性具有共生特征，并与股票、债券等一起成为全球居民最主要的资产配置标的。若资本市场因发展不充分造成资金吸纳力不足，其他产业的非金融属性又制约其资金吸纳力，且其风险加权后的回报表现难以对闲置资金产生足够的吸引力，则房地产市场便成为自然选择，并且在房价的长期攀升之下其资金吸纳能力不断强化，形成居民财富增长与经济增长对房地产的高度依赖，致使房价高企成为"灰犀牛"风险。这也是历史上大多数经济金融危机都与房地产紧密相关的主要原因。

另一方面，资本市场的融资功能不够高效，资金"脱实向虚"与实体经济"融资难、融资贵"不和谐地共存。房地产投资的高回报以及对经济拉动作用的直观效果，降低了资金投资制造业的积极性和持续性。近年来，作为实体经济最基础部分的制造业在 GDP 中的占比出现趋势性下降，中国制造业占 GDP 的比重从 2006 年的 32.4% 下滑到 2020 年的 26.1%，而房地产占 GDP 的比重却从 2006 年的 4.7% 上升到 2020 年的 7.3%。

除资金被房地产大量分流之外，制造业特别是成长期的制造业企业需要资本市场在不同阶段的资金支持。尤其是在数字经济时代，这类企业的成长周期大大缩短，客观上要求资金快速对接以支持企业迅速规模化。以银行信贷为主的传统融资结构无法完全适配迭代中的现代制造业（包括战略性新兴产业）的融资逻辑，多层次资本市场则与创业、创新的风险回报关系、轻资产特征及多元化的融资需求更加相得益彰。因此支持制造业发展，股权资金更为关键。而当前中国制造业发展进入平台期，尤其是制造业关键技术创新没有形成有梯次、有量级的突破，资本市场的总量功能和结构功能不足是其中的重要原因。中国资本市场衔接早期创投和成熟期商业银行贷款的能力存在短板，一定程度上制约了实体经济企业特别是创新型中小企业在全生命周期资金配置的可获得性，也使得"不缺资金缺资本"的现象无法体系化地解决，导致企业家精神与"大众创业、万众创新"缺乏市场化、可预期资金流的必要条件。因此，发展多层次资本市场还是推动中国经济增长动能转换、产业结构升级及科技创新的关键举措。

由此可见，资本市场建设不仅是金融叙事，而且是经济叙事。

资本市场建设：不仅是经济叙事

资本市场除了经济功能外，在财富创造和财富分配等社会功能层面同样发挥重要作用。成熟发达的资本市场可以为风险偏好各异的投资者提供多样的证券化产品选择，通过资本市场财富效应推动储蓄向投资转化，提升居民财富的积累速度和质量，拉动消费特别是即期消费增长，提高消费对经济增长的贡献度，转变过度依赖房地产投资、基建投资或出口拉动的外延式发展模式。若资本市场的容量能够承载居民日益增长的财富管理需求，快速增长的财富就有必要的途径进入规范监管的公开体系，使财富管理的零售端需求和市场端平台更好地衔接。

从国际经验看，以美国"401K计划"（由雇员、雇主共同缴费建立的完全基金式的养老保险制度）为例，该计划经过40多年的发展，逐渐成为支撑美国股市的重要基石，在促进居民减税、激活消费内需、资产配置多元化等方面发挥了积极作用。数据显示，截至2017年，美国"401K计划"账户余额为9.2万亿美元，而同期美国社会保险税财政收入仅1.61万亿美元，其表现与美国资本市场的完善和多元直接相关。研究表明，美国"401K计划"资产规模与美国标普500指数的相关性高达0.73，美国居民正是依托"401K计划"养老投资逐步参与资本市场，给资本市场带来了充足的长期资金的同时，还促进了居民投资多元化和财富增长。

而中国的现实情境是，由于广域易得的资产配置平台建设仍然不足，好的资本市场产品供给有限，权益资产配置渠道相对匮乏，中国居民对股票、债券、基金等金融资产的配置比例仅有10%左右（美国、日本、德国等均超过50%），而更多地将资产配置于房地产（占比近60%）、银行理财等。从结果来看，中国居民的财产性收入占比仍然偏低，财富增长受到系统性抑制，财富效应得不到充分焕发，导致居民最终消费支出增速与资本市场发展水平长期不相匹配，二者关系出现背离。这不仅削弱了消费对经济增长的基础性支撑，还制约了社会财富再分配、三次分配的基础，对于促进社会公平和效率、实现共同富裕也将有所拖累。

除了社会效应，资本市场还可能对经济金融安全和国家安全产生影响。股票市场的雏形，就是从东印度公司为分散海上贸易的巨大风险，采取以股权方式融资而逐渐形成的。发展多层次资本市场不仅可以为企业提供多元化的股权融资工具，还能较大程度地发挥其分散投资风险的功能，进而释放银行信贷风险过于集中的压力。

资本市场发展不充分可能会放大系统性金融风险的发生概率。尽管中国新增人民币贷款在社会融资规模增量中的占比已从2002年的91.9%下降到2020年的57.5%，但以银行信贷为主的间接融资仍是中国社会融资的主要渠道。商业银行基于不良率与风险管理的约束条件，有提高客户门槛、服务大型客户的内在驱动力，因此很难完全覆盖农村地区、中小企业、民营企业的融资需求，反而倒逼"金融创新"名义下商业银行的表外业务迅猛扩张。由此，不仅助长了资金"脱实向虚"，还使理财和资产管理特别是多层嵌套的非标产品膨胀式增长。如果没有资管规则体系的跟进，如此巨大的表外金融资产威胁金融体系自身的稳定性未必就是小概率事件，系统性风险不容乐观。

金融是实体经济的镜像，商业银行贷款占比畸高使得实体经济风险与金融体系风险高度重合，形成两大潜在风险源的叠加与共振，贷款风险和地方隐性债务风险对金融体系产生直接传染效应。金融体系中本应存在风险管理和风险配置的内嵌机制，现状却是刚性吸收实体经济风险，同时缺乏风险缓释的结构要素，因而表现出中国金融体系与实体经济的风险源具有同质化特征，社会融资结构的不合理和不平衡映射实体经济风险和金融风险的同步同频。不考虑其他因素，潜在风险的传染效应和烈度都大于资本市场发达的经济体。因此，加快建设多层次资本市场体系，对于缓释金融风险、维护经济安全和国家安全尤为重要。

由此可见，资本市场不仅是经济叙事，而且是社会叙事和国家安全叙事。

结　语

随着市场经济和现代金融体系纵深发展，资本市场的功能从一般融资功能向风险定价、价值发现、资产配置、财富创造等多重功能延伸，成为产业转型、科技创新和财富增长的重要驱动力。资本市场所具备的资本叙事、金融叙事、经济叙事和社会叙事属性，凸显了资本市场充分发展的必要性和重要性。中国资本市场建设与发达经济体尚存在一定差距，投融资功能与资金资源配置功能有待进一步健全，"挤出效应"使资金过度进入房地产和表外理财业务，导致实体经济过度依赖房地产业，同时也制约了财富有效生成，其结果是社会融资结构与实体经济高质量发展不相匹配。

当前，数字经济蓬勃发展，催生了资本市场产品创新、平台创新和模式创新，交易型开放式指数基金（ETF）、虚拟货币、特殊目的收购公司（special purpose acquisition company，SPAC）、直接上市（direct listing）等在全球范围内兴起，ESG、绿色投资更成为国际资本市场的风向标和发展之锚。这些新生事物，为中国发展多层次资本市场带来了新的发展维度，但同时也带来了新的挑战。对此，我们不仅要充分参考国际先进资本市场发展经验，紧跟资本市场发展前沿动态，抓住有利的时间窗口和发展机遇，还要注意防范资本市场创新可能衍生的风险。

高质量发展是"十四五"的主题，多层次资本市场体系建设将大有可为。建议从三方面着手：首先，加快建设并完善资本市场基础性制度，深化注册制改革，健全上市企业退出以及资本市场监管机制，加快ESG、绿色投资等资本市场创新落地，打造兼具市场化、法治化与国际化的中国资本市场体系；其次，明确多层次资本市场建设的差异化目标，厘清上交所、深交所、北交所等不同交易平台的职能定位，促进股票、债券、期货、外汇等多元金融市场的体系建设，发挥不同市场主体的作用；最后，立足"双循环"新发展格局，紧密对接浦东引领区、海南自贸港、粤港澳大湾区等金融开放政策，稳步推进资本市场对外开放，形成一批与国际接轨的资本市场交易规则和制度创新成果。

前　言

本书作者团队长期从事债券市场对外开放的研究与实务工作，笔者更是在十多年前就和债券市场国际化结下了不解之缘。笔者先后从事外交、证券公司、自律组织、评级公司等工作，未曾想到，命运的轨迹会将笔者的外交、投资银行业务、自律管理与创新等经历融汇到中国债券市场国际化这一职业使命中。随着中国金融市场改革开放历史大潮的推进，笔者体验着其中的蓬勃生机与万千气象。

2005—2020年这15年间，中国债券市场和国际金融市场都发生了巨变，滚滚浪潮时而交汇，时而叠涌。

一是中国债券市场迅速崛起，一跃成为全球第二大市场。尤其是2008年国际金融危机爆发后，国内经济稳增长的需要为债券市场改革提供了难得的契机，压抑已久的市场活力得到充分释放，市场规模、产品结构、交易机制、衍生品市场和配套法规体系都得到长足发展，既为货币政策传导和实体经济发展发挥了重要作用，也为我国债券市场对外开放、融入全球金融市场体系奠定了基础。

二是2008—2020年，在严峻的经济形势下，欧美等西方国家始终未能摆脱对货币宽松政策的依赖，尤其是美国，不断透支美元和美国国债的"超级特权"。美国国债占GDP比例已经创纪录地超过130%。西方国家政府透支"特权"带来的负利率和资产荒，压低了西方主流投资者的"本土偏好"，迫使其寻找更有确定性的较高回报。中国债券市场凭借自身优势日渐成为其投资目标，这一趋势业已形成并正在逐步巩固。

三是人民币国际化顺应中国自身发展势头和国际形势变化，时快时慢地向前行进。虽仍需蓄势，但有利因素不断积聚，历史势头逐渐明晰。

四是科技发展为金融市场打开了新的想象空间。区块链、人工智能、大数据等技术本身并不能带来金融革命，只有当其推动金融市场的组织模式、管理模式和交易模式发生变革时，才会真正带来革命性变化。科技的发展为中国金融市场包括债券市场的国际化带来了新的机遇。中国市场是为数不多的具备坚实的市场基础和强大的科技应用前景的大国市场，能够在创新突破与沉没成本之间取得较好的平衡。在百年未有之变局到来时，谁能探索、发现适应变革的解决方案，谁就能吸引更多国家学习其经验，并掌握国际金融规则调整的话语权。

五是全球化趋势调整和区域化发展不仅影响了产业链和贸易格局，也深刻地影响了全球金融市场发展格局。亚洲区域金融合作的加强将有利于中国债券市场在深化开放过程中提升其在区域金融市场中的影响力，同时也有助于中国及亚洲金融市场的发展经验向非洲等其他"一带一路"沿线国家传播。

中国债券市场国际化需要解决六个层面的问题，即参与主体国际化、资金流动国际化、支持项目国际化、市场基础设施国际化、制度规则国际化、金融治理国际化。其中，参与主体国际化已取得较大进展，各类发行人、投资者、中介服务机构都在加快进入中国市场，中国国债纳入三大国际主流债券指数，熊猫债市场蓬勃发展。而其他五个层面的国际化虽然在不同程度上取得了进展，但仍有较多的硬骨头要啃。之所以说是硬骨头，是因为这些领域的改革探索面临国内和国际环境变化的未知影响，面临金融风险放大和金融监管经验不足的险滩激流，面临一系列配套改革的结构性约束，也面临永恒的时机选择困境。要啃下这些硬骨头，核心是探索资本账户和外汇管理的改革路径，解决基础设施联通和金融数据安全之间的矛盾，在市场制度规则与国际接轨的大方向上探索对本国和国际市场主体双向友好的最佳平衡点。在此基础上，根据市场国际化的需要，加强跨境监管合作、区域和国际金融治理的参与。

路阻且长，行则将至。我国迈向金融强国的步伐不会停止，债券市场国际化也将继续砥砺前行。未来一段时间，要破解诸多难题，必须探索一套新的债券市场国际化模式，由管道式开放转向综合性高水平开放。综合性开放需要建立并完善债券市场开放的顶层设计机制，打破监管分割带来的交易分割，由注重准入型开放向注重交易友好型开放转变，协调一级市场和二级市场开放，加强与资本账户开放的统筹推进，打破数据统计、监督管理、执法处罚等领域的管道式分割。2021年1月，中共中央办公厅和国务院办公厅印发《建设高标准市场体系行动方案》，明确提出"统筹规划银行间与交易所债券市场对外开放，优化准入标准、发行管理，明确中国债券市场对外开放的整体性制度框架"，为综合性高水平开放做出了重要的顶层设计指导。"不畏浮云遮望眼，只缘身在最高层"。展望下一个15年，当2035年我国基本实现社会主义现代化远景目标时，我国必将实现金融强国的目标，我国债券市场发展与国际化必将取得比过去更加辉煌的成就，我国必将建设出一个产品丰富、制度完善、交易便利、科技驱动、高度开放、引领国际的大国债券市场。

本书即将付梓之时，作者团队要特别感谢现在和以前所在单位的领导，感谢长期关心、指导我们成长的监管部门、市场机构、学术机构的各位专家、老师，感谢对我们的研究和实务工作给予启发、帮助的同事、好友，感谢曾与我们合作共事的国际机构和国际友人，还要特别感谢中国金融四十人论坛为本书作者提供了思想碰撞的平台，激发了本书的创作灵感。本书将我们十多年来的工作、学习体会集结成册，希望能为对中国债券市场国际化感兴趣的读者提供些许参考。书中若有不足之处，恳请各位读者批评指正。

万泰雷

目 录

| 第一章 | 初心使命：大国崛起与大国债市 / 001

第一节　发展大国债券市场，迈向金融强国 / 003
第二节　理解债券市场国际化 / 011
第三节　从全球和国内视角看中国债券市场国际化 / 018
第四节　中国债券市场国际化的全球作用 / 023
第五节　国际化将重构中国债券市场 / 029

| 第二章 | 扬帆起航：债券市场的"引进来"
和"走出去" / 037

第一节　熊猫债市场渐呈燎原之势 / 039
第二节　有步骤、有计划地引入国际投资者 / 052
第三节　中资海外债券市场的崛起与繁荣 / 061
第四节　中介端的开放 / 074

| 第三章 | 千里之行：打造制度型债券市场开放新高地 / 083

第一节　熊猫债市场的建章立制 / 085
第二节　境外机构投资中国债券市场：
　　　　三种模式的发展与融合 / 097
第三节　债券市场国际化"工夫在诗外" / 105

第四章 顺势而为：债券市场国际化助力我国金融改革创新 / 111

第一节　金融科技应用创新 / 113
第二节　"一带一路"融资模式创新 / 129
第三节　人民币国际化路径创新 / 152
第四节　地方政府债务管理方式创新 / 159

第五章 吐故纳新：朝可持续发展的方向进发 / 169

第一节　发展可持续债券与市场国际化的
　　　　时代必然性 / 171
第二节　国际可持续债券市场的发展 / 177
第三节　中国可持续债券市场：在开放中发展 / 184
第四节　我国可持续债券市场国际化过程中的
　　　　问题 / 189
第五节　可持续债券市场展望 / 192

第六章 登高望远：全球博弈下的债券市场国际化 / 195

第一节　跨境债券监管合作的得与失 / 197
第二节　债券市场国际化进程中的全球
　　　　金融标准制定 / 210
第三节　亚洲债券市场合作路在何方 / 223

第七章 道阻且长：穿越债券市场国际化的荆棘 / 237

第一节　债券市场国际化之路道阻且长 / 239
第二节　债券市场国际化带来的潜在风险 / 245

第三节 规则惯例的适用矛盾："尊重国内"
与"接轨国际" / 256

| 第八章 | **他山之石：国际债券市场的经验与教训** / 271

第一节 日本债券市场：从封闭走向开放 / 273
第二节 美国债券市场：大国债券市场的
高水平国际化之路 / 280
第三节 欧洲债券市场：国际化是离岸债券市场的
本质特征 / 291
第四节 亚洲中小型债券市场：在危机中孕育的
国际化 / 298
第五节 拉美国家债券市场：债务危机
对市场国际化的影响 / 307
第六节 海外债券市场国际化：总结及启示 / 311

| 第九章 | **行则将至：中国债券市场国际化的下一站** / 319

第一节 在新的国际和开放形势下思考债券
市场国际化 / 321
第二节 从跨境投融资视角看中国债券
市场国际化前景 / 330
第三节 从管道式开放转向综合性高水平开放 / 338

| 第一章 |

初心使命:
大国崛起与大国债市

提起金融，人们常常存在刻板印象，或是联想到那些作为地标性建筑的银行大楼，或是联想到在股票市场上纵横捭阖的投行精英，或是联想到监管部门雷霆出击、货币当局公开市场操作的新闻。当然，近年来，金融与 P2P 暴雷、BigTech 数据垄断等相互交织在一起。

但在金融业，有一个领域受到的大众关注较少，明显与其规模、贡献不相称，那就是债券市场！在中国，截至 2020 年 12 月末，股票市场市值为 87 万亿元，而债券市场规模达到 114 万亿元。通过股票市场融资的只有商业类机构，而通过债券市场融资的除了商业类机构，还有中央政府、地方政府、国际机构，三大政策性银行也是债券市场的融资主力军。

债券市场不仅连接着储蓄和投资，更与货币政策、财政政策紧密相连，还事关利率市场化改革和人民币国际化。可以说，债券市场的改革开放与一国企业生存发展、经济转型升级、金融安全稳定、全球治理能力息息相关，强大开放的债券市场是大国崛起的金融保障。

第一节　发展大国债券市场，迈向金融强国

金融强国，不仅是指一个国家金融体系投融资规模大，而且要求其资源配置效率高，抗风险能力强，全球吸引力和国际影响力显著，在全球金融体系中具有重要地位。发展大国债券市场是实现我国金融强国目标的关键一步。

一、大国需要发展大债券市场

在英语中，bond 一词不仅指债券，还有联系、纽带的意思。债权债务关系脱胎于债券，这种关系将债权人和债务人、资金提供方和资金使用方的利益绑定在一起。在债券的交易中，债权人和债务人甚至不需要相互认识，债券成为所有相关方的连接纽带，购买一张债券就等同于投了一张信任票。可以说，信任是债券成功发行的基石，而债券又反过来强化信任。债券发行频率越高、规模越大，信任积累得就越深，发债成本也相对更低，债券更容易发行成功。

与企业和个人相比，政府无疑更值得信任。正因如此，债券和政府具有天然的联系。具体表现为债券发行起源于政府的战争融资需求。[①] 例如，早在中世纪后期，威尼斯共和国就发行了年息为 5% 的永续债。除此之外，还表现为政府债券在全球债券中占据主力位置。截至 2021 年 6 月末，美国、日本政府[②]发行的国债在各自债券市场中的占比分别为 42.2%、82.6%（如图 1-1 所示）。与小国政府相比，大国政府通常凭借其较高的信用，拥有更强的社会资本动

[①] 政府发行国债，人民购买国债，债券将政府和人民联系在一起。尤其是在战争时期，债券大规模发行，战争实际上成为人民战争。

[②] 这里指联邦政府或中央政府。

员能力，发行了更大规模、更低成本的债券。

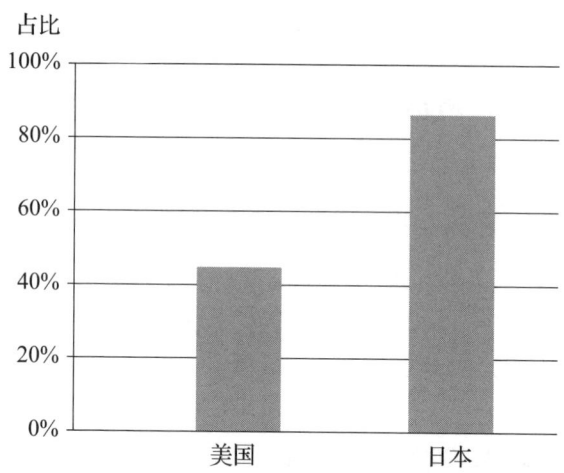

图 1-1　美国和日本政府发行的国债在各自债券市场中的占比（截至 2021 年 6 月末）

资料来源：Wind，SIFMA，ADB.

大国发展债券市场具有明显的优势，庞大的融资需求和雄厚的资金实力在信用机制的作用下相互强化，使大国的债券市场规模和影响力不断扩大。当然，债券市场并非大国专属品，一些较小的国家或地区（如卢森堡、新加坡、中国香港等）也建立了较为成熟的离岸债券市场，但离岸债券市场更多的是作为金融服务业中心而存在的，其功能发挥受到限制。作为大国，强大的在岸债券市场至关重要，因为大国需要考虑以债券市场支持本国实体经济发展，用债券市场来实现央行货币政策传导，借助债券市场形成本国金融定价基准，发展债券市场来分散金融体系风险。更重要的是，大国需要债券市场的国际化来实现本国货币的国际化，提升本国的国际金融话语权和全球金融治理能力。

二、金融强国的优势

国际金融市场发展已经 500 余年。1517 年，荷兰尚未建国，阿姆斯特丹市政府发行了第一只广义的政府债券，标志着国际债券市场的萌芽。纵观国际金融市场 500 余年的发展史，金融市场国际化有两种类型：市场自发型和政策驱动型。全球主要市场都经历过相对开放和相对封闭的迂回发展，并非直线发展，如第一次世界大战和第二次世界大战对欧美市场的冲击造成市场封锁、维护金本位造成的市场保护措施、美国在第二次世界大战之后一段时间内实施的较强的资本和市场管制等。最近一轮全球性的市场国际化趋势，则是与放松金融和资本账户管制相伴发展的。从当前形势来看，所有公认的金融强国，其市场国际化程度都很高，并且至少享有以下优势。

（一）拥有丰厚的国际信心资产

无论是美国、欧洲还是日本市场，国际声誉高、影响力大的市场参与主体（发行人、投资者、中介服务机构、基础设施机构等）都有较强的意愿参与其中。国际信心具有杠杆效应，这些开放性大国实际上是依托国际信心杠杆，撬动本国市场和本国经济发展。这种信心杠杆所依托的是政治、经济、科技、军事、文化、国际制度体系等一系列综合资产。强大的金融市场成为金融强国综合资产变现的场所。

（二）拥有丰富的风险管理手段和较强的抗风险能力

世界上主要的国际化金融市场都是饱经危机、衰退和动荡考验的市场。实际上，应对风险的经验可以自下而上地转变为抵御风险的能力。抗风险能力可以增强金融市场的弹性和韧性，外部负面冲击并不会把市场"砸出一个坑"，市场恢复能力极强。参与债券市场的机构数量越大，机构类型越多元，交易类型越丰富，金融体系的风险防范能力和自我恢复能力就越强。正因如此，金融强国释放出相对稳定的预期，使风险厌恶者和风险追逐者均可从中受益，并在关键时期成为"避险天堂"。金融强国可以凭借虹吸效应，不断强化其市场地位。

（三）拥有全球金融话语权

金融话语权包括货币话语权、金融定价权、监管规则制定权、金融制裁权等。以金融制裁权为例，随着世界各国越来越深地融入以美元为核心的国际金融体系，经济金融制裁成为美国颇具杀伤力的武器，美国在全球金融体系中享有不对称的权力。美国以自身拥有的强大国际金融中心为依托，不断对委内瑞拉、伊朗、俄罗斯等国家实施经济制裁，对外国的个人实施金融制裁，阻止这些国家的金融机构在美国和国际市场融资，切断其美元获取能力和渠道，让个人难以获得正常的金融服务。

三、债券市场国际化——迈向全球金融强国的基石

美国著名经济学家巴里·埃肯格林（Barry Eichengreen）在《嚣张的特权：美元的兴衰和货币的未来》（Exorbitant Privilege: The Rise and Fall of the Dollar）一书中指出："在过去半个多世纪里，美元一直是世界货币的通用语。"事实上，美国金融市场是美元地位得以建立和维持的关键。美元的超级特权并不只体现为外国公司持有和使用美元，更体现为世界各国、各类机构宁可忍受低利率，也愿意持有美国证券，尤其是美国债券，资助美国维持其不断扩大的赤字和负债，并助力美国科技、军事及跨国公司的发展。

早在19世纪末20世纪初，美国的商品和服务生产就已经超过英国，但美元不仅没有超级特权，甚至不是各国政府的外汇储备货币，在国际货币排名中位居比利时法郎、奥地利先令等货币之后。当时，伦敦是世界金融市场的中心，那里投资者云集，资金流动性强，是各国政府和央行交易储备资产的首选市场。与之相比，当时的美国缺少中央银行，金融市场频繁动荡[①]，而且许多国际借款人认为美国市场融资利率过高。一直到20世纪20年代，情况才出现逆转，美国银行为急需资本的欧洲政府和公司发行了以美元计价的债券和票据。至20世纪20年代后期，以美元计价的外国承兑票据已

[①] 美国在第一次世界大战之前发生过14次金融危机。

远远超过以英镑计价的票据。在现代世界经济体系中，很难想象有哪个国家没有国际化的金融市场，却能拥有国际化货币，并在全球的商品流、信息流和资金流中全面掌握主导优势。

（一）在金融强国之路上，债券市场国际化发挥着基础设施的作用

第一，国债享有政府信用，既是国际金融市场的起源，也是当今国际金融市场定价的重要基石。凡大国欲构建开放金融市场，必然要构建开放的政府债券市场。这将是主流国际投资者进入本国金融市场的门户。

第二，债券市场在金融市场中具有特殊地位，债券交易提供了市场化的定价基准、流动性管理工具，债券市场国际化可以为其他领域（如股票、期货等）提供有益经验，成为金融业国际化的试验田。例如，如果债券市场是封闭的，金融机构就缺乏"走进来"和"走出去"的动力。

第三，推动债券市场国际化，可有效倒逼金融改革。可以说，金融市场的信息披露、基础设施、信用评级等诸多方面的改革，通常都是由外至内突破的。

第四，债券市场以场外市场交易、机构投资者参与为主要特征，国际化中的潜在风险相对可控。

第五，债券市场国际化可以促进大国货币的国际认知度，提升本国货币计价资产吸引力。"皮之不存，毛将焉附"，债券市场国际化和货币国际化很大程度上是"皮"和"毛"的关系。

（二）从更广的角度看，债券市场国际化对大国崛起和金融外交还具有特殊作用

在政府或准政府信用层面，国家之间的资金纽带以债权形式为主，尤其对我国而言，以双边和多边贷款及各类项目融资为主。对具有国际硬货币和国际金融中心地位的大国而言，债券市场是其国际债务关系的重要表达场所，与双边贷款和项目融资相互补充。

首先，债券市场中的国际债务关系以透明化、规则化的形式出现，通过债券市场缔造的国际债务关系往往采纳国际通行的资本市场规则，有利于大国在债务外交中提升国际声誉，减少诸如"债务不透明""债务陷阱"之类的诟病。

其次，大国债券市场的国际化有助于吸引广泛的国际参与主体进入本国债券市场，形成国际债务关系中多元利益相关方的共同参与。这样不仅可以调动国际资源，充分撬动国际发展投资的金融杠杆，还有利于吸引各国资本利益，形成共投、共建的利益共同体。

最后，从更长远的角度看，这样的国际债务关系将丰富大国的金融外交政策"工具箱"，为大国从金融外交的战略高度协调国际投融资和债务处理、本国货币国际化等，扩大政策创新空间，提高战略灵活度。

四、我国的金融强国之路

我国金融市场的国际化，和我国整体改革开放的过程一样，都经历了摸着石头过河、循序渐进的过程。1968年，我国成为既无外债也无内债的国家。改革开放之初，我国财政部开始"走出去"借外债，包括获得世界银行和日本协力基金等多边或双边贷款、赴海外发行政府债券等。[①] 从20世纪90年代中期开始，我国逐步允许外资银行进入设立分行、子行，外资保险公司进入设立子公司。随后逐渐允许券商合资、基金合资等。如果说金融市场国际化可以划分为主体准入、市场牌照准入、监管标准国民待遇三个层次的话，那么这一阶段我国金融市场的国际化是主体准入配合部分市场牌照准入，即部分境外金融机构已经获准进入我国，但受到参与特定市场、特定业务的限制。这主要是因为我国金融市场还不够发达，有些市场和产品尚不具备面向全球开放的条件（资本市场尤其如此）。

我国财政部在海外发债情况（2009—2020年）如图1-2所示。

[①] 1987年，我国财政部决定在德国法兰克福发行3亿西德马克主权债券。

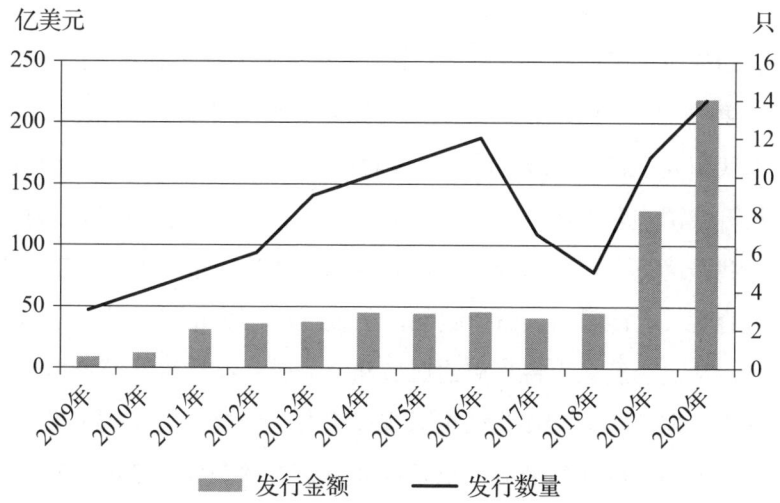

图 1-2 我国财政部在海外发债情况（2009—2020 年）
资料来源：Bloomberg.

随着资本市场的不断发展，债券和股票市场的国际化步伐不断加快，我国的金融监管体系也在不断完善，监管理念和监管方式都更加优化。我国金融市场的国际化进入更高层次，即我国在境外主体准入方面进一步放宽持股比例限制，实现监管标准国民待遇。这不仅要求我国政府针对不同市场和产品的需要对外、对内同时发放更多的牌照，而且在监管标准上需要对所有市场参与主体一视同仁。这就迫使我国以开放促改革，在改革国内监管体系和规则时，进一步将国际标准与我国国情有机融合，提升自身金融监管水平。

我国需要摒弃将国际标准与国内实践二元对立的思想，以"万物皆备于我"的大国气度推进金融市场的改革开放。更高水平的国际化是改革开放的"深水区"，我国不仅要在规模、标准、风险管理等层面进入"深水区"，更要在理念、视野、胸怀和监管艺术等层面进入"深水区"。作为世界第二大经济体，我国对资本市场国际化程度的预期，尤其是在目前阶段对资本市场国际化设立的合理目标，是我国规划市场开放蓝图的重要基石。

第一，要客观认识到，金融市场国际化存在极限。从国际经验看，即使像美国这种成熟市场，其国际化水平总体也存在上限。

第二，在不同阶段，金融市场国际化要有不同的侧重。例如，当前我国处于相对初级的阶段，吸收成熟市场优质参与主体的策略，对提升我国金融市场的国际影响力和国际信心是必要的。但必须看到，我国终将发展成为成熟市场，成熟市场的一个重要标志就是具有包容性，要能吸引大量快速崛起的发展中国家市场主体进入我国市场。从这个意义上说，周边区域和"一带一路"沿线国家市场主体在中长期不断提高在我国金融市场中的参与度，是我国金融市场改革开放必然可期的结果，也是设计金融市场开放制度体系时必须考虑的重要因素和长远目标。

第三，从各类市场细分产品和部门看，利率债是金融市场开放的主力军，其作用大于信用债。国债是我国资本市场开放的"压舱石"，也是提高人民币资产国际吸引力的"定盘星"，必须高度重视，深入研究完善国债市场配套的国际化制度设计。

第四，秉持分层分类的理念。提到国际化，并不是对所有境外参与主体都使用同一套标准，以"一刀切"的办法推进，而是要针对不同主体的差异化诉求分类施策。

第五，我国在借鉴国际经验推动金融市场国际化时，必须认识到，美国、日本等在岸大国与新加坡、中国香港、马来西亚等小型经济体是不同的。小型经济体往往以全部吸收适用国际规则为其金融市场国际化的核心特征。大国市场不仅学习吸收国际规则，还会"原创"和输出规则与经验，为国际金融治理体系的发展贡献智慧，提供多元性。但这种输出并非简单地把自己现有的做法拿到国际上要求其他参与主体采纳。纵观欧美金融市场发展史，一个大国的规则惯例之所以能被国际和地区金融市场广泛接受，首先是因为其金融市场在金融产品、科学技术、组织模式、风险防范体系等方面发生了重大创新变革。这些国家发挥原创性，为国际金融市场提供了可信的解决方案,并主导协调了问题的解决过程。当然,这些国家的市场主体在本国经济扩张中广泛参与国际市场并发挥影响力也是成功将"原创性"解决方案推广至海外的重要基础。

"周虽旧邦,其命维新"。中资主体在国际市场中的参与度不断提升,国际主体也在不断地进入中国市场。但我国能否凭着科技进步和坚持改革开放的红利,在全球金融市场的下一轮升级中发挥原创功能,提供原创性解决方案(至少为周边和发展中国家金融市场提供原创性解决方案),可能是我国在金融市场国际化过程中始终需要关注的问题,也是我国能否崛起成为金融强国的关键。

第二节　理解债券市场国际化

债券市场国际化的概念并不复杂,但深者看其深,浅者听其浅,不同的市场主体从不同的角度得到的是不同的理解。例如,境外机构看到的是新的投融资渠道,境内机构看到的是国际合作的业务机会,监管部门看到的是开放效率和跨境风险。

一、债券市场国际化的六个维度

债券市场国际化,不仅是将境外机构吸引到本国债券市场的过程,更是市场化理念不断涌入、本国金融机构持续适应、国内规则惯例逐步调整、金融基础设施互联互通、货币跨境使用逐渐增多、跨境金融监管加强协调等一系列化学反应发生的过程。

通过将不同类型的境外机构债券投融资业务吸引到本国,推动本国的国际金融中心建设;通过为海外优质客户提供债券投融资服务,支持本国金融机构国际化;通过外国债、离岸债、跨境基础设施互联互通等的发展,鼓励本国货币的跨境使用。这一系列过程构成了本国债券市场国际化的基础和主体内容。

进一步理解债券市场国际化的内涵,其本质是传统的市场边界逐渐模糊,本国债券市场各项要素日益从境内走向跨境、从本土化走向国际化。债券市场中的各项要素一旦从境内走向跨境,将牵一发而动全身,对本国货币金融体系产生深刻的影响。基于参与主体、资金流动、支持项目、基础设施、金融规则、金融治理等六个要素的国际化讨论债券市场国际化,有利于全方位、多维度深入地理解其内涵。

(一) 参与主体的国际化

国际化水平较高的债券市场,其参与主体既包括各类型国际发行人,如国际组织、外国政府类机构、境外金融机构和境外非金融企业,也包括各类境外投资者,如政府类投资者、跨国银行、保险、对冲基金、养老金、个人等;不仅包括各类境外中介服务机构,如主承销商、财务顾问、会计师事务所、律师事务所、信用评级公司等,还包括其他各类服务提供机构,如受托管理人、结算代理人、付款代理机构、数据服务商、研究提供商等。

(二) 资金流动的国际化

债券市场国际化的本质是跨境投融资,因此,资金跨越国界流动是界定债券市场国际化水平的重要内容。一个国际化的债券市场必然包含资金的跨境流动,既包括吸引资金流入,也包括引导资金流出。在价格机制的作用下,有效利用国内、国际两个市场和两种资源,既让国外资金更有效率地支持实体经济发展转型,支持金融市场发展成熟,也使国内资金更好地分享外国优质企业或金融市场的发展成果。

(三) 支持项目的国际化

债券市场的发展和国际化,归根结底还是为了服务于实体经济的发展。过去,由于经济全球化程度较低,企业国际化水平不高,实体经济中的对外投资规模也较小,因此债券市场缺乏国际化的坚实基础。但随着过去30年经济的全球化发展、跨国企业的全球运营,越来越多的实体项目具有跨境属性。实体经济的全球化发展必然带来配套投融资的国际化。投资项目的跨境属性构成了债券市场国际化的重要特征，使债券的投融资主体、募集资金使用、信息披露等要素都具有国际化特征。

（四）基础设施的国际化

无论是"走出去"的国际化还是"引进来"的国际化，无论是"投资端"国际化还是"融资端"国际化，境内外市场的物理阻隔、信息阻隔都是现实存在的，需要打通。也就是说，债券市场跨境投融资必然需要实现跨境登记托管、跨境交易结算、跨境支付清算、跨境信息传递等功能。因此，金融基础设施的互联互通，就是债券市场国际化的重要特征和实现环节，是降低交易成本的重要实现方式，也是实现跨境监管的重要基础。

（五）金融规则的国际化

债券市场国际化，既是打破市场边界，更是打破规则边界。要突破过去封闭的市场运行体系，在新的跨境投融资环境下构建适用于全球市场参与主体的规则体系，这既包括金融监管规则，也涵盖会计审计、信用评级、公司治理等多个方面。在这一过程中，各参与主体必然面临规则制定的国际化，可能是将本国的金融规则推向全球，也可能是为了更加适应国际金融规则而完善本国金融规则，或者是两者相互协调、兼而有之。

（六）金融治理的国际化

债券市场的跨境投融资带来了全球金融治理问题，这一问题是过去在本国国内治理体系下不曾遇到的。首先是跨境监管合作问题。如何对境外企业披露的信息进行核实，对境外投资者的内幕交易进行调查，以及对境外参与机构执行处分措施等，是债券市场国际化背景下需在全球治理框架下解决的问题。更重要的是，由于跨国企业和投资机构在全球多个市场投融资较为普遍，除了母国和东道国的双边合作，多边合作问题、联合执法的必要性也大幅提高。其次是区域债券市场合作问题。如何加强区域债券市场在监管准入、信息披露、基础设施等方面的合作，也是债券市场国际化背景下需在全球治理框架下解决的问题。

二、债券市场国际化与国际债券发行的关系

（一）国际债券发行的含义

国际清算银行（Bank for International Settlements，BIS）对国际债券的定义是：发行人在本国市场以外的其他市场发行的债券，无论以什么币种计价。[①] 根据这个定义，国际债券实际上是一个与国内债券相对的、跨境债券发行的概念。国际债券与国内债券的判别标准如表1-1所示。

表1-1 国际债券与国内债券的判别标准

债券类型	发行人	发行地
国际债券	总部和注册地均在A市场	B市场
	总部和注册地均在A市场	C市场
	总部在A市场，注册地在B市场	A市场
	总部在A市场，注册地在B市场	C市场
国内债券	总部和注册地均在A市场	A市场
	总部在A市场，注册地在B市场	B市场

资料来源：BIS网站。

国际债券包括欧洲债券和外国债券。其中，欧洲债券是指在一国（或地区）市场发行的、以非当地货币计价的债券。一种典型的欧洲债券形式是，A市场发行人在B市场发行的以C国货币计价的债券。境内外机构在中国香港市场发行的离岸人民币债券（又称点心债）就是一种欧洲债券。外国债券则是指外国发行人在本国发行的、以本币计价的债券，如美国扬基债券（以下简称扬基债）、日本武士债券（以下简称武士债）、韩国阿里郎债券（以下简称阿里郎

[①] BIS向商业性数据公司逐笔收集国际债券信息，并进行整理和发布，国际债券基于币种、期限、利率类型、发行人国别和所在地进行分类。

债)、中国熊猫债券(以下简称熊猫债)等。欧洲债券与外国债券特点的对比如表1-2所示。

表1-2 欧洲债券与外国债券特点对比

对比项	欧洲债券	外国债券
发行人	任何信誉良好的借款人(以亚洲基础设施投资银行于2020年1月发行的双币种债券为例)	外国政府、公司或国际机构(以亚洲基础设施投资银行2020年6月在中国发行的熊猫债券为例)
发行货币	以印度卢比发行,以美元结算	人民币
发行面额	98.9卢比	100元
发行金额	25亿卢比	30亿元
发行期限及利率	6年/5%	3年/2.4%
资金用途	一般用途	一般用途,新型冠状肺炎疫情防控
上市地点	法兰克福交易所、卢森堡交易所、慕尼黑交易所、斯图加特交易所	中国银行间债券市场
承销商	法国巴黎银行	中国银行、法国巴黎银行(中国)、中国建设银行、中金公司、汇丰银行(中国)
清算所/受托人/财务代理人	清算所:Euroclear/Clearstream/DTC 支付代理、财务代理:花旗银行 计算代理:法国巴黎银行	上海清算所
律师	发行人律师:Clifford Chance LLP 承销商律师:Latham & Watkins LLP	发行人律师:方达律师事务所
适用法律	英国法律	中国法律
投资者	国际投资者	中国投资者、国际投资者

资料来源:Bloomberg。

与国际债券相似的一个概念是全球债券。全球债券通常是指既在欧洲离岸债券市场发行，同时也在其他在岸债券市场发行的债券，可以以多币种计价。与欧洲债券不同，全球债券可以以发行市场的本币计价，通常由高评级的跨国企业发行人或主权国家发行，并通过欧洲清算系统和明讯银行进行结算清算。

从国际债券和全球债券的含义看，其本质都是债券的跨境发行，与之相适应的是发行规则的国际化、币种的多元化、基础设施的互联互通，随之而来的是投资者的多元化和国际化。两者的区别在于全球债券更加强调全球化发行，打破了在岸债券市场和离岸债券市场的边界，将投资者范围进一步扩大至在岸投资者和离岸投资者。

(二) 债券市场国际化与国际债券发行对比

债券市场国际化与国际债券发行之间有许多共同特点。首先，两者的行为实质相似，都是发生在债券市场的跨境投融资行为，旨在拓展市场边界、投资者范围和融资币种等。其次，两者实现的功能相似，都是在全球市场的维度下提高债券融资和资源配置的效率。最后，两者带来的潜在影响相似，包括基础设施联通、金融规则国际化、货币跨境流通、金融监管的跨境合作等。

但债券市场国际化与国际债券发行之间也有明显的不同。债券市场国际化是一个内涵更广的概念。首先，债券市场国际化强调跨境投资、跨境融资及两者的融合促进，而国际债券发行更强调融资端的国际化。无论是国际债券还是全球债券，强调的都是发行人主动发行跨境债券，而未考虑投资者主动在全球市场开展跨境投资。其次，债券市场国际化强调微观和宏观的统一、结果和过程的统一。也就是说，债券市场国际化既关注微观层面的国际化实践，也关注宏观层面的政策启示和影响；既强调国际化的结果和状态，也强调从相对封闭走向相对开放的过程；既站在管理机构和东道国市场视角，也站在市场机构和母国市场视角。而国际债券发行则是一个相对微观的概念，而且更加结果导向。

三、从实践层面理解债券市场国际化

国内学者和市场人士从市场实践的角度对债券市场国际化进行了界定：债券市场国际化既包括投资端国际化，又包括融资端国际化；既包括在岸债券市场国际化，又包括离岸债券市场国际化；既包括"引进来"的国际化，又包括"走出去"的国际化。具体而言，债券市场国际化的内涵重点包括以下三个方面。

（一）在岸债券市场跨境融资

在岸债券市场跨境融资是指境外机构作为融资主体，在境内注册和发行各类债券、募集资金的行为。引入境外发行人，是从融资端开放本国债券市场，实质上为境外机构开辟了一条新的融资渠道，也为本国投资者增加了新类型的、多元化的投资产品。与股票不同，债券的发行主体极为丰富，除了企业和金融机构类发行人，主权政府、地方政府、政府下属专司融资机构、国际开发机构等均可以发行债券。不同类型发行人的风险特质、融资偏好存在差异。

（二）在岸债券市场跨境投资

在岸债券市场跨境投资是指境外机构作为投资主体，在境内购买、交易各类债券的行为。引入境外投资者，是从投资端开放本国债券市场，实质上为境外机构开辟了新的目标市场和债券种类，使投资者的资产配置标的更加丰富，也进一步增强了本国发行人的投资者基础。不同投资者的风险偏好、期限偏好、投资策略存在非常大的区别，因此投资者基础在全球范围内的扩大和多元化，是债券市场国际化的重要表现。

（三）离岸债券市场跨境投融资

除了上述两类债券市场国际化，离岸债券市场的发展也是提升一国货币国际化水平、扩大一国金融话语权的重要组成部分，而且与境内市场的开放存在互动和影响的关系，是相关主管部门制定政策的重要影响因素。因此，实践中各方都将离岸债券市场跨境投融

资纳入债券市场国际化的范畴。

离岸债券市场是与在岸债券市场相对的概念，包括全球机构在境外发行和投资以本币计价的债券的市场，以及本国机构赴海外发行以多元化货币计价的债券的市场。离岸债券市场的发展与在岸债券市场的开放密切相关，其发展程度也能体现出一国债券市场的国际化水平。离岸债券市场发展的显著特征是监管相对宽松，市场化程度较高，但主要以机构参与为主，而且由于缺少中央银行的流动性提供机制和最后贷款人机制，离岸债券市场波动相对较大，尤其是在受到外部冲击后，容易面临流动性紧张局面。离岸债券市场自下而上地形成了很多高效的市场化机制（如信息披露、簿记发行、定价配售等），可以给在岸债券市场改革带来丰富经验。

值得注意的是，在岸债券市场和离岸债券市场的边界有所模糊。一些在岸债券市场借鉴了离岸债券市场的市场化运行机制，最典型的是日本东京证券交易所的专业投资者债券市场。这类市场一定程度上结合了在岸债券市场和离岸债券市场的优势，可以拓展更丰富的国际投资者，有助于降低市场波动性，使监管流程和信息披露更加便利等，但监管的显著放松又使投资者范围难以进一步扩大。

第三节　从全球和国内视角看中国债券市场国际化

一、中国是全球跨境债券投融资的注地

自20世纪80年代以来，金融全球化蓬勃发展，欧洲、美国、日本及其他一些亚洲国家对金融市场、资本项目的管制措施逐步放松，与债券市场相关的跨境流动规模越来越大。

根据BIS的数据，截至2021年3月末，全球跨境发行的国际债券存量规模达到27万亿美元，占全球GDP的比重接近32%。根据

麦肯锡全球研究院2017年发布的报告，近年来，尽管全球资本跨境流动从2007年的12.7万亿美元降至2016年的4.3万亿美元，但债券市场跨境投融资保持高速发展。截至2015年，全球债券市场中有31%的份额由外国投资者持有，较2000年增加了13个百分点。

与全球跨境债券投融资活跃相比，我国债券市场国际化水平较低。例如，截至2021年1季度末，在全球国际债券27万亿美元存量中，发生在我国在岸债券市场的跨境债券融资（熊猫债）存量只有357亿美元，在全球份额中占比仅为0.132%。从投资端来看，根据麦肯锡全球研究院的数据，2015年年末，全球债券市场中31%的份额由外国投资者持有；而截至2020年年末，我国债券市场境外机构持有占比仅为2.92%。

我国债券市场的国际化程度与债券市场规模是极不匹配的。截至2020年年末，我国债券市场规模超过110万亿元，占GDP比重超过100%，跃居全球第二，各类型产品都较为丰富和均衡，交易方式和对冲手段灵活，市场流动性不断提升，跨境投融资的便利性也不断增强。但如此大的一个市场，境外机构参与比例与国际市场相比明显偏低。对开展全球化运营的企业和开展全球化投资的机构来说，这无疑意味着资源配置效率的损失。

二、中国债券市场传递出国际化的信心

（一）中国债券市场面临国际化的外部压力

过去30年，经济全球化是主旋律，中国的开放史是一部吸引外资准入史。在此过程中，跨国企业赴中国境内开展直接投资规模屡创新高。中国在2014年超越美国，成为全球外商直接投资（foreign direct investment，FDI）规模最大的国家。但是，在FDI规模快速攀升的同时，相关的金融市场配套支持工具尚不到位。跨国企业进入中国后，存在真实的人民币资金需求，它们希望能与其在成熟市场一样发债融资。但实际中，跨国企业在中国以集团公司名义发债

融资之路并不通畅，这导致它们难以以较低的融资成本获得人民币资金。另外，一些主权政府、国际开发机构基于多元化融资渠道、扩大投资者群体等考虑，也具有发行人民币债券融资的动力。

除了发行人，境外投资机构、中介机构也在一定程度上给中国债券市场国际化带来了压力。在全球主要市场货币宽松、资产荒的形势下，国际投资者期待获得一个确定的、较高的回报，近年来国际投资者"本国偏好"的下降就是一个例证，他们寄希望于投资新兴市场，获得超额回报，人民币债券凭借自身的优势成为他们追逐的目标。此外，境外中介机构也有越来越强的动力参与中国债券市场，发挥它们在海外客户、国际经验、引入海外资金等方面的优势，拓展境内业务发展空间。

（二）中国债券市场需要提升国际竞争力

一个封闭的市场不可能获得全球影响力。债券市场国际竞争力是国际金融话语权的关键组成部分，美国等成熟经济体在金融定价基准、金融制裁、规则制定等方面走在世界前列。金融实力不仅是对经济的支撑，更是大国博弈的武器。中国的债券市场国际化实际上是给了外国参与者分散风险的选择权，给境外机构提供了新的投融资渠道，使其不易受到单一市场的影响。最终结果是实现全球多市场的连接，用债权债务关系密切中国和全球的联系，实现收益共享机制，形成命运共同体。债券市场国际化水平的提高和规模的扩大，会逐步强化这一绑定关系。

（三）借债券市场国际化释放开放决心和信心

深化改革、扩大开放是我国的既定政策，但是，国际社会上总是时不时地出现一些负面声音，尤其是在经济下行、风险增大、外部冲击等条件下，国际舆论有时会对中国扩大对外开放的持续性有所质疑。因此，坚定不移地推进债券市场国际化的各项具体措施落地，就是回应质疑的最有力的武器。我国近年来通过多个文件、会议精神推出金融开放、债券市场开放的政策，释放继续开放的信号。

例如，全国金融工作会议提出要"积极稳妥推动金融业对外开放"，党的十九大报告提出"中国开放的大门不会关闭，只会越开越大"。此外，我国在多个场合提出"落实开放政策要'宜早不宜迟，宜快不宜慢'"，并且强调"无论是完善金融服务，还是防范金融风险，都要深化金融改革开放"。

三、将债券市场国际化作为改革的催化剂

债券市场不能为了国际化而国际化，一定要服务于提升中国债券市场自身运行效率，否则就与发展离岸债券市场无异，使债券市场发挥的实际功能受限。就目前来看，我国债券市场还存在一些问题，需要在国际化这一催化剂的作用下逐步解决。

（一）债券市场制度基石需进一步夯实

当前我国债券市场的制度规则仍需不断完善。例如，在信息披露方面，虽然信息披露制度的形式已基本完备，但信息披露的时效性、质量仍有待提高。一些特定行业、特定产品，如资产支持证券等特质性较强的产品，在信息披露标准化方面还有待进一步细化。在投资者保护方面，随着跨境投融资的日益普遍，应进一步强化投资者保护措施，保证对国内投资者的保护不弱于对境外投资者的保护。从国际成熟市场经验看，设置投资者保护条款可以作为一种事先的防范机制，保障债券投资者的权益。完善的债券持有人会议制度和受托管理制度是在成熟债券市场中广泛应用的两种债券投资者集体保护制度。虽然两者在我国实践中均有引入，但其在保护投资者方面的作用有待进一步发挥。在违约处置和司法救济方面，目前我国债券违约面临法律制度薄弱、法律缺位的问题，如《中华人民共和国企业破产法》《中华人民共和国公司法》在债券投资者保护方面存在缺失。与此同时，司法诉讼和司法救济的成本过高，"搭便车"行为影响了投资者集体行动的能力。另外，债券注册发行的管理效率也有待进一步提高。尤其是在党中央、国务院要求"加强事

中事后监管"的政策要求下,要进一步提高债券市场注册管理效率,提高债券注册发行的市场化程度,腾出更多监管资源加强后续监督和二级市场管理。债券市场需要进一步法治化、透明化,尤其是在信息披露、投资者保护、风险分担、违约处置、破产诉讼等方面,需要进一步完善相关法律规则,这也是打破刚性兑付、向市场化迈进的重要前提。

(二) 中介机构职责边界需进一步厘清

债券市场的各类参与者,特别是中介机构,对债券市场的健康发展十分重要。各类中介机构各司其职,在解决债券发行人和投资者信息不对称方面发挥了至关重要的作用。例如,主承销商可以协调各中介机构,开展尽职调查,发行上市交易并进行后续管理。然而,我国债券市场在发展过程中,由于刚性兑付的存在,在债券面临违约风险时,一些主承销商被动承担了本不应承担的兑付责任。因此,中介机构的职责边界有待厘清,使中介机构职责清晰,各司其职,让承销业务回归"中间业务"的实质;对金融中介参与债券市场业务要进一步加强监管,对其内部风控、业务流程、组织架构等进行约束,同时对违法违规的金融中介机构加大处罚力度。

(三) 定价机制有待进一步完善

首先,在一级市场发行方面,目前我国债券市场已经完全实现利率市场化,但是由于长期以来政府隐性担保等非市场因素的干扰,投资者风险偏好单一,债券市场定价机制不够市场化。尤其在簿记发行环节,发行人强势压价格、投资者结构单一、"包销"、结构化发行、返费等问题仍然存在,导致二级市场缺乏流动性,并反过来干扰一级定价。在刚性兑付背景下,信用评级面临区分度不足和等级虚高的问题,导致当前市场的发行价格无法有效辨别企业信用资质,真正优质的企业无法享受到债券融资的优势,这对我国债券信用评级行业提出了更高的要求。

其次,在二级市场方面,做市商制度建设有待加强。我国做市商制度目前存在缺乏激励机制、做市积极性不高、报价品种和期限不够完备等问题。

第四节 中国债券市场国际化的全球作用

截至 2019 年年末，中国债券市场以逾 12 万亿美元的存量规模超过日本，成为仅次于美国的世界第二大债券市场（见图 1-3）。相关数据充分显示，中国债券市场正在受到越来越多全球投资者的青睐，特别是在新冠肺炎疫情防控期间，外资持续加仓和全球人民币外汇储备持有占比首次超过 2%，进一步印证了人民币债券持续增长的吸引力。截至 2020 年 6 月末，共有近 900 家境外法人机构投资者进入中国，持有人民币债券，覆盖全球 60 多个国家和地区。作为国际资本进入中国的主战场，中国债券市场较高的性价比和"避险模式"正在不断地吸引境外发行人和投资者。

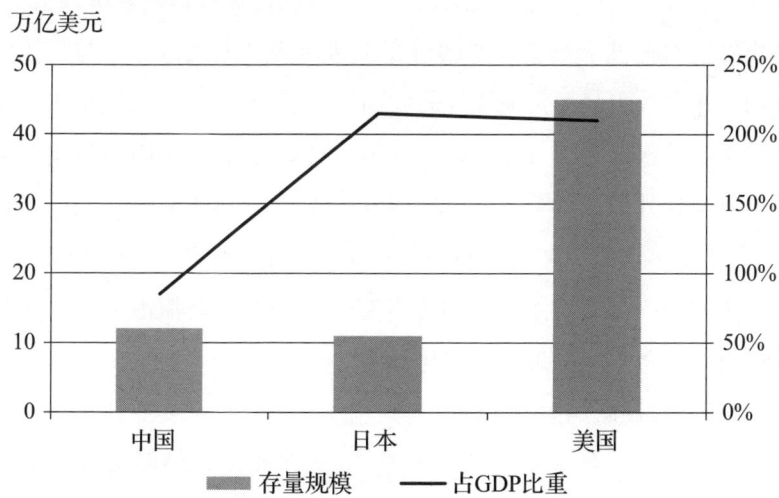

图 1-3 债券市场规模的国际对比（截至 2019 年年末）
资料来源：ADB，SIFMA.

一、中国债券市场可满足国际发行人多元融资需求

(一) 拓宽投资者基础

境外发行人通常很注重融资的可持续性，因此特别关注投资者基础建设和关系维护，对扩大投资者范围、丰富投资者类型、扩大投资者数量需求较大。对活跃在欧美市场的国际发行人而言，进入中国债券市场，意味着可以拓展一批不同风险偏好的潜在投资者。中国债券市场投资者不仅数量多，而且类型多元，涵盖了银行、证券、保险、养老金、基金、资管、信托、财务公司、政府机构等各类型机构。境外机构通过中国债券市场跨境融资，将显著拓展投资者群体，扩大知名度和影响力。根据中央国债登记结算有限责任公司（以下简称中央结算公司）的统计数据，截至2020年年末，中国债券市场机构投资者数量超过2.8万家。

(二) 丰富负债币种结构

中国债券市场国际化为国际发行人融资的币种篮子增加了新的选择。境外机构在境内发行熊猫债，可以优化资产负债表币种结构，防止融资币种过于集中导致的潜在汇率风险，人民币汇率与其他币种的低相关性可降低负债规模的波动性。随着2016年人民币正式加入特别提款权（special drawing right，SDR），人民币跨境使用需求增加，全球外汇储备中人民币资产占比从2016年年末的0.84%增长至2020年年末的2.14%（见图1-4）。同时，汇率定价也更加市场化和透明化。在此背景下，国际发行人基于优化负债币种结构的考虑，对人民币融资的现实需求与日俱增。

(三) 拓展新的融资渠道

经过十多年的高速增长，截至2020年年末，中国债券市场已发展成为规模超过110万亿元的全球第二大债券市场，是大型跨国企业和其他活跃的海外融资主体不可忽视的债券市场。国际发行人重视融资渠道的开辟，新的融资渠道不仅意味着多元化的资

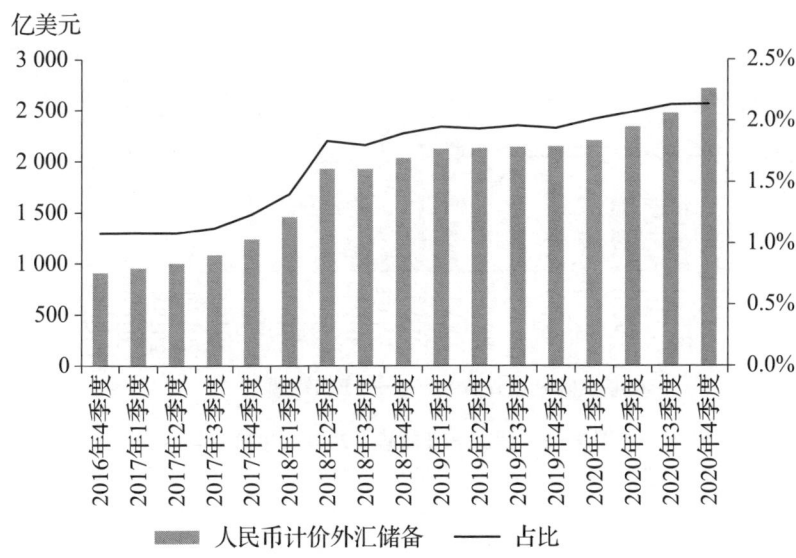

图1-4 全球外汇储备中的人民币计价规模与占比
资料来源：IMF.

金来源和丰富的投资者类型，更意味着发行人可以跨市场综合比较融资成本，选择更优的融资方案。利率、汇率等市场条件瞬息万变，已经建立多元化融资渠道的机构更能在合适的市场把握住融资的时间窗口。

（四）满足项目建设与落实政策的需要

在中国经济改革开放进程中，越来越多的跨国企业、国际开发机构进入中国市场运营（见图1-5），这类主体通常在中国境内设有子公司、分支机构或项目实体，有真实的融资需求。为支持境内项目建设，跨境债券融资成为国际发行人的重要融资手段。政策驱动与创新驱动也是境外机构发行熊猫债的重要原因。在"一带一路"建设加快推进的背景下，境外机构在境内发债并将募集资金用于"一带一路"相关用途的动力也日益增强。此外，在创新产品丰富的中国债券市场，境外发行人也有动力将熊猫债与绿色发展、可持续发展、并购、结构化融资等相结合，进行多维度组合式创新。

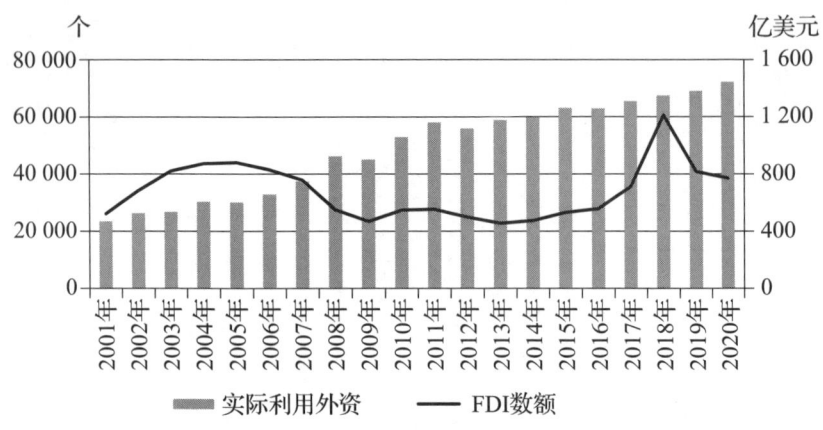

图 1-5　我国 FDI 规模（2001—2020 年）

资料来源：Wind.

二、中国债券市场对国际投资者具有强大的吸引力

（一）中国债券市场发展日益成熟

首先，中国宏观经济基本面整体向好，稳定的经济环境和发展前景成为债券市场吸引力的基础。其次，中国债券市场是人民币资产配置的重要渠道。经过多年的发展，中国债券市场交易品种不断丰富，市场流动性较强，各类发行和交易主体不断扩大和多元化，规模也足够大，这在客观上为中国债券市场带来了吸引力。再次，近年来中国在债券市场国际化方面进行了大量改革，境外机构投资者参与中国债券市场的渠道、准入和基础设施便利度得到大幅提升，进一步增强了其投资中国债券市场的动机。最后，债券市场的一系列改革在一定程度上提高了国内债券市场的透明度，对境外机构投资者信心形成支撑。

（二）中国债券市场收益率有一定优势

有竞争力的投资回报是境外投资者持有中国债券的重要动机。与美国、日本、欧洲债券零利率甚至负利率相比，中国债券市场与零利率还有较远的距离，债券收益率具有较为明显的相对竞争力，在人民币汇率保持相对稳定的条件下，尤其适合长期投资者配置。在当前全球史无前例的超低利率甚至负利率的大环境下，中国国债相对较高的风险调整收益率赋予其较大的吸引力（见图1-6），对负利率国家的机构投资者而言尤其如此。此外，当前人口老龄化已成为全球趋势，养老金支付面临巨大的压力，投资回报成为养老金保值增值的重要手段，中国债券市场逐渐获得境外投资者的关注。

图1-6　10年期国债收益率国际对比（%）
资料来源：Wind.

（三）中国债券市场具备一定的区域避险功能

中国债券市场与欧洲、美国、日本等其他债券市场的相关性较低，低相关性的投资产品意味着分散性更好，抗风险能力更强。同时，中国金融市场的内部运行稳定性较好，且具备良好的外部冲击吸收能力。在全球性危机时期，中国的宏观调控能力获得越来越多国际投资者的认可，进而推动中国债券市场成为一部分国际避险资金的选择。

（四）人民币国际地位不断上升

国际机构投资者持有一国债券主要用于满足其交易性需求、偿债性需求和保障性需求。随着人民币国际储备货币功能的不断强化，以及在人民币跨境和离岸业务中对资金清算和结算需求的稳定增长，人民币债券资产的流动性不断增强，并构成境外投资者持有中国债券的重要动机。

（五）越来越多被动投资者参与中国债券市场

随着人民币债券指数被纳入国际主流债券指数，中国规模巨大的债券市场获得与其影响力相匹配的关注，一些跟踪这些指数的境外被动投资者相应提高了中国债券在其资产配置中的比重，从而将更多境外资金引入中国债券市场。

三、海外债券成为中资机构跨境融资新选择

境外投资不断增长，境外融资需求也会随之上升。对外直接投资的快速增长使企业对外币的需求激增（见图1-7）。2017年以来，中资海外债券市场保持快速增长，所募资金可以满足企业境外项目建设、偿还贷款、补充营运资金等多种需求。相比国内债券，海外债券的资金使用更加灵活，甚至可以根据企业的实际需求进行币种组合以降低融资成本，融资效率较高，受汇率波动风险影响较小。此外，由于以外币计价的债券需要以外币偿还本息，这部分成本可以直接由境外项目回收外币进行偿还，从而避免将境外项目收益汇回至国内，规避了汇率波动显著影响企业融资成本的风险。

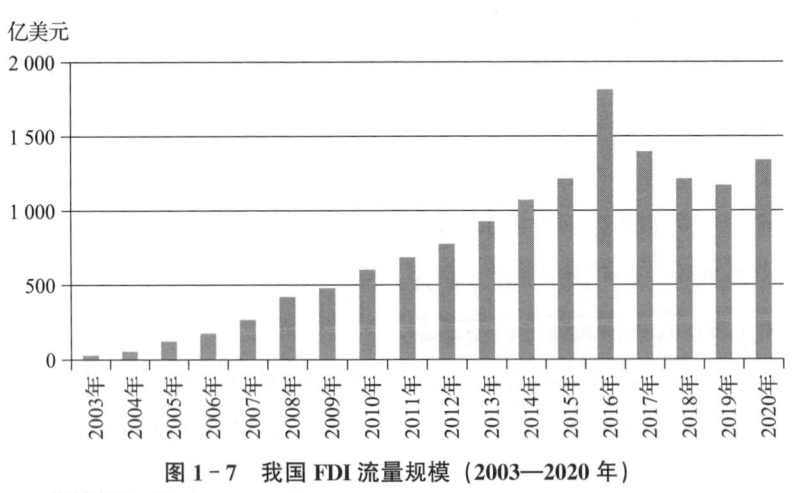

图1-7　我国FDI流量规模（2003—2020年）

资料来源：Wind.

国内金融市场流动性的松紧变化也在引导企业寻求新的境外融

资渠道。国内货币流动的充裕性及宏观调控政策直接影响债券市场融资成本。当国内流动性宽松、融资成本较低时，企业通常倾向于在熟悉的环境中进行融资。然而，当国内流动性收缩，或者部分行业受到有针对性的监管政策约束时，企业转向境外资本市场融资的动机就会逐渐增强。此外，货币政策和监管政策的变动，往往导致国内的融资难度随之变化，降低国内融资渠道的可获得性和稳定性。推动企业打通境外融资渠道可以改变企业融资渠道过度依靠境内市场的现状，企业可通过融资渠道多样化来规避风险。

在2010年之前，中资非金融企业由于信息不透明，信用风险评级较低，债券发行利率高于10%的情况十分常见。随着境外投资者对中资企业逐渐熟悉，以及受早期中资债券的良好信用表现支撑，境外投资者对信用程度良好的企业发行的优质债券的热情不断上涨，发行利率也随之下降。随着欧洲、美国、日本等量化宽松政策的实施，以及2020年全球新冠肺炎疫情的蔓延，全球资本市场进一步进入超低利率环境，甚至出现负利率债券。相比之下，近年来国内债券利率虽然有所下降，但境内外融资利差依然存在。与境内信用债相比，由于投资者类型多样，美元债券市场的流动性总体更好。

第五节　国际化将重构中国债券市场

从世界各国的经验来看，国际化是一个国家经济与金融发展的组成部分。金融体系国际化是国家经济与金融发展的重要体现，而债券市场国际化是推动金融体系国际化的重要一环。中国债券市场的国际化，不仅会影响全球市场及其参与者，对内也将影响我国债券市场自身的市场格局、规则体系，促使我国吸收发达国家在监管、制度、机制等多方面的经验，逐步接轨国际标准，提高我国作为全球第二大经济体的金融影响力和竞争力。

一、重塑市场格局

外资的持续流入将改变中国债券市场的投资者结构，增加长期机构投资者数量，这对债券市场长期稳定是有益的。境外机构投资者相比国内机构往往具有专业人员优势和资金优势，虽然不排除部分境外机构投资者具有短期逐利动机，但整体上境外机构投资者相对成熟，尤其是养老金、保险、主权财富基金等，更注重价值投资和理性投资。随着中国债券市场的逐步开放，境外机构投资者占比将持续提升，同期个人投资者占比可能逐步下降。随着大量专业境外机构投资者在市场上的话语权越来越大，多元化风格、策略的投资者进入，会增强债券市场的稳定性，并提高二级流动性。

境外机构与境内机构形成竞合，有助于优化中国债券市场的资源配置效率。以跨境投资为例，外资进入必然导致稀缺资产更加稀缺，国内投资者面临更加严峻的竞争。但合作机会大于竞争压力，由于目前境外机构的国内分支机构、投研团队有限，国内机构在投资咨询、法律合规、信用分析、托管结算等方面更有优势，境内外机构的深度合作是大势所趋。

二、完善规则体系

债券市场国际化程度受多种因素的影响，本国的制度、规则等基础设施因素通过影响交易成本，实质性地便利或掣肘境外机构的跨境投资意愿。投资者在开展跨境债券投资时面临以下一些重要的影响因素。

（一）市场准入条件

允许市场准入或有条件地准入是投资者进入东道国市场的前提。在实践中，各国市场对市场准入或多或少都有制度规范，主要包括机构资质准入、规模及交易方式准入、制度层面准入三个层次。在遵循国民待遇的原则下，市场国际化使市场准入环节更加公平、便利。

（二）信用评级

信息不对称问题在跨境债券投融资中更加明显，在国际化水平较高的债券市场中，信用评级的作用将更加凸显。信用评级能够有效缓解跨境投融资业务中的信息不对称，减少交易摩擦，更高效地达成交易。从投资者角度看，公信力强的信用评级能够让全球投资者更加全面、客观、准确地识别当地发行人的信用风险，进而做出投资决策。因此，债券市场在走向国际化的过程中，信用评级体系的变革也将提速。

（三）信息披露

国际化的债券市场，其典型特征是要处理制度规则差异问题，而信息披露的差异又是制度规则差异中的重点内容。对本国投资者而言，走出本国市场或在本国市场投资外国债券，都需要理解境外信息披露惯例。当然，境外机构在境内投融资，也必然要求国内的信息披露规则与国际接轨。

（四）衍生工具

跨境债券投资的收益受到多种因素的影响，总体上可归结为三大类：利率、信用和汇率。投资风险也恰恰来自这三个因素，由此产生了配套的衍生品对冲需求。这就对我国衍生品市场发展的丰富性、流动性、国际化提出了更高的要求。

（五）金融风险与金融监管

在国际化的债券市场中，市场参与者还面临宏观层面的外部冲击，这类冲击甚至可能是系统性、全局性的。金融风险与金融监管总是相伴而生的，投资者需要站在市场管理者的角度去思考金融风险与金融监管的关系问题，前瞻性地把握监管政策，做好投融资决策。

三、优化分析框架

在开放条件下，海外市场波动对本国债券市场的影响渠道增多，本书主要从经济总需求、流动性、金融监管与货币政策、供需关系、市场情绪五个方面进行分析。值得注意的是，这些渠道可能会部分甚至全部同时发挥作用，不同渠道的影响机制还可能是相反的。此时需要在特定时期抓住主要矛盾，作为分析债券市场走势的主要因素。

（一）经济总需求

经济总需求是影响债券市场的关键因素。在开放条件下，海外通过总需求渠道（主要是通过国际贸易渠道）影响本国债券市场。净出口是一国宏观经济的重要组成部分，净出口的变动会给经济基本面造成较大影响，进而影响债券市场。外部环境对净出口的影响主要体现为两个方面。一是外需。外需主要取决于全球经济基本面，尤其是美国、欧洲和日本等发达国家和地区的经济增速。在国际贸易渠道的影响下，海外经济的超预期增长可能会带动本国经济增长，进而给债券市场造成压力。从现实情况看，全球经济增长与全球出口存在正相关（见图1-8）。二是汇率。在一定条件下，本币实际有效汇率的贬值有助于增加本国净出口，进而影响本国债券市场收益率水平。

图1-8 国际贸易与经济基本面的关系

资料来源：Wind.

（二）流动性

与其他市场一样，流动性是否充裕对债券市场的短期走势有重大影响。在开放条件下，海外市场对中国债券市场的影响因素增多、作用增强。一是通过经常项目和资本项目影响外汇占款的规模，进而影响中国的基础货币投放，因此经常项目和资本项目的盈余变化和外汇占款情况成为观察海外影响的重要因素。尤其是近年来，资本与金融项目中的证券投资科目对市场流动性的影响更加显著。二是通过汇率渠道影响中国金融市场的流动性。例如，在人民币具有升值压力的背景下，境外资金会以正规渠道或"热钱"形式流入，倾向于驱动境内资金面趋于宽松，进而给债券市场资金面带来正向影响。因此，在观察海外市场对国内债券市场影响时还应关注汇率预期变化。

（三）金融监管与货币政策

金融监管与货币政策的变化对一国债券市场的影响也非常显著。以始于2016年的"防风险""严监管""去杠杆"相关政策为例，这些政策的出台一定程度上降低了债券市场风险偏好和杠杆率水平，不同品种间的分化明显。除监管政策外，货币政策也对债券市场具有重要影响，尤其是在从数量型向价格型调控转型的过程中，政策利率、债券回购利率、国债收益率等价格型指标将日益重要。在开放条件下，跨境金融联系的增强使政策传染机制更加通畅，本国投资者在做投资决策时需要更多地考虑海外监管政策、货币政策变化及溢出效应。尤其是自2008年国际金融危机以来，各国监管政策、货币政策的协调明显增强，如巴塞尔协议Ⅲ的日益广泛适用，以及主要经济体货币政策的协调性增强。这些变化既对宏观政策产生影响，也对微观主体的投资行为产生影响，债券市场参与者越来越需要关注海外政策尤其是发达市场政策的变化。货币政策的传导机制主要通过利率平价机制来实现，在开放条件下，货币政策传导的交易成本更低。在不同发展阶段，一国要综合权衡内部均衡和外部均衡两大目标，但有时二者是相互冲突的：维护内部均衡将损害外部均衡；维护外部均衡又会损害内部均衡。当海外市场（尤其是美国等大国市场）出现货币政策转向时，境内外利差的调整就会给本国货币政策造成压力，当分化发生到一定程度，本国为了维护外部均衡（汇率、国际收支），可能会被动调整货币政策，这些因素都会影响债券市场的走势。

（四）供需关系

供需关系直接影响一国债券市场的走势。在实际分析中，一方面要关注不同类型资金的规模、受政策的影响程度，另一方面要更多地关注不同类型投资者风险偏好的变化。在开放条件下，债券市场面向境外投资者开放，境外投资者成为本国债券市场（尤其是利率债）不可忽视的配置力量。海外资金的进入倾向于降低债券市场收益率水平，降低社会融资成本。从国际成熟市场看，有实证分析表明，外国投资者不断增持美国国债促进了美国长债收益率不断下行。根据美联储的估算，如果外国官方购买美国国债量单月减少1 000亿美元，美国5年期国债利率将上升40~60个BP；就算考虑这时私人部门的购债量可能会因收益率上升而增加，其综合影响也在20个BP左右。发达国家如此，新兴经济体也不例外。国际货币基金组织（International Monetary Fund，IMF）2014年工作论文对12个国家（巴西、捷克、匈牙利、印度尼西亚、韩国、马来西亚、墨西哥、波兰、斯洛文尼亚、南非、泰国和土耳其）的数据研究表明，外国投资者在一国本币债券市场中的持有比重上升压低了这些新兴经济体的债券收益率，但是增加了债券收益率的波动性。[①] 美国次贷危机后，新兴经济体外国投资者占比每上升1个百分点将导致其国债收益率下降7~9个BP。此后，其他多名学者也通过实证分析进行检验，得到了类似的结论。

（五）市场情绪

在开放条件下，全球风险偏好的变化会给本国债券市场带来影

---

① Ebeke M C, Lu Y. Emerging Market Local Currency Bond Yields and Foreign Holdings in the Post-Lehman Period—A Fortune or Misfortune? . International Monetary Fund, 2014.

响[1]，市场情绪将更容易跨境传染。在全球风险偏好发生变化后，一方面会通过资本跨境流动影响新兴经济体债券市场，另一方面对利率债和信用债的影响也是有差异的，全球风险偏好的下降对新兴经济体信用债的负面影响将更加显著。除此之外，市场情绪的跨境传染还会通过其他机制影响本国债券市场。以中美贸易摩擦为例，2018年中美贸易摩擦发生之后，悲观情绪不仅反映在我国股票市场上，也反映在我国国际收支和经济增长的前景上，并导致对通货膨胀的预期升温，进而对我国债券收益率产生影响。

四、优化投资理念

境外机构投资者的进入对价值投资、可持续投资、ESG投资等理念的形成是有好处的，可以引导中国债券市场的发展侧重点。目前，国内部分投资者逐短线而避长期，缺乏风险识别的能力，而境外专业投资者在跨市场、跨周期投资中，相对而言更加成熟。随着外资的不断流入和占比的持续上升，外资的话语权将逐步加大，并扩大其核心投资理念的影响力。以近年来境外日益兴起的ESG投资机构为例，其投资理念更加关注对环境、社会责任、公司治理的影响，将帮助国内投资者更加全面、平衡和高效地探究非财务绩效对投资收益的影响。

有了更加国际化的投资理念和评估标准，中国债券市场的风险评估将更加综合和全面。投资者在重视价值、基本面、环境影响、治理能力的投资理念引导下，对债券市场的分析将更加理性和全面，可以系统地把握发行主体和市场的风险特性，准确地识别潜在风险因素，评估发行人短期和中长期信用水平，从而优化投资能力，建立激励机制，发挥中国债券市场的优胜劣汰、资源配置功能。

---

[1] 美元指数、VIX指数等都是有效衡量全球风险偏好变化的指标。

| 第二章 |

扬帆起航：
债券市场的"引进来"
和"走出去"

国际化的债券市场可以动员政府和市场的强大力量，汇聚全球金融资源，促进人员、机构、资本等要素的自由流动，并在"准入""退出""准出"方面给予足够的灵活度。[①] 尽管中国债券市场与海外成熟的国际化市场仍有差距，但其国际化之路已经扬帆起航，尤其是自 2015 年以来，中国债券市场向国际化迈出了坚实的步伐，取得了质的飞跃。今日的扬帆起航，是为了债券市场国际化之路能行稳致远。本章将以历史性事件为重点，从"引进来"和"走出去"全图景分析中国债券市场国际化的历史和现状，看清当前中国债券市场国际化的位置，并全面思考债券市场国际化的重要意义，探究债券市场国际化的方向。

---

① 准入，是指放宽对境外机构在本国债券市场开展业务的限制。例如，允许境外企业或外国政府在本国发债；允许境外机构在本国投资和交易债券；允许海外金融机构及其他类型的中介机构在本国开展债券业务。退出，是指允许已经准入的境外机构自由退出，如自由退出本国债券市场，允许募集资金汇出、盈利资金汇出等。准出，是指允许本国机构参与海外债券市场，并在外债管理、资金回流等方面给予灵活度。

第一节　熊猫债市场渐呈燎原之势

境外机构在本国发行的以本币计价的债券称为"外国债券",但各国(市场)的外国债券通常都有一个各具本国特色的名字,如美国扬基债、日本武士债、英国猛犬债、澳大利亚袋鼠债、韩国阿里郎债等。在中国境内市场,外国债券被称为熊猫债,是指境外机构在中国境内发行的人民币债券。

一、熊猫债的发展历程

(一)从0到1的突破

中国债券市场是从20世纪80年代开始逐步发展起来的。2005年以前,中国债券市场封闭运行,参与机构集中在境内机构。彼时,中国债券市场仍处于发展的初级阶段,市场化程度低,总体规模小,流动性不足,投资机构单一,投资者保护机制不健全,人民币跨境使用少,境外机构在中国债券市场融资的动力不强。但应当看到,自2000年开始,中国债券市场的国际化已经初见端倪。首先,在银行间债券市场上,已允许部分外资商业银行通过承销团参与债券发行承销,并允许通过准入备案制进行债券买卖;其次,泛亚债券指数基金成为获准进入银行间债券市场投资的首家境外机构。在此背景下,通过开放融资端,发展熊猫债业务成为中国债券市场进一步国际化的重要选择。

早在2002年,国际金融公司、亚洲开发银行等国际开发机构就表达了在中国境内发行人民币债券的需求。熊猫债从国际开发机构开始探索,有其必然性。国际开发机构一般信用资质高(部分优质机构国际评级可达AAA),而且在东道国(尤其是发展中国家)有贷款项目，这就派生了真实的融资需求。另外，国际开发机构在全球市场（成熟市场、新兴市场）的债券融资经验丰富，其发行债券不仅是为了融资，也有协助东道国发展本币债券市场的长远考虑。从国际实践看，外国债券市场发展通常都是从国际开发机构进行试点探索的。可以说，这些因素均适用于我国熊猫债发展的初创期。

由于国际开发机构是一类全新的发行主体，而且涉及跨境发行，因此在推动过程中出现了很多过去不曾遇到的问题。例如，适用什么法律制度进行管理？各监管部门和主管机关之间如何进行协调？资金用途和结售汇等如何管理？2004年年初，中国人民银行会同财政部、国家发展和改革委员会（以下简称国家发展改革委）、中国证券监督管理委员会（以下简称中国证监会）和国家外汇管理局建立联席机制，对国际开发机构发行人民币债券进行研究，并于2005年2月联合发布《国际开发机构人民币债券发行管理暂行办法》，围绕规范国际开发机构发行人民币债券的行为，明确了政府部门之间的职能分工。[①] 实践中，国际开发机构发行债券比照中国人民银行在银行间债券市场发行金融债券审批项目办理。

在做好各项准备工作的基础上，2005年10月14日，国际金融公司、亚洲开发银行分别发行了10年期债券。其中，国际金融公司发行规模为11.3亿元，发行利率为3.4%，募集资金用于其在中国境内的项目，主承销商为中金公司和中信证券；亚洲开发银行发行规模为10亿元，发行利率为3.34%，募集资金纳入亚洲开发银行的普通资本资源中，以满足普通业务的需求，特别是用来为亚洲开发银行在中国进行项目融资，主承销商为中银国际。

国际开发机构首次在中国发行人民币债券，实现了熊猫债从0

[①] 其中，财政部等窗口单位负责接受发行人申请，并会同中国人民银行、国家发展改革委和中国证监会对发行申请进行审核；国家发展改革委会同财政部对债券发行规模和所筹资金用途进行审核；中国人民银行负责对发债利率进行管理；国家外汇管理局对发行人人民币专用账户及结售汇进行管理。

到 1 的突破，是中国债券市场"国际板"的开端，为熊猫债的行稳致远进行了探索，打下了基础，也为股市的"国际板"提供了范本。熊猫债从一开始就是以市场化、国际化的方式进行探索的。例如，上述两只熊猫债以公开透明的方式在发行和存续期披露信息，以簿记建档的方式进行市场化定价。

但也应当看到，这两只熊猫债的发行具有一定的特殊性，并且留下了一些问题尚待解决。首先，我国在试点案例较少的情况下就发布了管理办法，但实际上，经验的可复制性需要更多试点案例的积累，管理办法在规范熊猫债业务的同时，也在一定程度上限制了熊猫债市场的发展。其次，由于熊猫债是一个新事物，在试点阶段涉及主体资格准入、信息披露、资金使用等很多事项，涉及多个部委的职责，这也增加了熊猫债管理的复杂性。境外机构注重发债的便利性，高效的管理机制能缩短发行流程，有助于发行人把握时间窗口。而审批环节过长可能导致发债之时的用款需求、市场环境已经发生变化，发行人面临很大的不确定性。最后，很多境内外差异问题仍然没有得到解决，包括主体资格准入是否要遵循市场化原则、会计准则和审计监管如何接轨国际、是否强制要求境内评级等。

（二）畅通不同类型境外机构融资渠道

2005 年首批熊猫债完成发行后，在接下来的 8 年里，只有国际金融公司、亚洲开发银行分别于 2006 年和 2009 年发行了 8.7 亿元和 10 亿元人民币债券。其中原因，既有上面提到的障碍，也有市场环境的问题。自 2005 年以来，人民币显示出升值趋势，在升值环境下，境外机构发行人民币债券面临债务负担加重的风险，外币融资的竞争优势显现。此外，我国自 2007 年开始促进离岸人民币市场发展，点心债融资成本低，发行流程简易、国际化，受到海外机构的青睐。尤其是对国际开发机构而言，它们在海外融资渠道通畅，在国际市场上融资不仅便利，而且便宜，在境内融资需求下降。而对其他类型境外主体而言，此时境内人民币融资通道尚未建立。因此，

2005—2013年，尽管中国债券市场突飞猛进，但境外机构对境内人民币融资仍然十分谨慎。

从2013年开始，一些新的有利于熊猫债市场发展的因素逐步出现。首先是政策支持。十八届三中全会要求"扩大金融业对内对外开放""推动资本市场双向开放，有序提高跨境资本和金融交易可兑换程度"。2013年，《国务院批转发展改革委关于2013年深化经济体制改革重点工作意见的通知》明确提出，研究推动符合条件的境外机构在境内发行人民币债券。其次是市场环境好转。从2013年开始，人民币汇率升值趋势放缓，尤其是进入2014年，人民币进入双向波动，甚至面临贬值压力，境外机构发行人民币计价债券的动力增强。与此同时，点心债市场发展面临资金利率大幅波动、发行成本上升、流动性不足的瓶颈。此外，市场内生需求也在增加。2002年中国加入世界贸易组织（World Trade Organization，WTO）后，逐步放宽外资企业准入，FDI规模连年攀升，到2014年，中国年度FDI流入规模达到1 290亿美元，成为当年全球最大的FDI接收国。从业务运营的角度看，跨国企业有动力发行人民币债券，将人民币资金用于境内子公司投资，减少汇率波动带来的汇兑损失。最后，中国债券市场高速发展，量变引起质变。中国债券市场已发展成为全球第三大债券市场，任何一个在全球寻求多元化融资渠道、扩大投资者基础的境外机构，都无法忽视中国债券市场的存在。

2013年12月，德国汽车企业——戴姆勒公司在中国银行间市场交易商协会（以下简称交易商协会）完成50亿元定向债务融资工具的注册。2014年，戴姆勒公司首次在中国银行间债券市场完成首期5亿元熊猫债发行，发行期限1年，发行利率5.2%。由此，境外非金融企业在境内发行熊猫债的渠道正式建立。戴姆勒公司的首单非金融企业熊猫债是具有示范性和标志性意义的项目，它宣示了熊猫债的重新"回归"，也拉开了以市场化的"注册制"推动熊猫债发展的序幕。此后，各类型境外发行人陆续进入中国债券市场，熊猫债市场迎来常态化的蓬勃发展（见表 2-1）。

表 2-1　熊猫债市场的"首单"

日期	事件	意义
2005 年 10 月 9 日	国际金融公司和亚洲开发银行在银行间债券市场分别发行人民币债券	中国债券市场首次引入境外发行主体
2014 年 3 月 14 日	德国戴姆勒公司首单 5 亿元债务融资工具成功发行	中国银行间债券市场首只境外非金融企业熊猫债
2015 年 9 月 24 日	汇丰银行（香港）和中国银行（香港）分别发行 10 亿元金融债券	国际性商业银行首次发行人民币债券
2015 年 11 月 2 日	招商局集团（香港）有限公司在银行间债券市场公开发行 5 亿元短期融资券	中国银行间债券市场首只公开发行的境外非金融企业熊猫债
2015 年 11 月 27 日	交易商协会接受加拿大不列颠哥伦比亚省人民币债券注册	首个外国政府类机构人民币债券在中国银行间债券市场注册
2016 年 4 月 8 日	交易商协会接受华润置地有限公司 200 亿元中期票据注册	首单非金融企业熊猫债中期票据
2016 年 7 月 18 日	新开发银行成功发行 30 亿元绿色金融债券	首只总部在中国的国际开发机构发行的人民币债券
2016 年 8 月 25 日	波兰共和国完成首单 30 亿元债券发行	首只欧洲国家熊猫债 首只"一带一路"沿线国家政府熊猫债
2016 年 9 月 1 日	法国威立雅集团发行 10 亿元熊猫债	首只法国世界 500 强企业熊猫债
2016 年 9 月 5 日	恒安集团发行 20 亿元熊猫债	首只红筹民企熊猫债
2016 年 11 月 2 日	加拿大国民银行发行 35 亿元熊猫债	首只美洲国家金融机构熊猫债
2017 年 5 月 22 日	中电新能源发行 8 亿元熊猫债	首只非金融企业绿色熊猫债

续表

日期	事件	意义
2017年 7月21日	马来亚银行发行10亿元熊猫债	首只"一带一路"沿线国家银行发行的熊猫债
2017年 7月26日	匈牙利政府发行10亿元熊猫债	首只"一带一路""债券通"熊猫债,境外机构认购55%
2018年 1月12日	日本瑞穗银行、三菱东京日联银行分别发行熊猫债	首批日本金融机构熊猫债
2018年 2月1日	沙迦酋长国发行20亿元熊猫债	首个中东国家政府发行人
2018年 3月5日	法国液化空气发行22亿元熊猫债	首只引入担保结构的熊猫债
2018年 3月20日	菲律宾发行14.6亿元熊猫债	首只东南亚国家发行的熊猫债,境外机构认购88%

2015年是一个重要的年份,这一年中国的金融市场发生了很多大事,对熊猫债的发展影响深远。2015年11月30日,IMF决定将人民币加入SDR货币篮子,人民币国际化迈出了坚实的一步,海外机构对人民币的投融资需求上升。2015年8月11日,人民币汇改取得实质性进展,人民币汇率形成机制更加市场化,汇率进入双向波动。同时,2015年,中国债券市场正处于一波牛市,债券发行利率持续下行,融资环境相对宽松。多重利好下,2015年熊猫债市场非常活跃。非金融企业熊猫债从定向发行拓展至公开发行,汇丰银行(香港)和中国银行(香港)人民币债券的成功发行标志着金融机构熊猫债渠道的正式建立;加拿大不列颠哥伦比亚省完成首只政府类机构熊猫债注册,交易所市场熊猫债也开始试点。至此,国际开发机构、外国政府类机构、境外金融机构、境外非金融企业等各类境外机构发行的熊猫债渠道均已畅通。

(三)发行人群体不断丰富

2016年以来,我国熊猫债市场不断发展,发行人群体不断丰富,既包括世界 500 强跨国企业，也包括红筹企业；既包括主权政府，也包括地方政府。发行人的注册地也更加多元。一些知名的跨国企业陆续在境内发债。例如，德国戴姆勒公司、宝马集团等汽车制造企业，法国威立雅、法国液化空气、新加坡托克，以及马来亚银行、法国农业信贷银行等金融机构。红筹企业中，发行人也非常丰富，既有中电国际、北控水务等国有企业，也有恒安国际、安踏等民营企业。境外金融机构和企业的注册地则包括德国、法国、新加坡、加拿大、日本、马来西亚、中国香港、中国台湾等国家和地区。国际开发机构发行人包括国际金融公司、亚洲开发银行、亚洲基础设施投资银行、新开发银行、世界银行等。外国政府类机构则包括韩国、加拿大哥伦比亚省、德国萨克森州、沙迦酋长国、波兰、匈牙利、菲律宾、奥地利、葡萄牙等。

截至 2020 年 5 月末，共有 69 家境外发行人在中国境内银行间债券市场进行债券注册或获得债券发行核准，额度为等值人民币 6 565.7 亿元，其中包括 6 370.1 亿元的人民币债券和等值人民币 195.6 亿元的 SDR 计价债券。52 家境外发行人在中国境内银行间债券市场发行了 157 只债券，发行量共计等值人民币 2 809.8 亿元，余额等值人民币 1 808 亿元。

二、熊猫债市场是一个高质量发展的市场

自诞生之日起，银行间熊猫债市场就是一个高质量发展的市场，这表现为发行人信用资质好、投资者群体更加国际化、服务于实体经济发展和国家开放政策、扩大人民币跨境使用、金融产品创新活跃等。高质量发展的熊猫债市场，不仅有效保护了投资者，也形成了良好的示范效应，对海外优质主体形成吸引力，有助于将债券市场国际化的成果惠及更广。

（一）发行人信用资质好

2005 年最早试点的熊猫债发行人是国际开发机构和亚洲开发银

行，这两家机构具有丰富的国际市场融资经验，也具有较高的国际声誉，国际信用评级均为AAA。引入这两家机构在境内发债，为接下来的熊猫债发展打下了很好的基础。此后，银行间债券市场熊猫债发展从单一到多元，由易及难，循序渐进，始终定位的都是优质性。截至2020年6月末，中国银行间债券市场发行人境内评级绝大部分为AAA，国际评级（如有）通常能达到投资级。

境外主体的优质性还体现在其他方面。例如，境外企业一般在国内有业务实体，有真实的融资需求，境外发行人一般在全球市场融资经验丰富，是上市公司，信息披露透明度高，在上市地受到良好的监管。发行熊猫债的外国政府类机构通常是在国际市场融资活跃、没有历史违约记录、国际投资者认可度较高的主体。发行熊猫债的国际开发机构均在境内有很多贷款项目，募集资金也主要用于支持境内业务发展。此外，境外金融机构的准入也从多个维度设置了较高的门槛，包括实际缴纳资本不低于100亿元，拥有良好的公司治理机制和完善的风险管理体系，财务稳健、资信良好、最近三年连续盈利，具备债券发行经验和良好的债务偿付能力，受到所在国家或地区金融监管当局的有效监管，等等。

（二）投资者群体更加国际化

熊猫债的发行人、信用主体是境外机构，由于熊猫债的发行人通常是全球跨市场融资经验较为丰富的主体，因此，这类机构的全球投资者基础很广，当这类机构在境内发行人民币债券时，一些对境外发行人熟悉的境外投资者也会积极参与投资，从而产生了融资端开放带动投资端开放的效果。

从数据看，熊猫债对境外投资者的吸引力是比较大的。截至2021年6月，在银行间债券市场清算股份有限公司（以下简称上海清算所）托管的熊猫债中，境外机构持有占比超过20%，在境内各类债券品种中属于外资持有占比最高的。事实上，早在2017年，这种情况就很明显了。2017年7月，匈牙利通过"债券通"渠道发行熊猫债，中国债券市场首次出现境外投资者认购单只债券发行金额占比过半的情形，达到55%。2017年11月，加拿大哥伦比亚省通过"债券通"发行熊猫债，境外投资者获配占比超过70%。2018年3月，菲律宾通过"债券通"成功发行人民币债券，认购倍数6.32倍。其中境外投资者获配占比88%，来自新加坡等东南亚"一带一路"沿线国家的投资者也积极参与认购。

可以看到，发行人的国际化程度越高，其吸引国际投资者的能力就相对越强，这种趋势实际上一直伴随着熊猫债的发展。2020年6月，亚洲基础设施投资银行发行30亿元熊猫债，本次债券发行面向境内和境外机构投资者，认购踊跃，获配投资者数量超过20家。其中，境内投资者获配占比35%，境外投资者获配占比65%。这反映了境内投资者对境外主体还存在一个逐步熟悉和适应的过程，也证明了熊猫债在推动海外资金投资境内债券市场方面的强大吸引力。

（三）服务于国家政策和经济转型

熊猫债不仅服务于债券市场开放，还服务于我国实体经济发展、制造业转型升级、"一带一路"建设。以"一带一路"建设为例，中国债券市场已支持波兰、匈牙利、菲律宾等"一带一路"沿线国家政府注册发行熊猫债；支持马来亚银行等发行金融熊猫债，所募资金全部用于"一带一路"建设；支持招商局港口等发行熊猫债，所募资金用于"一带一路"基础设施互联互通相关用途。

熊猫债同样支持了经济转型升级。熊猫债持续支持高端制造业企业的发展。例如，芯片制造企业中芯国际早在2016年4月就在银行间债券市场发行熊猫债，截至2020年上半年，中芯国际的银行间熊猫债累计发行9只，融资规模达到116亿元，有力地支持了高端制造业企业的多元化融资。

（四）金融产品创新活跃

熊猫债是一种国际化程度很高的债券，在实践中，很多国内已有的产品模式都可以直接应用于熊猫债；同时，国际发行人也会提出更加国际化的产品结构，甚至国内尚未有相关需求或案例。因此，熊猫债本质上是创新驱动型的债券，根据海外发行人的差异化需求和特点，创新相应的产品模式。

从期限上看，熊猫债涵盖的期限结构非常多元，3年和5年是主流，短至75天的超短期融资券，长至10年的中期票据，甚至有永续债券的创新案例推出。从用途上看，熊猫债的创新层出不穷，除了传统的用于项目建设、补充流动资金、偿还银行贷款，一些服务于社会发展的用途也开始出现，其中就包括绿色债。目前已有多家境外企业发行绿色熊猫债，所募资金用于绿色用途（见表2-2）。此外，新冠肺炎疫情在全球爆发后，境外企业陆续发行了疫情防控债，如新开发银行、亚洲基础设施投资银行、恒安国际、中国燃气、小米集团等境外主体相继发行了疫情防控债。

除了境内已有的创新产品，熊猫债还参考国际常见结构，推出了"SPV+担保"结构。"SPV+担保"是大型企业集团在国际市场上发行债券的一种常见结构，发行人是集团内专门负责融资的子公司或特殊目的公司，集团母公司为债券提供无条件不可撤销连带责任保证担保（发生违约时，担保人有义务立即支付，投资者可直接起诉担保人要求清偿，无须先起诉和执行发行人财产），债务计入集团母公司合并报表。

三、熊猫债给中国带来的积极改变

熊猫债经过2015年以来的高质量发展，尽管目前规模还不大，占中国债券市场比例也很低，但依然给中国债券市场、中国金融市场乃至中国经济带来了积极的改变。

（一）实体经济发展得到支持

熊猫债市场的发展有效支持了实体经济发展。熊猫债的主流发行人是境外非金融企业，这些企业在境内发债，然后将绝大部分

表 2-2 绿色熊猫债案例介绍

发行人	债券类别	第三方认证	发行金额	所募资金用途	期限	发行时间
北控清洁能源	公司债	无	10亿元	用于偿还公司（包括子公司）债务	3＋N可续期	2018年11月
中国光大水务	公司债	上海新世纪	4亿元	南京涉水市政工程PPP项目，普兰店污水处理厂二期工程，德州南运河污水处理厂二期及尾水除氟项目，章丘城东工业园供水工程	5年	2018年8月
恒隆地产	中期票据	联合赤道	10亿元	全部用于恒隆广场·昆明和恒隆广场·武汉的建设	3年	2018年7月
中国电力新能源	PPN	中诚信	8亿元	用于节能与清洁类项目的建设与运营	3年	2017年5月
北控水务	公司债	商道融绿	7亿元	洛阳水系综合整治示范段工程项目	8年	2016年8月
新开发银行	人民币债券	安永	30亿元	用于污染防治和清洁能源类项目	3年	2016年7月

的募集资金都留在境内（境内使用比例超过90%）。另外，部分境外金融机构、国际开发机构等发行熊猫债后，也将募集资金贷给境内项目，解决企业融资难问题。

境外企业类发行人的行业分布极为广泛，包括汽车制造、环保、水泥、能源、电力、医药、地产、港口、消费、芯片制造、公用设施、仓储物流、交通、科技等，熊猫债的发行实际上支持了不同行业企业的发展。除了非金融企业熊猫债，金融机构熊猫债、国际开发机构熊猫债对支持实体经济发展也大有裨益。例如，2019年，法国农业信贷银行发行10亿元3年期熊猫债，所募资金用于中国境内子公司——东方汇理银行（中国）有限公司的一般企业用途。国际开发机构方面，国际金融公司、亚洲开发银行、亚洲基础设施投资银行、新开发银行等发行的债券，均部分或全部用于境内，支持外部效应较强的项目发展。

（二）中资机构加快迈出国际化步伐

中资机构的"走出去"是一项实施多年但实质进展较慢的行动。在国内业务发展面临瓶颈的背景下，跟随中国企业"走出去"的步伐、拓展国际业务是很多中资银行的战略重点，很多中资银行也提出了国际化战略。但在海外新设布点的过程中，由于海外业务风险较大，而且实际需求有待挖掘，中资银行的实际业务进展相对较慢。

熊猫债为中资银行国际化战略提供了一个海内外联动且风险相对可控的抓手。首先，在熊猫债发展初期，很多来境内发债的境外发行人都是红筹类发行人，这类境外企业很多本来就是中资银行的客户，在客户关系、客户授信、债券承销、债券投资等方面都很熟悉，而且这类企业很多都是在中国香港地区注册或上市的，以这类企业作为中资银行国际业务的突破口，操作性强且风险可控。其次，中资银行在国际化业务过程中，一个很重要的问题在于如何找到与国际银行竞争的优势，熊猫债就是中资银行的优势领域之一。熊猫债业务推动中资银行的海外分支机构有的放矢地拓展国际客户，引入国际企业在境内发债融资，因为中资银行长期深耕境内债券市场，对监管规则、业务流程、投资者偏好等都十分熟悉，因此相比外资银行更有竞争力。20世纪20年代，美国就凭借美国银行为欧洲政府和企业融资，大大加速了其银行业国际化、美元国际化进程。

从实际情况看，银行间债券市场的熊猫债主要由国有商业银行、股份制商业银行、大型证券公司承销，外资银行参与度较低，投资者也主要是银行自营资金和理财资金。

(三) 传递出中国开放的信心和影响力

自2014年我国熊猫债再度启动发行以来，发行人范围不断扩大，相关制度不断健全。可以说，熊猫债释放的信号是很积极的，成为跨国企业稳定融资的渠道。即便是在市场条件不那么有利、人民币存在贬值压力、境内外利差较大的背景下，熊猫债的稳步发展也未受到影响。

2020年以来，新冠肺炎疫情在全球蔓延，海外市场波动加剧，党中央、国务院要求"面对外部环境变化，要坚定不移扩大对外开放，以开放促改革促发展"。在此背景下，熊猫债市场发展并未放缓脚步，反而推动更多发行案例，推动中国债券市场进一步开放。2020年以来，亚洲基础设施投资银行、新开发银行、宝马集团、戴姆勒公司等多家具有全球影响力的机构发行了熊猫债。2020年5月，国务院金融稳定发展委员会办公室发布信息，指出将发布《外国政府类机构和国际开发机构债券业务指引（试行）》，鼓励有真实人民币资金需求的发行人发债，稳步推动熊猫债市场发展。与此同时，交易商协会推动熊猫债分层分类改革，为境外企业发债提供注册发行便利，完善信息披露要求。上述种种政策和举措都对外传递出中国债券市场持续开放的信心，有助于稳定境外机构的预期，提升中国债券市场的国际影响力。

(四) 制度型开放的实践

熊猫债市场的发展所带来的积极改变是多层次的，不仅影响了境外机构,还对中国债券市场乃至其他领域产生了深远、积极的影响。

首先,在信息披露方面,熊猫债市场的发展推动了国内债券市场信息披露制度的优化。例如,在信息披露格式、频率、语言等方面,加大了与国际市场接轨的力度。一些国际上常用的制度机制也逐步被引入本国债券市场,如受托管理人制度、债券置换等。

其次,熊猫债市场的发展推动了国内会计审计准则与国际的互认。因为会计准则和审计监管的等效是实现全球披露一致性、全球投资者保护一致性的基础,正是因为境外企业在境内发债,才增加了会计审计准则实现国际互认的动力和紧迫性。例如,2017年12月,中日两国监管部门就审计监管合作事宜进行换函;2018年8月,中国和马来西亚签署《中华人民共和国财政部与马来西亚证券监督委员会跨境会计审计执法合作备忘录》。

最后,熊猫债市场的发展使外债管理方式更加科学有效。在熊猫债发展初期,熊猫债所募资金要转贷给境内,存在需要占用境内用款主体外债额度的问题。由于这类熊猫债资金来源于境内,也用于境内,占用外债额度实际上导致了外债额度的重复计算,既不利于科学管理外债,也不利于熊猫债支持国内实体经济发展。随着熊猫债市场的进一步扩大,跨国企业诉求增多,这类问题基本得到解决。

第二节　有步骤、有计划地引入国际投资者

国际投资者进入中国债券市场是一个典型的渐进式和主动性的开放过程,是从央行类机构准入到境外商业类机构备案,从结算代理投资模式到 QFII/RQFII 投资模式[①],再到"债券通"模式的阶段

---

① QFII 即合格境外机构投资者(qualified foreign institutional investors);RQFII 即人民币合格境外机构投资者(RMB qualified foreign institutional investors)。

性引入过程。积极的政策推动和良好的市场环境，为境外机构加速进入中国债券市场开展跨境投融资创造了条件。截至 2019 年年末，银行间债券市场累计有 2 610 家境外机构投资者，较 2018 年增加 1 424 家，境外机构持有中国债券市场的规模达到 2.26 万亿元，中国国债的境外机构持有占比达到 8.54%。2020 年 1—9 月，境外机构进入中国债券市场速度进一步加快，持有中国债券市场的规模净增 7 490 亿元。

一、中国债券市场投资端开放始于亚洲债券市场合作

回顾中国债券市场国际化历程，2001 年年底，中国在加入 WTO 时承诺将逐步开放国内的金融业。以此为起点，中国金融市场启动了国际化步伐。1997 年，亚洲金融危机爆发，亚洲各国意识到债券市场对其金融稳定的重要性，因此有了后续共同推动发展亚洲债券市场的一系列举措，包括联合成立促进债券市场发展的泛亚基金等基金项目。有了这样的共识，中国债券市场在 2005 年首次对泛亚基金和亚债中国基金两家境外主体开放，获批投资额度分别为 1.8 亿美元等值人民币和 1.2 亿美元等值人民币，这是银行间债券市场引入的第一批境外机构投资者。

此后一段时间，没有新的境外机构获批进入中国债券市场。直到 2007 年，中国证监会允许通过 QFII 渠道参与交易所回购和企业债交易。为配合人民币跨境试点工作，银行间债券市场开始允许境外清算行（主要是中国银行（香港）、中国工商银行新加坡分行）在存款余额的 8% 范围内投资银行间债券市场。2010 年，中国人民银行发布《关于境外人民币清算行等三类机构运用人民币投资银行间债券市场试点有关事宜的通知》，允许三类机构（包括境外央行、境外人民币清算行、境外参加行）经中国人民银行同意后，在核准额度内投资银行间债券市场，由此打开了境外投资机构进入中国银行间债券市场的大门。在这个阶段，中国债券市场开始对部分高稳定

性和安全性的境外投资主体开放,通过较为严格的准入流程和条件,初步探索尝试债券市场投资端的开放。

二、"多渠道+规模化"引入国际投资者

债券市场对国际投资者的开放是审慎而渐进的,包括准入类型从单一到多元,准入流程从复杂到简化,从限定投资额度到取消额度限制。从 2011 年开始,中国人民银行先后允许主权财富基金、国际金融组织、基金管理公司、证券公司和其他 QFII/RQFII 等参与机构投资银行间债券市场,逐步拓宽 QFII 的范围和参与渠道,并稳步扩大投资交易范围至债券现券、债券回购、债券借贷及利率互换等经中国人民银行许可的交易。至此,中国债券市场进入投资端开放的第二阶段。

2011 年 12 月,中国证监会发布《关于实施〈基金管理公司、证券公司人民币合格境外机构投资者境内证券投资试点办法〉的规定》,允许合格境外基金管理公司、证券公司投资者运用在中国香港地区募集的人民币资金开展境内证券投资业务,这是 RQFII 制度的首次落地实施,初期额度为 200 亿元。2013 年,中国人民银行和中国证监会通过《关于合格境外机构投资者投资银行间债券市场有关事项的通知》和《人民币合格境外机构投资者境内证券投资试点办法》,明确将 QFII 和 RQFII 引入银行间债券市场,由中国证监会核定准入资格,国家外汇管理局核批投资额度,并细化了申请 RQFII 的注册地和业务资格等条件。

在逐步放宽投资机构资格的同时,境外投资机构可以参与的债券市场业务范围也逐步扩大。2015 年 5 月,中国人民银行发布《中国人民银行关于境外人民币业务清算行、境外参加银行开展银行间债券市场债券回购交易的通知》,允许境外人民币业务清算行和境外参加银行开展债券回购交易,这不仅提高了境外投资机构投资中国债券市场的收益率水平,而且由于回购资金可调出境外使用,也扩

大了人民币的跨境使用，提升了在岸债券市场和离岸债券市场的联动机制。2015年7月，中国人民银行大幅放开境外央行、国际金融组织、主权财富基金等机构在中国银行间债券市场的投资额度限制和投资范围，将审核制改为备案制。同年9月，中国人民银行公告〔2015〕第31号对境外央行类机构放开了中国银行间外汇市场。截至2015年年末，共有308家境外机构获准进入中国银行间债券市场。

三、人民币"入篮"是中国债券市场国际化提速的催化剂

2016年，人民币正式纳入SDR篮子，对人民币国际化具有里程碑式意义。加入SDR给中国债券市场国际化带来了积极的影响，助推中国债券市场投资端开放进入高水平阶段。这一阶段的国际化由2016年2月中国人民银行公告〔2016〕第3号开启，境外机构投资者的准入范围被大幅放开至商业银行、保险公司、证券公司、基金管理公司等各类金融机构，以及中国人民银行认可的养老基金、捐赠基金等中长期机构投资者，国际投资者的额度限制也被取消。

2017年6月，《内地与香港债券市场互联互通合作管理暂行办法》正式发布，意味着"债券通"正式推出，这开辟了中国债券市场开放的新通道。符合条件的国际投资者可以通过"北向通"投资银行间债券市场的所有券种，其在交易、结算和托管等基础设施便利度上的优势，将银行间债券市场境外机构主体数量和交易规模提升到新高度。截至2017年年末，共有65家境外央行类机构和552家商业类机构进入中国银行间债券市场投资，其中247家境外机构通过"债券通"进入中国银行间债券市场。截至2020年年末，通过"债券通"入市的境外投资者（含产品）达到2 352家，投资主体涵盖境外央行、国际金融组织、主权财富基金、商业银行、保险公司、证券公司、基金管理公司及其他资产管理机构等，国际投资者持有比例明显提高。

在此基础上，中国人民银行、国家外汇管理局于2018年8月发布《关于人民币合格境外机构投资者境内证券投资管理有关问题的

通知》，取消了 QFII 资金汇出比例要求，取消了 QFII 和 RQFII 本金锁定期要求，并于 2019 年 9 月取消了 QFII 和 RQFII 投资额度限制、国家和地区限制。至此，中国债券市场对境外投资机构全面开放的格局已经基本形成，境外机构参与中国债券市场的便利性得到大大提升。

2019 年 4 月，中国债券正式纳入彭博巴克莱全球综合债券指数。2020 年 2 月，中国国债正式纳入摩根大通全球新兴市场政府债券指数。2020 年 9 月，富时罗素宣布将中国国债纳入富时世界国债指数。中国债券相继纳入三大国际主流债券指数，充分反映了国际市场对中国债券市场开放成果的认可，也反映了境外投资机构参与中国债券市场的强烈动力和广阔前景。

整体来说，可将中国债券市场投资端国际化进程总结如表 2-3 所示。

表 2-3　中国债券市场投资端国际化进程

时间	内容
2009 年	允许境外清算行在其存款余额的 8% 范围内投资银行间债券市场
2010 年 8 月	允许境外央行、货币当局、港澳人民币业务清算行和跨境贸易人民币结算境外参加行进入中国银行间债券市场
2011 年 12 月	推出 RQFII 制度，与 QFII 制度相比，RQFII 的投资范围由交易所市场的人民币金融工具扩展到银行间债券市场
2012 年 7 月	QFII 的投资范围扩展到债券市场，明确其投资范围为：在证券交易所交易或转让的股票、债券和权证；在银行间债券市场交易的固定收益产品
2013 年 3 月	扩大 RQFII 的投资范围，明确其投资范围为：在证券交易所交易或转让的股票、债券和权证；在银行间债券市场交易的固定收益产品；证券投资基金；股指期货。除此之外，RQFII 还可以参与新股发行、可转换债券发行、股票增发和配股的申购
2013 年 3 月	经中国人民银行同意后，QFII 可以在获批的投资额度内投资银行间债券市场

续表

时间	内容
2015 年 5 月	已获准进入银行间债券市场的境外人民币业务清算行和境外参加行可以开展债券回购交易
2015 年 7 月	大幅放开对境外央行、国际金融组织、主权财富基金三类机构在银行间债券市场的投资限制；对参与主体实施备案制，并取消投资额度限制，可在银行间债券市场开展债券现券、债券回购、债券借贷、债券远期，以及利率互换、远期利率协议等其他经中国人民银行许可的交易
2016 年 2 月	境外机构范围扩大至商业银行、保险公司、证券公司、基金管理公司及其他资产管理机构等各类金融机构，上述金融机构依法合规面向客户发行的投资产品，以及养老基金、慈善基金、捐赠基金等中国人民银行认可的其他中长期机构投资者；同时取消境外机构投资额度限制，简化管理流程
2017 年 2 月	国家外汇管理局发布新规，境外机构投资者投资银行间债券市场获准使用在岸外汇衍生品工具进行外汇风险对冲
2017 年 7 月	"债券通"正式上线，并准许符合条件的境内外评级机构进入银行间债券市场开展业务
2018 年 3 月	彭博宣布将中国债券纳入彭博巴克莱全球综合债券指数
2019 年 10 月	允许同一境外主体 QFII/RQFII 和直接入市渠道下的债券进行非交易过户，资金账户之间可以直接划转，同一境外主体通过上述渠道入市只需备案一次
2020 年 9 月	富时罗素宣布将中国国债纳入富时世界国债指数

资料来源：根据市场公开信息整理。

四、投资者参与中国债券市场的特点

（一）进入渠道多、投资范围广

目前境外投资者投资中国银行间债券市场已经形成以 QFII/RQFII 模式、直接开户模式、"债券通"模式为主的制度框架，这三种渠道类型的比较如表 2-4 所示。各类境外机构投资者现阶段均可在中国银行间债券市场开展现券交易，并可基于套期保值需求开展债券借贷、债券远期、远期利率协议及利率互换等交易。境外央行、国际金融组织、主权财富基金、人民币业务清算行和参加行还可在中国银行间债券市场开展债券回购交易。各类境外机构投资者的投资范围如表2-5所示。

表2-4 境外投资者进入银行间债券市场的三种渠道比较

渠道类型	投资者类型	规则依据	银行间债券市场交易范围	投资额度	交易结算方式
直接开户模式	境外央行类（境外央行或货币当局、国际金融组织、主权财富基金）	《中国人民银行关于境外央行、国际金融组织、主权财富基金运用人民币投资银行间市场有关事宜的通知》（银发〔2015〕220号）	债券现券、债券回购、债券借贷、债券远期、利率互换、远期利率协议 境外人民币业务清算行、境外参加银行（同央行类机构）	无限制	委托中国人民银行或结算代理人
	各类金融机构（商业银行、保险公司、证券公司、基金管理公司及其他资产管理机构）；金融机构发行的投资产品；其他中长期机构投资者（养老基金、慈善基金、捐赠基金）	中国人民银行公告〔2016〕第3号	其他机构暂不能进行债券回购	无限制	委托结算代理人
QFII/RQFII模式	证券公司、商业银行、基金管理机构、保险公司、其他机构投资者	《中国人民银行关于合格境外机构投资者投资银行间债券市场有关事项的通知》	债券现券、债券借贷、债券远期、利率互换、远期利率协议	无限制	委托结算代理人
"债券通"模式	与直接开户模式的境外投资者类型一致	《内地与香港债券市场互联互通合作管理暂行办法》	债券现券	无限制	通过香港金融管理局CMU与境内托管机构互联

表 2-5　各类境外机构投资者的投资范围

机构类型	参与范围	适用政策
境外央行类机构	银行间债券市场：现券交易、回购交易、债券借贷、债券远期、利率互换、远期利率协议等 银行间外汇市场：即期、远期、掉期、货币掉期、期权	《中国人民银行关于境外央行、国际金融组织、主权财富基金运用人民币投资银行间市场有关事宜的通知》、中国人民银行公告〔2015〕第 31 号
境外清算行、参加行	银行间债券市场：现券交易、回购交易、基于套期保值的利率衍生品交易 银行间外汇市场：可按照套期保值原则管理投资银行间债券市场产生的外汇风险敞口	中国人民银行公告〔2016〕第 3 号、《中国人民银行关于境外人民币业务清算行、境外参加银行开展银行间债券市场债券回购交易的通知》和《关于完善银行间债券市场境外机构投资者外汇风险管理有关问题的通知》
QFII/RQFII	银行间债券市场：现券交易、基于套期保值的利率衍生品交易 银行间外汇市场：可按照套期保值原则管理投资银行间债券市场产生的外汇风险敞口	中国人民银行公告〔2016〕第 3 号、《关于完善银行间债券市场境外机构投资者外汇风险管理有关问题的通知》
其他境外商业类机构	银行间债券市场：现券交易、基于套期保值的利率衍生品交易 银行间外汇市场：可按照套期保值原则管理投资银行间债券市场产生的外汇风险敞口	中国人民银行公告〔2016〕第 3 号、《关于完善银行间债券市场境外机构投资者外汇风险管理有关问题的通知》
"债券通"备案机构	银行间债券市场：一级市场认购、二级市场买卖，目前仅限于现券交易 银行间外汇市场：可通过债券持有人在香港结算行办理"北向通"下的外汇风险对冲业务。香港结算行由此所产生的头寸可到境内银行间外汇市场平盘	《内地与香港债券市场互联互通合作管理暂行办法》

(二) 投资规模增长速度快

近年来境外投资者对中国债券市场的热情不断增加，投资金额逐步提高。截至 2020 年年末，境外机构持有境内人民币总资产近 8.98 万亿元，其中持有债券达到 3.34 万亿元，占比接近 38%，是 2013 年年末 3 990 亿元的 8.36 倍（见图 2-1）。

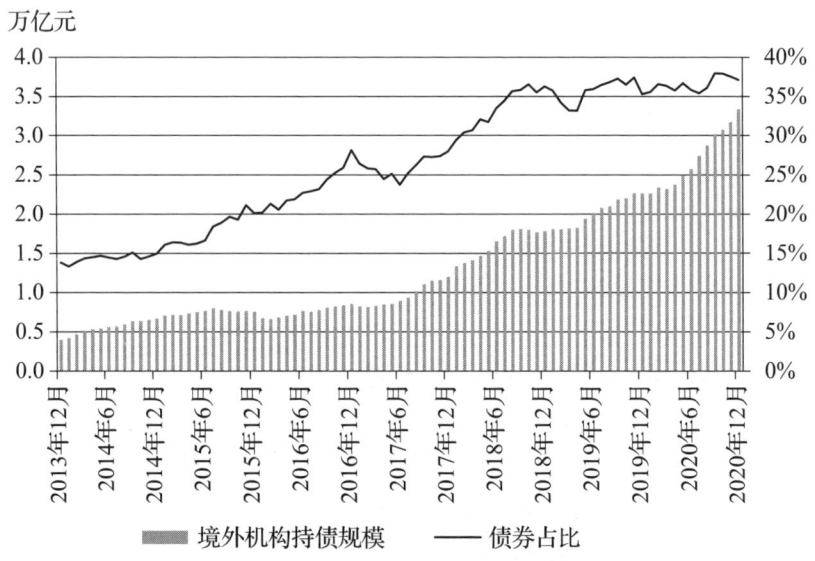

图 2-1 境外机构持有境内人民币债券情况

资料来源：Wind.

(三) 境外投资者在中国债券市场中持有占比较低

尽管 2020 年境外机构持有中国债券市场的规模超过 2013 年 7 倍，但境外机构的持债占比仅上升了 1 倍多（见图 2-2），这主要是因为在此期间中国债券市场规模也在高速增长。

(四) 在持有债券的种类上，境外机构以利率债为主

根据中央结算公司与上海清算所公布的 2020 年 12 月债券托管数据，境外机构在中国银行间债券市场共计持有 32 547 亿元。其中，持有国债 18 776 亿元，占比 58%；持有政策性金融债（简称政金债）9 192 亿元，占比 28%；利率债合计持有占比达到 86%（见

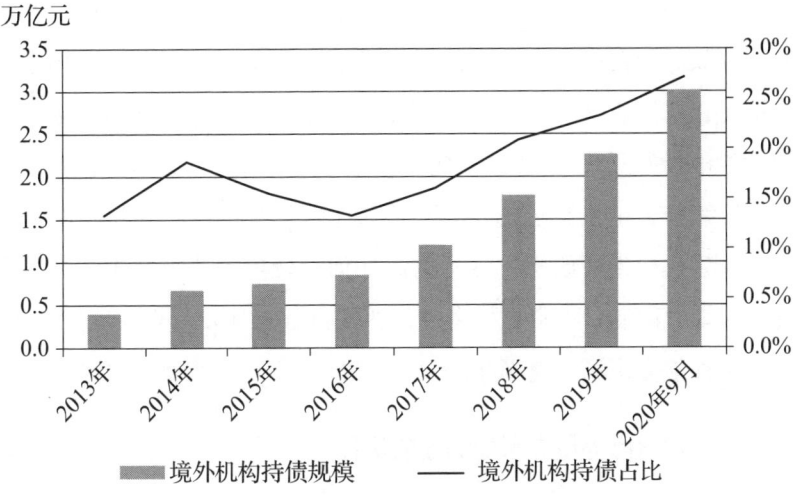

图 2-2 中国债券市场的境外机构持有情况
资料来源：PBOC.

图 2-3）。同业存单、信用债的持有规模近年也有较快增长。

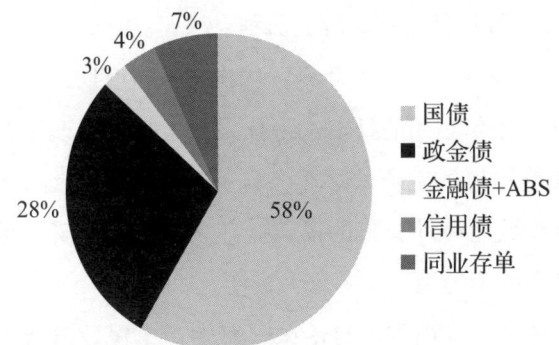

图 2-3 境外机构在中国银行间债券市场的持有结构（截至 2020 年年末）
资料来源：Wind.

第三节 中资海外债券市场的崛起与繁荣

1982 年 1 月，中信集团与野村证券达成协议，以 8.7% 的发行利率在日本武士债券市场发行 12 年期、总额 100 亿日元的私募债券，这是中国改革开放后的第一只中资机构海外债券，由此拉开了改革开放后中资机构在国际债券市场融资的序幕。2007年，国家开发银行在中国香港发行第一只50亿元人民币债券，标志着香港人民币债券市场的开端。2008年国际金融危机之后，以美国为首的发达国家连续推出量化宽松政策，为国际金融市场带来了超低利率环境。中国监管机构逐渐放松中资机构海外债券融资的监管要求和募集资金调入境内限制，中资机构海外债券发行数量和发行规模急速扩张，中资海外债券市场迅速崛起。

一、中资海外债券市场崛起的历程

中资海外债券市场的发展一波三折，从发行外币债券到发行离岸人民币债券，再到中资美元债券集中爆发，中资外币债券市场和中资离岸人民币债券市场的发展略有不同。

（一）中资外币债券市场发展历程

1. 发展初级阶段（1982年至美国次贷危机时期）

1982年，中信集团的日本武士债发行，拉开了改革开放后中资机构在国际债券市场融资的序幕。这一时期主要是地方窗口企业、红筹国企和少数在海外上市的民营企业发行海外债券，但整体规模有限，且结果并不理想，发展较为缓慢。

窗口企业是由国内省、自治区、直辖市人民政府或中央部门直接出资在中国香港、澳门特别行政区注册成立，对本地区、本部门或本行业驻香港、澳门的企业行使行政管理职能的经济实体。窗口企业主要以信托公司或投资公司的名义成立，从事贸易或金融服务。由于窗口企业由地方政府或中央部门直接出资在境外注册，被市场投资者视为政府信用，因此在海外债券融资中享有一定的优势。但这类窗口企业多数无实体业务经营，公司经营收入及净利润等规模相对较小，通过发行债券、银行借款等方式借入大量资金并进行高风险投资，公司整体负债率较高。另外，国际投资者将窗口企业视为政府信用，忽视其自身财务状况而导致风险增加。最终，以广东国际信托为代表的窗口企业在亚洲金融危机中因无力偿还到期债务而申请破产。融资环境恶化导致其他窗口企业再融资成本增加，进而引发同类窗口企业债务违约。1999年，中央政府逐渐关闭经营不佳的信托投资公司，并禁止地方政府在港澳地区设立窗口公司，地方窗口公司境外债券融资的历史由此结束。

红筹企业和少数民营企业海外债券融资的规模和数量也比较有限，并未形成良好的氛围，原因是多方面的。一是外币资金需求有限。这些企业的业务经营范围局限在中国境内，海外业务和对外投资较少。二是审批环节严苛。境内企业发行外债实行严格的审核批准制度，经国家发展改革委审核后会签国家外汇管理局报国务院审批。每两年审批一次，周期较长，难度较大，获批企业数量和发债规模有限，虽然后来监管层相对放松了对长期融资的审批，但仍比较严格。三是在海外上市的民营企业数量有限，且资质良莠不齐。资质较好、经营稳健的公司如今仍活跃在国际债券市场，而资质较差的企业先后发生违约事件，影响同类企业再融资。

2. 快速增长阶段（美国次贷危机至今）

美国次贷危机爆发后，欧美发达国家开始实施量化宽松货币政策，低成本的国际融资环境促进了国际债券市场的发展，新兴国家企业成为国际债券市场中不可忽视的主体。从美国次贷危机至2012年，主要是中资金融机构及其他优质央企进入国际债券市场。2012年以后，监管层鼓励和引导民营企业积极开展境外投资，并拓展民营企业境外投资的融资渠道，支持重点企业发行外币债券。

2015年以后，监管机构进一步放松中资海外债券市场，取消了企业境外发行债券和借款的事前审批，改为备案登记制管理，简化了备案登记程序和发行条件，降低了境内企业直接境外发债主体的门槛，企业资质要求有所下降，明确允许资金回流，支持重大项目，资金在境内外使用较为便利。监管层也鼓励试点省市辖区内企业境内母公司直接发行外债，适当控制海外分支机构和子公司发行外债，并根据实际需要回流境内结汇使用。多措并举之下，中资美元债券的年发行量几乎占据亚洲美元债券市场的半壁江山，甚至一度占据60%多。中国企业纷纷走出国门，海外投资的美元需求增加，中资机构活跃在亚洲美元市场的舞台，这与中国经济体量的增长密不可分。

2017年后，我国财政部在多个市场恢复外币主权债券的发行。例如，2017年在中国香港发行了5年期和10年期各10亿美元债券；2018年在中国香港陆续发行了5年期15亿美元债券、10年期10亿美元债券和30年期5亿美元债券；2019年在法国巴黎发行了7年期20亿欧元债券、12年期10亿欧元债券和20年期10亿欧元债券。这对提升我国主权信用评级、提供有效定价基准、丰富投资品种、推动金融市场互联互通具有重要意义。

伴随着中资海外债券市场的扩容，风险也开始涌现，特别是政策风险、市场风险、信用风险等逐渐暴露。2015年年初，深圳佳兆业公司的外债违约事件出现，引发国际投资者对中国企业外债风险的担忧。同年，人民币汇率贬值和波动幅度逐渐增大，进一步引发市场对中国企业外债风险的忧虑，尤其是中美两国利差收窄，市场对中国企业外债的关注有增无减。2020年新冠肺炎疫情肆虐全球，美元流动性紧张，叠加对企业基本面的担忧，中资美元债券规模出现阶段性下降。疫情缓解后，信用事件冲击市场，违约事件仍以民企为主，但违约风险逐渐向弱资质国有企业蔓延。

2020年，永煤违约事件再次冲击了投资者对国有企业债务违约的认知。此前受恒大事件的不利影响，中资高收益债券在新冠肺炎疫情后出现了较大的单周跌幅，但冲击并不明显。而永煤违约事件在一定程度上冲击了中资美元债券市场，信用资质比较好的AAA评级主体最先违约，引发市场对河南乃至对全国煤炭企业信用资质的担忧，进而蔓延到河南省其他企业、其他省份低资质城投企业。永煤违约事件对当周及随后几周的美元债券发行产生了不利影响。但2020年中资发行人共计发行616只美元债券,发行金额超过2 000亿美元;违约债券共计32只,涉及16家发行人,违约金额97.9亿美元,总体相对可控。永煤违约事件暴露了国有企业的信用风险,尤其是经营业绩欠佳、业务扩张速度过快的企业,其债券违约的可能性增大。从整体上看,中资美元债券目前违约数量和规模并不大。

(二) 中资离岸人民币债券市场的历程

1. 起步阶段(2007—2015年)

离岸人民币债券是指在中国内地以外地区发行的以人民币计价的债券,始于中资银行在中国香港发行的人民币债券。中资离岸人民币债券市场起步较晚,2007年6月,中国人民银行和国家发展改革委联合发布《境内金融机构赴香港特别行政区发行人民币债券管理暂行办法》,规定境内依法设立的政策性银行和商业银行可以在香港发行人民币债券。国家开发银行在香港发行了第一只以人民币计价的有价证券,标志着香港人民币债券市场的开端,但此后中资离岸人民币债券市场发展缓慢。

中资发行人在境外市场发行离岸人民币债券主要受融资成本的影响。2015年以前,在岸、离岸人民币对美元汇率价格存在差异,境内融资成本不断上升,再加上监管层审批的松动,促使国内企业寻求海外低成本资金,尤其是金融企业离岸融资规模和数量较大。从2015年开始,随着美联储政策拐点临近,境内外融资成本差异进一步收窄,人民币贬值及汇率价格不断波动(见图2-4),境外人民币存款规模下降,中资离岸人民币债券融资规模有所下降。再加上国内市场发债环境持续改善及政府降低融资成本的导向,使国内融资成本保持下行压力,进一步降低了中国企业离岸发债的融资需求。

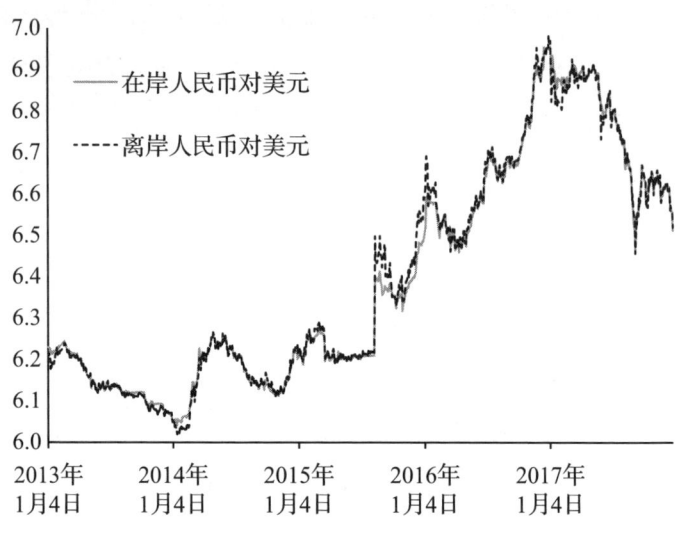

图2-4 在岸、离岸人民币对美元汇率走势
资料来源：Wind.

另外，2009年之后，为支持香港巩固和提升其国际金融中心地位，我国财政部开始在香港发行人民币国债，并坚持每年发行，支持香港离岸人民币市场的发展，逐步构建境外人民币国债收益率曲线，也为境内发行主体在香港发行人民币债券提供了定价基准。同时，汇丰银行、中国银行（香港）等金融机构基于境外人民币国债价格编制了相关指数，相关指数的推出为市场主体优化投资组合、管理市场风险提供了参考指标。

2. 规范发展阶段（2015年至今）

2015年，国家发展改革委取消企业发行外债额度审批，创新外债管理方式，实行备案登记制管理，离岸人民币债券在许可的外债范围之内。2016年5月，中国农业银行纽约分行发行了1年期1.17亿元的离岸人民币债券。2016年6月，国家发展改革委鼓励试点企业境内母公司直接发行外债，适当控制海外分支机构和子公司发行外债，同时鼓励外债资金回流结汇。从离岸人民币债券市场的发展看，中国香港虽然是离岸人民币债券的交易中心，但随着英国伦敦、德国法兰克福等地建立人民币清算安排并积极推进人民币离岸中心建设，越来越多的发行人开始将债券发行地由亚太地区转向欧洲地区。随着债券发行种类和规模的增加，以及投资者认可度的提高，离岸人民币债券市场发展潜力巨大，成为发挥人民币投融资和储备货币职能、促进人民币国际化的重要支撑。

2018年9月，中国人民银行与香港金融管理局签署《关于使用债务工具中央结算系统发行中国人民银行票据的合作备忘录》，以便利中国人民银行在香港发行央行票据。同年11月，中国人民银行通过香港金融管理局债务工具中央结算系统债券投标平台，招标发行了200亿元央行票据。目前，我国财政部每年都在香港发行人民币国债。中国人民银行在香港发行的央票将有助于离岸债券市场人民币收益率曲线的完善，为金融机构开发更为丰富的人民币产品奠定基础。

二、多重因素加速中资海外债券市场的崛起

（一）息差套利的驱动和美元需求的增加

一直以来，中资机构的海外债券融资数量和规模都有限。2007年中国国际债券存量为200亿美元，占全球国际债券存量的3.5%。美国次贷危机爆发后，以美国为首的发达经济体实施量化宽松货币政策，融资成本相对较低。中国企业海外债券融资规模持续增长。2010年，中国企业长期海外债券融资仅相当于同年境内债券融资额的不到1%。随着2012年年底美国国债收益率进入30年来最低水平，美元融资变得相对便宜，尤其是拥有海外业务的发行人，直接在美元市场融资比利用人民币融资后出境更便宜。以2012年11月国家开发银行的美元债券为例，5年期美国债券的发行利率为2.1%，而同期的金融债券在境内的发行利率为4.2%，掉期换算之后美元债券仍有成本优势。此后中美利差逐渐增大，自2013年起，中国海外公司债券的发行规模持续居于新兴市场国家首位。

与此同时，2010 年汇改后长达 4 年的人民币单向升值走势，使一些境内企业更愿意借入美元债务，近端结汇成人民币，到期购汇还款，获得人民币升值收益，或者通过远期购汇锁定汇率敞口。还有一些发行长期债券的发行人在发行长期债券后，便在境外通过货币掉期进行套期保值。2014 年人民币汇率在波动中贬值，但境内外息差收益仍高于远期购汇锁定汇率风险的成本。再加上中国企业"走出去"步伐加快，海外业务不断扩张，增加了美元融资的需求，这部分融资需求由本币融资或美元银团贷款转为美元债券融资。海外融资的相对成本优势促进了中资海外债券市场的快速崛起。

2015 年，国家发展改革委简化中国企业海外债券发行的审批程序，更是加速了这一发展势头。2017 年，中国企业海外发债规模达到 2 343.74 亿美元，币种覆盖美元、离岸人民币、欧元、港元和日元等，接近 2016 年发债规模的 2 倍、2010 年发债规模的 10 倍。2018—2020 年，中资海外债券发行规模维持在 2 000 亿美元左右。中资机构海外债券的发行情况（2010—2020 年）如图 2-5 所示。

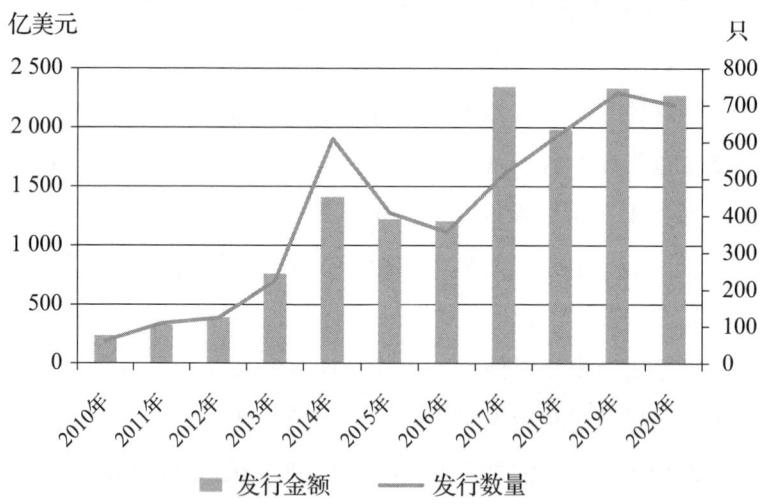

图 2-5　中资机构海外债券的发行情况（2010—2020 年）
说明：不包含（CD）。
资料来源：Bloomberg.

（二）境内监管的放松

境内对中国企业发行海外债券的监管要求经历了从严格到宽松的过程。在早期，境内机构（财政部除外）对外发债资格由国家发展计划委员会会同中国人民银行和有关主管部门进行评审、报国务院批准；境内机构对外发债后，按照国家外汇管理局的规定办理外债登记。2003 年，监管机构放松了对外发债资格的审批，中资机构发行中长期外币债券不再到国家外汇管理局办理有关融资条件的审批手续，只需在签订借款合同后办理外债逐笔登记手续。国际债券发行主要以政府债券、金融债券为主，国家开发银行等少数实力雄厚的发行人在海外市场发行美元债券，非金融企业海外债券融资的数量很少，规模很小。2007 年 6 月，中国人民银行和国家发展改革委联合发布《境内金融机构赴香港特别行政区发行人民币债券管理暂行办法》，由此拉开了离岸人民币债券市场，尤其是香港人民币债券市场发展的序幕。

2008 年国际金融危机至 2012 年中期，大型央企开始进入中资海外债券市场，主要是美元债。2012 年，监管机构鼓励和引导民营企业积极开展境外投资，并拓展民营企业境外投资的融资渠道，支持重点企业在境外发行人民币和外币债券。大量中资发行人开始发行美元债券。

2015 年以后，监管机构发布了一系列政策[1]，进一步放松中资海外债券市场。监管机构取消企业境外发行债券和借款的事前审批，改为备案登记制管理，简化备案登记程序和发行条件，离岸人民币债券在许可的外债范围之内；降低境内企业直接境外发债主体的门槛，企业资质要求有所下降，而且对市场选择、入市时机不再审批，

---

[1] 包括 2015 年国家发展改革委发布的《关于推进企业发行外债备案登记制管理改革的通知》、2016 年中国人民银行先后发布的《关于扩大全口径跨境融资宏观审慎管理试点的通知》和《关于在全国范围内实施全口径跨境融资宏观审慎管理的通知》、2016 年国家发展改革委发布的《四个自贸区所在省市外债规模管理改革试点工作》和《2016 年度企业外债规模管理改革试点工作》及 2017 年国家外汇管理局发布的《关于进一步推进外汇管理改革完善真实合规性审核的通知》等。

便于企业适应瞬息万变的国际金融市场；明确允许资金回流，支持重大项目，资金在境内外使用自由支配；鼓励试点省市辖区内企业境内母公司直接发行外债，适当控制海外分支机构和子公司发行外债，并根据实际需要回流境内结汇使用；发行人可以通过境内放贷、股权投资等方式，将担保项下资金直接或间接调回境内使用；大幅降低金融机构办理内保外贷所占用的跨境融资风险加权余额。上述多项政策促进了中资海外债券市场的发展，境内机构境外发债资金回流也明显增多。

（三）金融机构国际化发展和融资渠道替代

国际债券市场的发展主要依靠市场自律，监管机构对发行人没有设置任何硬性准入要求，包括对发行主体是不是上市公司、收入规模甚至盈利情况，债券发行成功与否完全取决于市场因素。这就给相对优质的城投公司提供了海外融资的机会。城投公司通过境外发债提高国际形象和知名度，也为未来在境外市场的资本运作和地方政府招商引资铺平道路。另外，部分中资银行和证券公司出于国际化战略的需要，纷纷加入国际债券市场中介服务中，加大境外债券承销业务方面的人力和财力投入，进而营销城投公司、房地产企业等在境外发行的债券。

与此同时，中国实施"去杠杆""去产能"政策，国内融资环境趋紧，尤其对房地产企业、城投公司及落后产能行业企业发债融资进行了限制。一些中资企业在境内融资受限，纷纷寻求境外融资渠道，在境外发行人民币或外币债券。例如，中国证监会从2010年起基本停止了房地产企业首次公开募股或再融资；银行业提高了房地产企业准入门槛、控制贷款规模；房地产企业也曾利用信托等其他融资渠道高价融资，但后来受到严格监管。这样，部分房地产企业将目光转向海外市场发行美元债券，再通过各种途径回流境内。2012—2014年，投机级房地产企业发行了规模可观的海外债券。

三、中资海外债券市场的特点

(一) 发行人主体和币种不断丰富

从中资海外债券的发行人来看,早期以财政部、国有商业银行、政策性银行及信托等非银行金融机构为主,它们背靠政府和金融机构的信用融资,并转贷给有需求的企业。美国次贷危机后,资信较好的国有大中型企业直接进入国际债券市场,优质的民营企业也进入国际债券市场融资。中资海外债券融资的币种构成日益丰富,币种结构变化在一定程度上反映了中国经贸伙伴的变迁。例如,中国企业早期主要在日本发行日元债券和亚洲美元债,后来逐渐转向欧洲、美国、中国香港等国际债券市场,并采用全球发行方式,币种涵盖美元、日元、欧元、澳大利亚元、加拿大元、瑞士法郎、英镑、南非兰特、港元和新加坡元等。

(二) 发行方式灵活

中国企业海外债券融资的境内审批监管主要包括两个方面:一是发行审批;二是募集资金入境。这两方面的监管审批要求导致了不同的发行方式,主要分为直接债券融资、间接债券融资和红筹发行结构。其中间接债券融资根据担保形式不同,又可分为跨境担保结构、维好协议及股权回购结构、银行担保结构三种形式,发行方式比较灵活。

(三) 投资者群体有限

从外币债券市场的供给看,国际投资者持有比重并不高,主要为中资银行或其他金融机构所持有。造成这种现象的原因有以下几个:一是国际投资者对中国企业并不熟悉,再加上债券评级缺失,因此投资意愿较低;二是中资金融机构为客户提供综合金融服务,多维度提供资金支持,除了为有境外发行债券意愿的企业提供发行服务,还可以直接参与认购,购买非金融企业债券;三是中资金融机构可以投资资管公司或大型券商发行的离岸金融债券,这些高评级金融债券的发行人再购买低评级企业债券，或者中资金融机构直接通过资管公司等渠道购买高收益债券，从而导致了外币债券市场资金供给的同质化。

（四）大部分债券未获评级

中资机构的资信情况并未被海外投资者和评级机构熟悉。截至2017年年底，中资机构境外发行的债券中，未获评级的债券占发行总量的72%。中资机构境外发行的债券存在评级缺失问题，这与其发行方式、发行架构有一定的关系。一是部分公司不愿公开其生产信息，尤其是存在保密生产信息的企业不愿将核心机密信息透露给评级公司，鉴于自身国际知名度较高，放弃评级。二是评级流程比较长，可能错失好的时间窗口。企业年初提交的评级申请往往在当年年底才能完成评级流程，而由于年底遭遇圣诞节和新年假期，企业不愿选择年底发债，因此不得不放弃评级。三是境外评级机构普遍不了解中国企业。国外评级机构的评级是自上而下的评级，一般先根据发行主体的级别确定大体的评级范围，再根据企业实际情况微调。而中国一些地方政府支持的企业尽管国内信誉良好，但因地方政府级别较低（BB级），即使经过后期调整，这些企业的评级也达不到BBB级，企业为避免因得到低评级导致融资成本提高，便放弃评级。四是境外评级费用较高，会增加企业发债成本。

四、发展中资海外债券市场的重要意义

（一）推动人民币跨境使用

中国企业在境外发债可以为离岸人民币存款创造投资渠道，扩大境外人民币的投资范围，为海外人民币提供更多的投资和回流渠道，是人民币国际化的有效组成部分。目前，中国香港作为全球离岸人民币业务的枢纽，也是最重要的离岸人民币债券市场。同时，中国台湾、新加坡、英国伦敦和法国巴黎的离岸人民币存款规模也在持续增长。境外人民币存款规模迅速增长，带来了日益迫切的投

资需求，但受投资渠道所限，收益固定的点心债无疑成为广受投资者青睐的投资产品。离岸人民币债券市场迅速发展，对人民币国际化的进程具有重要的推动作用。

(二) 丰富企业融资途径

境外发债融资对发行企业来说，有着极其重要的经济意义。企业融资途径是多样的，包括股东增资、银行贷款、优先股、发行股票、发行债券等。而境外发债作为大型企业的有效融资方式之一，对企业的经营具有以下积极意义。

1. 提高企业融资效率

一些存在跨境资本或业务的公司通过发行境外债券，提高了融资的效率。境外市场化发行债券，执行效率较高，有利于发行企业抓住市场时机，实现低成本融资。

2. 使企业资金使用更加灵活

境外法规对债券所募资金的使用没有限制，发行企业可将所募资金用于项目建设、偿还银行贷款、补充营运资金等。发行企业还可以新债还旧债，实现资金的滚动使用。对境外银行和企业而言，通过境外人民币外汇市场交易，可将发行点心债筹集的人民币资金换成其他货币，用于日常经营和投资。主要业务集中在境内的企业也可以通过资金的回流，将境外的资金引入国内使用。

3. 丰富企业融资币种并降低融资成本

在境外融资时，企业可以根据其实际需求选择融资币种，还可根据自身情况和市场行情，选择进行组合币种的融资以降低融资成本。近年来，随着"一带一路"建设的推进，将有越来越多的企业走出国门。对这些具有多元化融资需求的企业来说，境外发债融资方式的重要作用将日渐凸显。

4. 提高企业知名度

对企业来说，境外发债有助于提升国际知名度，提高企业现代化治理能力和债务管理能力，对企业将来的对外合作、拓展海外市场、境外上市都有积极作用。

（三）推动国内金融市场高质量发展

中资企业"走出去"的同时，也带动了国内金融机构"走出去"。国内金融机构、评级机构等利用中资海外债券市场崛起的契机，加快进入国际金融市场，逐渐熟悉国际债券市场的规则和惯例，促进国内金融机构国际化，并进一步推动国内金融市场高质量发展。例如，近些年我国一直努力提升企业的资信状况，积极建设信用评级体系，并参与国际信用机构评级。我国获得海外评级的机构和债券逐渐增多，评级机构也逐渐国际化。

第四节 中介端的开放

中介机构是推动债券市场国际化落地的重要参与主体。债券市场国际化的落地环节必然是跨境投融资，但投融资活动一旦突破国家和市场的边界，信息不对称问题就会愈发显著，交易成本也会显著上升。中介机构成为解决信息不对称问题、降低交易成本的关键。首先，中介机构将境外投资者和境内发行人进行连接。境外投资者本身对境内的宏观经济、金融市场和发行人都不熟悉，需要中介机构开展路演和宣介，缩小境内外主体之间的信息鸿沟。其次，中介机构将境外发行人和境内投资者进行连接。境外发行人想要拓展融资渠道，但对境内市场制度环境不熟悉，同时境内投资者群体也缺少对境外发行人的了解，由此对各类中介服务提出了需求。最后，中介机构实际上还加强了监管部门和境外机构的连接，中介机构成为监管部门实行跨境监管的抓手。

一、债券市场中介端的开放将带来鲶鱼效应

中介机构的国际化有助于更好地服务于债券市场国际化，这不仅

是因为境内中介机构在服务跨境投融资方面存在短板，还因为在国内债券市场引入境外中介机构，有助于增强竞争，提高中介服务效率。

(一) 境内中介机构的短板

境内中介机构在服务债券市场国际化方面有很多优势，如熟悉国内市场制度环境，具有关系资源优势、语言优势和人力资本优势、地理优势等，而且有些中介服务必须由境内中介机构提供（如与中国法律相关的法律服务）。但国内中介机构也存在很多短板，制约了服务质量，使境外机构青睐境外中介机构的服务，具体如下。

1. 信任不足

境外机构在进入中国债券市场的过程中，与许多国际知名商业银行、投资银行在长期业务合作中建立了紧密关系。而国内银行和证券公司的国际化程度不高，与海外跨国公司或知名国际投资机构的业务联系有限，在成为国际机构长期合作伙伴方面与境外中介机构相比存在劣势，业务上的信任也有待加强。在金融行业，信任的建立至关重要，而信任的积累需要时间，因此境内中介机构这方面的短板在短期内难以弥补。

2. 资质缺乏

部分中介服务只能由境外中介机构提供，最典型的是境外法律服务和财务报告审计服务，境内中介机构无法提供。在法律服务方面，跨境投融资既涉及境内法律问题，也涉及境外法律问题，前者由境内律师提供相关法律服务，后者由境外律师提供相关法律服务。以境外机构在境内发债为例，诸如境外发行人合法注册成立、合法有效存续、仲裁跨境执行有效性、母国税收等事项均需要境外律师进行尽调和发表意见，部分事项还需上市地律师发表意见。在审计服务方面，对于使用外国会计准则编制的财务报告，通常需要由海外审计师依据当地审计准则执行审计程序。

3. 能力不够

客观地讲，国内债券市场发展历史不长，境内中介机构的服务质量还存在明显短板，这在各类型境内中介机构中都有体现。例如，信用评级机构的公信力、信用风险定价能力等与国际中介机构存在差距；主承销商的路演、发行窗口选择、债券定价、承销、做市、综合财务顾问等能力都存在不足；部分会计师事务所在企业财务报告审计中缺乏独立性，甚至助纣为虐，损害投资者权益。

（二）国际中介机构的优势

国际中介机构的核心优势主要体现在以下两个方面。

1. 良好的客户关系

国际中介机构积累的全球良好声誉、良好的业务合作历史、覆盖面广且经营持久的全球跨国网络，使很多参与中国债券市场的境外机构希望获得境外中介机构的服务。跨国银行服务业务分布广泛的跨国企业的优势比较明显，因为它们不仅承揽能力更强，风险管理能力也更强。

2. 借助专业化分工，提供综合、优质、精细化服务的能力

以债券发行承销商为例，可以很清楚地看到国际投行的优势。债券发行本质上是一项精细化、专业化的投行业务，主承销商在其中发挥"投行功能"：横向上，同时对接发行人、投资者、监管机构、登记托管机构、其他中介机构；纵向上，把控整个项目流程和时间进度。这其中涉及大量职责，包括总体协调、进度管控、监管沟通、登记托管对接、交易结构设计、路演、销售、簿记、做市等。

在投行的定位下，承销商职责较多，发行人聘请多家承销商协同开展业务，是专业化分工与合作、提高服务质量的基础，也是成功完成债券销售、扩大投资者范围、实现市场化定价的保障。在国际市场上，主承销商的分工越来越专业和精细，分为全球协调人、簿记管理人、牵头承销商、联席承销商等角色，甚至有发行人聘请一家主承销商专门负责对接信用评级机构，与信用评级机构充分沟通，有助于评级结果更客观地反映发行人的资质，为合理定价打好基础。此外，与银行贷款不同，投行需要同时考虑发行人和投资者

的诉求。例如，在簿记建档发行中帮助发行人引入多元化、长期、责任投资者；通过提供做市服务为投资者提供流动性等。反观国内，承销商提供的服务相对单一，主要是制作文件、沟通监管、低成本发行（甚至通过包销和返费等方式），发行人和投资者难以享受到前述多元化、精细化的投行服务。

(三) 境内外中介机构的互动

由于上述原因，很多海外机构在境内开展投融资时，都会聘请国际投行来提供中介服务，以至于部分没有相关业务资质的国际投行也以财务顾问的角色参与业务。事实上，境内外中介机构优势互补，更多的情况是境内外中介机构互动，共同为境外客户完成跨境投融资。

实践中，境外承销机构主要负责客户关系维护、推荐客户、为境外发行人寻找多元化投资者、作为境外机构和境内机构沟通的桥梁等；境内承销机构主要负责相关文件制作、沟通其他中介机构、沟通监管部门、为境外发行人寻找境内投资者等。当然，两者的工作职责也存在交叉，随着境内承销机构越来越国际化，它们所积累的信誉基础越来越扎实，所承担的职责也越来越大。境内外律师事务所按照职责分工、自身资质，为境外机构参与中国债券市场提供法律服务。境内外审计机构按照职责分工提供差异化服务。例如，境外机构财务报告一般由境外会计师审计，但如果涉及不同会计准则的差异调节信息，则需要由境内会计师鉴证。

二、境外中介机构进入中国债券市场

(一) 承销机构

承销机构是债券市场中一类重要的金融中介，主要为债券发行提供承做、承销等中介服务。早在2008年，境外商业银行就以外资银行身份获得境内债券承销资格。2008年2月，摩根大通银行（中国）和渣打银行（中国）获得中国银监会批准，并与财政部共同签署了国债承销主协议，成为财政部国债承销团成员。根据财政部《2018—2020年记账式国债承销团候选成员名单》，目前外资银行进一步拓展至汇丰银行（中国）和花旗银行（中国）。外资银行广泛积极参与境内金融债、资产支持证券等债券承销工作，如瑞穗银行（中国）、法国巴黎银行（中国）等。

近年来，外资银行参与中国公司信用类债券承销也稳步放开。2015年及之前，汇丰银行（中国）、渣打银行（中国）分别获得非金融企业债务融资工具承销业务资格。2017年1月和6月，摩根大通银行（中国）、花旗银行（中国）分别获得非金融企业债务融资工具承销业务资格。2019年9月，外资银行承销商进一步拓展至三菱日联银行（中国）和瑞穗银行（中国）。

境外机构在熊猫债承销方面具有优势，除了前面提到的客户关系、专业能力等，外资银行集团公司在全球有广泛的网络，对跨国企业、国际机构有更强的尽职调查、存续期管理能力。外资商业银行、证券公司也逐步开始在境内开展熊猫债承销。2017年10月、2018年1月、2018年12月，汇丰银行（中国）、渣打银行（中国）、法国巴黎银行（中国）分别获得境外非金融企业债务融资工具（熊猫债）承销业务资格。2019年9月，德意志银行（中国）和法国巴黎银行（中国）进一步获得非金融企业债务融资工具A类主承销业务资格。[①] 此外，花旗银行（中国）、高盛高华证券等也分别参与了政府类机构熊猫债的承销业务。

2019年发布的《国务院关于进一步做好利用外资工作的意见》明确，"全面取消在华外资银行、证券公司、基金管理公司等金融机构业务范围限制"。在我国"对外开放的大门不会关上，只会越开越大"的政策环境下，预计未来会有更多外资机构开展境内债券的

---

① 非金融企业债务融资工具承销业务分为A类和B类，A类包括所有产品，B类只包括特定产品。

承销。

(二) 评级机构

公司信用类债券市场的快速发展带动了我国信用评级行业的发展。债券市场国际化的提速也加快了评级行业国际化的步伐。长期以来，国际评级机构不具备在境内开展业务的资质，但对我国评级市场非常重视，从 20 世纪 90 年代开始就通过入股、战略合作等方式布局国内，以合资形式参与境内债券市场。由于商务部、国家发展改革委早期制定的《外商投资产业指导目录》将"资信评估与调查"作为限制类产业，因此外资评级的股份占比不得超过 49%。2006 年，穆迪购买中诚信国际 49% 的股份。2007 年，惠誉评级持有联合资信 49% 的股份。2017 年对我国信用评级行业的开放来说是一个转折点。

2017 年 6 月，国家发展改革委、商务部发布《外商投资产业指导目录（2017 年修订）》，取消了"资信调查与评级服务"的外资准入限制，为评级行业国际化消除了制度障碍。2017 年 7 月，中国人民银行发布公告，明确境外评级机构开展银行间债券市场信用评级业务的准入条件，同时规定境外评级机构开展银行间债券市场信用评级业务，应当向中国人民银行提交监管承诺函，指定其在境内的分支机构配合监管。由交易商协会组织对信用评级机构开展市场化评价。

2018 年 3 月，交易商协会发布《银行间债券市场信用评级机构注册评价规则》，将银行间债券市场信用评级业务类别分为 4 类[①]，对评级机构实行分类管理。2019 年 1 月，交易商协会接受标普信用评级（中国）有限公司进入银行间债券市场开展债券评级业务的注册；2020 年 5 月，交易商协会接受惠誉博华进入银行间债券市场开

---

① 金融机构债券信用评级、非金融企业债务融资工具信用评级、结构化产品信用评级以及境外主体债券信用评级。

展部分债券品种评级业务的注册，业务范围为金融机构债券、结构化产品信用评级业务。

(三) 做市机构与结算代理人

外资机构在债券投资交易方面也发挥重要的中介服务作用，具体如下。

1. 作为一级交易商，服务于中国人民银行公开业务操作

中国人民银行从1998年开始建立公开市场业务一级交易商制度，选择一批能够承担大额债券交易的商业银行、证券公司等作为公开市场业务的交易对象。2007年，汇丰银行上海分行成为公开市场一级交易商的首家外资银行，到2020年，汇丰银行（中国）、渣打银行（中国）、花旗银行（中国）、三菱日联银行（中国）陆续进入公开市场业务一级交易商名单。公开市场业务债券交易主要包括回购交易、现券交易和发行中央银行票据。

2. 作为做市商或尝试做市机构，促进市场流动性的提升和债券市场价格发现功能的发挥

做市商和尝试做市机构的职责是按照有关要求连续报出做市券种的现券买、卖双边价格，以及根据市场参与者的报价请求合理报价，并按所报价格与市场参与者达成交易。银行间债券市场做市商中有3家外资银行，分别是花旗银行（中国）、摩根大通银行（中国）和渣打银行（中国）。尝试做市机构有9家外资机构，包括德意志银行（中国）、东亚银行（中国）、法国巴黎银行（中国）、汇丰银行（中国）、美国银行上海分行、瑞穗银行（中国）、瑞银证券、三菱日联银行（中国）、星展银行（中国）。此外，"债券通"开通后，外资银行也积极申请成为报价机构。[①] 根据2020年4月8日的数据，在"债券通"56家报价机构中，外资机构达到11家，其中包括瑞穗

---

① 境外投资者通过境外电子交易平台向报价机构发送只含量、不含价的报价请求，报价请求实时传输至交易中心系统；报价机构通过交易中心系统向境外投资者回复可成交价格；境外投资者确认价格并在交易中心系统达成交易。

银行、美银美林、星展银行等。

3. 作为结算代理人，为境外投资者提供交易和结算服务

根据中国人民银行公告〔2016〕第3号的规定，除另有规定（如"债券通"）外，境外机构投资者应当委托具有国际结算业务能力的银行间市场结算代理人进行交易和结算，后者的职责包括：代理境外投资者的投资备案、资金和债券账户开立、根据境外投资者指令进行代理债券交易和结算、办理债券兑付等。此外，还可为境外投资者提供资产保管、会计核算与估值、报表处理等资产托管服务。汇丰银行、渣打银行、德意志银行、巴黎银行、花旗银行、摩根大通银行、星展银行等外资银行已成为银行间债券市场结算代理人，其中汇丰银行的代理境外机构数量在19家银行中居首。

(四) 其他中介机构（审计机构、律师、数据服务商等）

债券业务涉及中介机构较多，不同的中介机构各自承担专业职责，提供专业服务，包括审计服务、法律服务、数据及交易平台服务等。

1. 审计服务

在审计服务方面，境外机构在境内开展跨境债券融资，所披露的财务报告通常需要由海外审计师审计。如果涉及需要就财务问题出具同意函或专项意见的，境外审计师需出具相关文件。在跨境融资实践中，境外审计机构主要有德勤会计师事务所、普华永道会计师事务所、毕马威会计师事务所、安永会计师事务所等。

2. 法律服务

在法律服务方面，跨境融资涉及的境外法律事项（包括境外企业是否合法注册成立、是否合法有效存续、是否具备相关资质、是否获得发行授权、仲裁结果能否在注册地执行等），需要由发行人注册所在国家（地区）具有相关法域执业资质的律师事务所出具法律意见。目前已经有多家注册地在境外（包括加拿大、意大利、马来西亚等）的知名律师事务所参与跨境债券发行业务。

3. 数据及交易平台服务

在数据及交易平台服务方面，一些境外中介平台逐步进入境内，提供与债券数据和信息、交易等相关的服务。例如，彭博数据终端、汤森路透数据库都提供国内债券投资交易相关的信息服务。在"债券通"推出后，Tradeweb和彭博分别与外汇交易中心合作，开展"债券通"下的交易平台互联互通。

三、境外中介机构给债券市场带来的积极改变

境外中介机构联系了境外机构和境内市场，对接了监管部门和市场机构，有效缓解了跨境投融资中严重的信息不对称问题，成为债券市场国际化过程中的润滑剂。可以说，各类型境外中介机构的进入推动了中国债券市场国际化迈向更高水平。

1. 通过引入竞争，中介服务质量得到提升

境外中介机构一般在海外成熟市场的激烈竞争中经营多年，积累了丰富的从业经验，以及良好的声誉和品牌，一方面可以很好地与境内中介机构形成良好的互补，开展差异化竞争，另一方面倒逼境内中介机构更加注重声誉积累和品牌建设。

2. 通过引入国际化、市场化经验，提高跨境债券投融资效率

境外中介机构带来了丰富的、不同司法辖区的海外经验，让境内监管部门和参与机构更好地理解国际经验及其背后的逻辑。

3. 促进债券市场风险防范

在相关跨境监管合作机制尚未完善的条件下，境外中介机构是境内监管部门开展跨境监管的抓手。境外中介机构对海外机构比较熟悉，且有尽职调查能力和风险管理能力，这些能力夯实了债券市场国际化的风险管理基础。

| 第三章 |

千里之行：
打造制度型债券市场
开放新高地

制度规则的明确,是债券市场走向成熟的标志。对债券市场国际化而言,建章立制的意义尤为重大。全球开展跨境投融资的机构,对规则明确、流程清晰的债券市场会给予更多关注,因为只有在这类市场中,它们才能对业务的开展有稳定的预期,确保业务发展可控,减少信息不对称问题,以及降低由此引发的一系列成本。中国债券市场在高速发展的30年间,制度体系已经基本构建,注册发行、信息披露、投资者保护、存续期管理、基础设施、信用评级等制度较为健全,成为吸引境外机构参与中国债券市场的基石。中国债券市场国际化从一开始就是业务试点和制度建设"两条腿"走路:以业务试点为制度建设积累经验,以制度建设指导业务试点良好运行。"一手抓市场开放,一手抓制度建设",这是着眼长远、实现制度型开放的思路。

第一节　熊猫债市场的建章立制

一、制度先行的国际开发机构熊猫债

(一)《国际开发机构人民币债券发行管理暂行办法》

熊猫债试点始于国际开发机构，建章立制也始于此。2005年2月，中国人民银行、财政部、国家发展改革委、中国证监会四部委联合发布《国际开发机构人民币债券发行管理暂行办法》(以下简称《暂行办法》)，对国际开发机构发行人民币债券的行为进行规范。制度先行的优势在于能提供确定性，让各方在明确的规范下开展业务。但债券市场国际化的症结，恰恰在于初期缺乏实践经验，难以给出确定的规则，如果将想象出来的确定规则套用至不确定的环境，无异于刻舟求剑，最终给债券市场国际化带来潜在阻力。实际上，熊猫债的制度先行除了旨在提供确定性，还旨在防范风险，用相对严格的规则确保业务试点初期风险可控。

《暂行办法》对以下六个方面进行了规范。①明确适用范围。适用范围为进行开发性贷款和投资的国际开发性金融机构。②明确发行审批流程及审核部门分工（见表3-1）。审批流程为发行人向财政部提交申请，财政部会同其他三个部门进行审批，并报国务院同意。③明确发行条件。国际开发机构申请发债需要满足信用资质、境内投资规模、募集资金用途等方面的条件。④明确发行文件。发行文件包括申请报告、募集说明书、信用评级报告、境内投资情况及证明文件、法律意见书等。⑤明确中介机构管理要求。对会计师事务所、律师事务所、承销商等中介机构的资质予以规范。⑥其他事项。对账户开立，募集资金的汇兑、划转和使用，以及信息报送等行为进行规范。

表 3-1 国际开发机构人民币债券相关审核职责

部门	相关职责
国家发展改革委	会同财政部根据国家产业政策、外资外债情况、宏观经济和国际收支状况，对人民币债券的发行规模及所募资金用途进行审核
中国人民银行	对人民币债券发行利率进行管理
国家外汇管理局	根据有关外汇管理规定，负责对发债资金非居民人民币专用账户及其结售汇进行管理
财政部	作为窗口单位接受债券发行申请 财政部及国家有关外债、外资管理部门对发债所筹资金发放的贷款和投资进行管理

2010年9月，四部委对《暂行办法》进行修订，总体上收紧了对国际开发机构发行人民币债券的要求，但对所募资金使用的要求更加灵活，具体表现在以下三个方面。①提高了发行条件。将原《暂行办法》中的"经在中国境内注册且具备人民币债券评级能力的评级公司评级，人民币债券信用级别为AA级以上"修改为"经两家以上（含两家）评级公司评级，其中至少应有一家评级公司在中国境内注册且具备人民币债券评级能力，人民币债券信用级别为AA级（或相当于AA级）以上"。②强化了信息披露要求。增加了"近三年经审计的财务报表及附注"的披露要求。③对所募资金使用的要求更加灵活。原《暂行办法》规定"发行人发行人民币债券所筹集的资金，应用于中国境内项目，不得换成外汇转移至境外"。修订后的《暂行办法》明确，"发行人将发债所筹集的人民币资金直接汇出境外使用的，应遵守中国人民银行的有关规定。经国家外汇管理局批准，国际开发机构发行人民币债券所筹集的资金可以购汇汇出境外使用"。

《暂行办法》的发布与实施具有重要的意义。《暂行办法》首次对境外机构境内发行债券进行了规范，内容涉及发行审核、发行条件、发行文件、募集资金的汇兑和使用、信息报送等各个方面，这些方面恰恰是熊猫债市场发展的关键问题，为熊猫债市场的发展在制度层面进行了有益探索，为熊猫债市场的进一步开放奠定了基础。

但应当看到，《暂行办法》也存在一些缺陷，这些缺陷使熊猫债市场在很长一段时间内都发展缓慢。首先，发行流程复杂，国际开发机构作为一类信用资质水平较高、公共性较强的主体，在海外成熟市场发行债券都是可以豁免注册或简化注册流程的，但《暂行办法》规定的四部门审批并报送国务院的流程，使审批流程变得冗长，削弱了国际开发机构的发行动力。其次，市场化程度较低。例如，双评级（其中至少一家为境内评级机构）的准入要求，大幅增加了境外机构的发行成本。特别是一些优质国际开发机构的国际评级很高（可能达到 AAA），发行人认为如果在境内发债，重新评级在带来高成本的同时，并不会显著降低发行成本。此外，市场化程度较低还表现为利率定价机制的非市场化、所募资金使用的灵活度不够。最后，信息披露要求较高。国际开发机构发行人不仅需要披露募集说明书，还需要披露近三年及一期的财务报告及附注、在国内开展投资的情况及证明材料。由于信息披露要求与其在海外的披露要求差异较大，从而给国际开发机构全球披露一致性的要求带来了难度。

（二）《全国银行间债券市场境外机构债券发行管理暂行办法》

由于《暂行办法》带来的一系列成本，2005—2006 年国际金融公司和亚洲开发银行分别完成了 20 亿元、10 亿元熊猫债的发行，亚洲开发银行于 2009 年完成了一只 10 亿元熊猫债发行，此后 7 年时间内再无国际开发机构涉足熊猫债发行。但是，正是《暂行办法》存在不足，给熊猫债市场的进一步改革发展和制度完善提供了基础。在此背景下，2018 年 9 月，中国人民银行和财政部联合发布《全国银行间债券市场境外机构债券发行管理暂行办法》（中国人民银行财政部公告〔2018〕第 16 号）（以下简称 16 号公告），同时《暂行办法》废止。16 号公告的要点如表 3-2 所示。

表 3-2　16 号公告的要点

规范涉及领域	要点
适用范围	• 外国政府类机构（包括主权国家政府、地方政府及具有政府职能的机构） • 国际开发机构（包括进行开发性贷款和投资的多边、双边及地区国际开发性金融机构） • 境外金融机构 • 境外非金融企业
发行管理	• 中国人民银行核准：境外金融机构 • 交易商协会注册：外国政府类机构、国际开发机构、境外非金融企业
发行条件	• 境外金融机构：需满足实缴资本、公司治理、财务经营、发行经验、偿付能力、监管合规等条件 • 外国政府类机构、国际开发机构：应具备债券发行经验和良好的债务偿付能力 • 境外非金融企业：无，实践中以优质发行人为主
发行安排	• 满足条件的境外机构可以一次注册、分期发行 • 境外金融机构发行前应向中国人民银行备案 • 境外机构经核准或注册在境内发行债券应办理外汇登记 • 募集资金涉及的账户开立、资金汇兑、跨境汇拨及信息报送等事宜，应符合监管规定
信息披露	• 发行前和存续期间应按照银行间债券市场要求履行信息披露义务 • 重大事项信息披露应符合境内外同步披露要求 • 定向发行的，应按照书面定向认购约定的内容和形式仅向定向投资者进行信息披露
会计准则	• 公开发行：应在募集说明书和财务报告的显著位置声明其财务报告所使用的会计准则，若未使用中国企业会计准则或等效会计准则编制所披露的财务报告，应同时提供如下补充信息：所使用会计准则与中国企业会计准则的重要差异；按照中国企业会计准则调节的差异调节信息，说明会计准则差异对境外机构财务报表所有重要项目的财务影响金额 • 定向发行：可由境外机构与定向合格机构投资者自主协商确定财务报告所采用的会计准则，并在书面定向认购约定中充分提示风险，确认投资者风险自担

续表

规范涉及领域	要点
审计监管	• 采用中国企业会计准则编制财务报告的，应当聘请境内具有证券期货业务资格的会计师事务所对财务报告进行审计 • 采用其他会计准则编制财务报告的，应当聘请境内具有证券期货业务资格的会计师事务所或符合一定条件的境外会计师事务所进行审计 • 境外机构发行债券所提供的按照中国企业会计准则调节的差异调节信息，应当经境内具有证券期货业务资格的会计师事务所鉴证 • 境外会计师事务所接受境外机构委托对其在境内发行债券相关财务报告进行审计的，应当接受财政部监管，并按照有关要求向财政部备案 • 境外会计师事务所所在国家或地区与财政部签署审计监管等效协议，或者就发债签署专门审计监管合作协议的，按照协议约定执行 • 境外会计师事务所应当至迟在境外机构提交发债申请前20个工作日向财政部进行首次报备，并在债券存续期间进行年度报备
信用评级要求	• 境外机构发行债券若公开披露信用评级报告，则其评级报告应由经认可的银行间债券市场评级机构出具
其他	• 明确中介机构管理要求 • 明确投资者保护机制要求 • 明确自律管理要求

注：已与中国企业会计准则实现等效的会计准则包括：欧盟国际财务报告准则、香港财务报告准则。

二、熊猫债市场制度建设走向成熟

2014 年，德国戴姆勒公司发行首只非金融企业熊猫债，之后陆续有中资红筹企业、中资背景金融机构、欧洲金融机构、外国主权政府、外国地方政府、国际开发机构完成熊猫债发行。随着试点案例的丰富，熊猫债市场的建章立制既有其必要性，也具备了可行性。在必要性上，国际机构尤其是在海外上市、合规经营、声誉较高的海外主体，更加注重债券发行的合法合规性，它们迫切希望中国监管部门能够出台熊猫债制度，以加强相关业务流程的规范性，减少不确定性。监管规则的尽快明确也有助于熊猫债投资者建立投资决策的内部流程。在可行性上，各类型试点案例的成功发行，一方面培育了一批专业的中介机构和投资者；另一方面也为熊猫债建章立制识别了需要重点解决的问题，积累了较为丰富的实践经验。熊猫债的制度框架如图3-1所示。

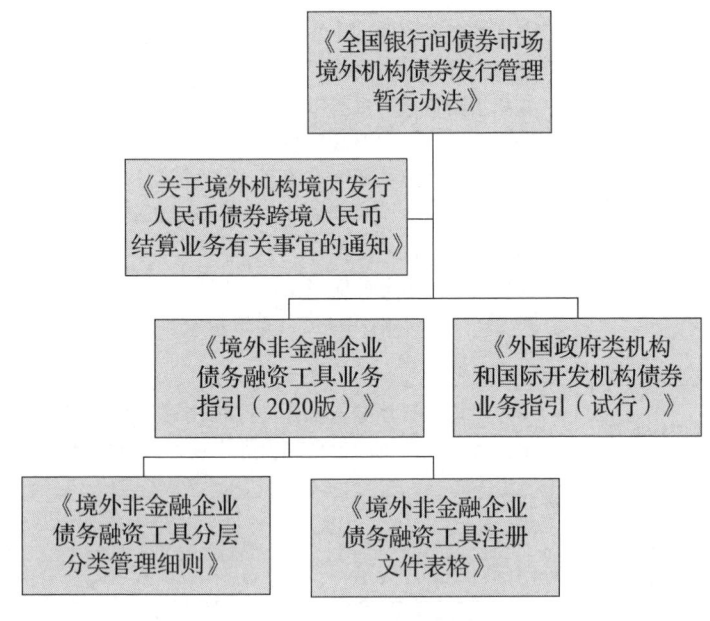

图3-1　熊猫债制度框架

16号公告有以下四个特点。①在推动发行管理的市场化改革方面取得显著进展。与《暂行办法》需要四部门同时审批并报国务院同意不同，16号公告对熊猫债的发行管理进行了大量简化，金融熊猫债只需中国人民银行审核，而其他三类机构发债只需在交易商协会注册。②发行条件大幅放松。例如，从过去的双评级要求改为不强制要求信用评级；除境外金融机构发行熊猫债在实缴资本、财务资信、公司治理、监管指标等方面存在一定准入门槛外，对政府类机构、国际开发机构、境外非金融企业没有设置具体的发行准入条件限制。[①] ③将成熟的试点经验通过制度形式固定下来。例如，一次注册、分期发行的方式；境内外律师分别对发债事宜发表法律意见；境外披露的重大事项应同时或在合理的最短时间内披露；等等。④区分了公开发行和定向发行。对于定向发行，不仅可以按照书面定向认购约定的内容和形式进行信息披露，而且可由境外机构与定向合格机构投资者自主协商确定财务报告所采用的会计准则。

此外，16号公告还体现了监管协调的加强，以及行政监管和自律管理的紧密结合。会计准则和审计监管的明确是相关监管部门加强协调和监管合作的结果，也是熊猫债制度建设的重大飞跃，有助于稳定境外发行人和中介机构的预期，为熊猫债市场常态化发展消除了制度障碍。2019年，财政部印发《境外会计师事务所从事全国银行间债券市场境外机构债券发行相关财务报告审计业务报备暂行办法》（财会〔2019〕4号），细化了境外审计师备案的具体要求。同时，16号公告明确了交易商协会作为自律组织的职责，包括开展注册发行、制定信息披露指引、对信息披露情况进行评议和后续监督等，构成熊猫债市场行政监管的重要补充。

三、熊猫债自律管理制度成为有效补充

（一）非金融企业熊猫债业务指引

2014年以来，一批优质、有代表性的非金融企业熊猫债项目在银行间债券市场落地，熊猫债产品范围涵盖中期票据、短期融资券、超短期融资券、定向债务融资工具、绿色债务融资工具等，发行期限75天～10年，发行人行业类型覆盖汽车、环保、消费、能源、芯片制造、电力等。在试点阶段，熊猫债项目主要在银行间债券市场

[①] 外国政府类机构、国际开发机构应具备债券发行经验和良好的债务偿付能力。

既有的自律规则框架下进行。随着试点的推进，由于缺乏针对境外企业的明确制度规则，市场参与者对于因监管制度和市场惯例导致的境内外差异问题存在诸多疑虑，沟通成本较高，市场预期不够稳定。通过出台指引对熊猫债业务要求予以明确，有利于稳定市场预期，提高市场运行效率。由于熊猫债在具体业务规范方面（如在注册文件、信息披露等方面）有很多特点，有必要通过制定产品指引的方式，处理好境内外发行人的差异问题。此外，16号公告正式发布后，也要求自律组织从自律层面明确相关管理要求，加强自律规则和监管规则之间的衔接。

2019年1月17日，交易商协会发布《境外非金融企业债务融资工具业务指引（试行）》（以下简称《熊猫债指引》）。《熊猫债指引》的主要内容包括：①对制定依据、产品定义、发行人接受自律管理、中介机构尽职履责、投资者风险自担等做了总体性规定；②对发行人注册要求、发行方式、主承资格、注册有效期、发行前重大不利变化排查和提交募集资金使用计划书等进行了明确；③对公开发行、定向发行的注册文件进行了明确，并对信用评级、会计审计准则、法律意见书等进行了明确；④对熊猫债涉及的募集资金使用范围、账户开立、跨境结算、报送信息、募集资金用途披露等事项的合法合规性做了要求；⑤对公开和定向发行在发行环节和存续期环节的信息披露问题做了要求，并对信息披露语言做了要求；⑥对法律适用、信用增进、指引适用、自律处分、发布实施和解释权等进行了说明。

《熊猫债指引》的特点主要表现在以下六个方面。

第一，以银行间债券市场自律管理体系为基础，就非金融企业熊猫债特有事项，构建覆盖业务全流程的制度安排。从发行方式看，《熊猫债指引》规范了公开和定向发行熊猫债的业务流程；从业务流程看，《熊猫债指引》对熊猫债的注册、发行前、发行环节、存续期管理环节进行了规范；从发行产品看，《熊猫债指引》可以规范常规类熊猫债产品，对创新类熊猫债品种也有参照适用性；从中介服务看，《熊猫债指引》对承销、评级、会计审计、法律意见等问题均做了要求。

第二，明确非金融企业熊猫债注册文件要求，为境外企业发行熊猫债提供制度依据。《熊猫债指引》充分考虑投资者保护原则和境外发行人的特殊性，明确境外企业注册申请文件。熊猫债注册文件与普通债务融资工具大体一致，其特殊性主要体现在由于注册文件名称的差异，或者因发行人特有事项而有相应的特殊要求。此外，基于发行人上市地监管和吸引国际优质发行人考虑，《熊猫债指引》参考金融机构熊猫债的做法，在遵守银行间债券市场信息披露要求、加强投资者保护的前提下，对满足一定条件的境外企业提交季报和母公司报表进行了必要的灵活安排。

第三，强调熊猫债募集资金使用的合法合规性，并在注册发行流程上进行适应性安排。《熊猫债指引》用专章对熊猫债募集资金的使用问题进行了明确。一是明确熊猫债募集资金可以依法合规地用于境内或境外；二是明确无论用于境内还是境外，与熊猫债募集资金使用相关的账户开立、跨境结算、报送信息等事宜均应符合中国人民银行和国家外汇管理局相关规定；三是明确募集资金使用、存续期募集资金用途变更的要求；四是在注册发行流程上进行制度安排，要求发行人后续发行前提交募集资金使用计划书，对当期募集资金使用情况进行说明，并承诺合法合规。

第四，明确发行及存续期信息披露要求，夯实"发行人信息披露是核心"注册制理念在熊猫债业务中的基础地位。一是明确了公开和定向发行熊猫债在发行环节的信息披露文件要求；二是在加强与银行间债券市场信息披露规则等衔接的基础上，结合熊猫债的特殊性对存续期披露等做了要求，保证信息披露的规范性和灵活性；三是对信息披露语言进行了安排，参考国际成熟市场的做法，公开发行的信息披露语言要求高于定向发行，充分考虑了国内投资者阅读的便利性。

第五，明确"投资者风险自担是基础"和"中介机构尽职履责是保障"的理念，债券市场注册制的内涵得到进一步拓展。一是明确投资者应自主判断投资价值，自担投资风险；二是要求提供中介服务的主承销商、会计师事务所、律师事务所、评级机构等相关中介机构和人员合法合规、尽职履责地提供服务；三是要求承销机构具备相应资质，且保障尽职调查能力和后续管理能力；四是明确会计和审计准则应适用中国相关监管机构的规定或要求；五是对境外法律意见书提出相关资质要求，并对法律意见承担法律责任；六是对于违反《熊猫债指引》及相关自律规则规定的，按银行间债券市场自律处分规则实行自律处分。

第六，为未来符合市场化、国际化趋势的熊猫债产品创新预留空间。在《熊猫债指引》发布之前，熊猫债业务试点具有主体优质、结构简单的特点，对于一些在成熟市场国际优质发行人普遍使用，但与国内法律制度、操作惯例可能存在一定差异的产品创新（如国际成熟市场上常用的"SPV＋担保"结构），有待进一步结合案例在试点中进行研究，因此在《熊猫债指引》中为后续相关业务创新预留了空间。

（二）政府类机构和国际开发机构业务指引

政府类机构和国际开发机构（以下简称两类机构）熊猫债相较境外商业类机构较为特殊。一是两类机构相对来讲影响力更大，而且由于与主权和超主权相关，其金融外交特性更加明显。二是两类机构在信用风险的表现、风险处置上与商业类机构差异较大。对于政府类机构，识别信用风险需要关注的信息包括经济增长、产业机构、人口、财政等相关情况，国际开发机构则需要关注成员国资信情况、股权与治理结构等。由于一般两类机构无法破产清算，违约处置也与普通商业机构有所差异。上述差异导致两类机构熊猫债在注册发行流程、信息披露文件和内容、风险防范机制上与商业类机构有所差异。

2020年5月，国务院金融稳定发展委员会办公室发布11条改革措施，其中包括"发布《外国政府类机构和国际开发机构债券业务指引》，鼓励有真实人民币资金需求的发行人发债，稳步推动熊猫债券市场发展"。2020年12月，交易商协会正式发布《外国政府类机构和国际开发机构债券业务指引（试行）》。该指引的特点主要表现在三个方面：一是在注册发行流程上，由于政府类机构和国际开发机构涉及金融外交、资金跨境使用、资金换汇等重要问题，因此中国人民银行仍然在注册环节发挥重要作用；二是在信息披露上，充分考虑外国政府类机构多数没有财务报表、国际开发机构财务报表披露时间不固定等特殊性，进行更加灵活的披露安排；三是在投资者保护上，兼顾国际市场惯例和投资者保护的需要，对重大事项等进行了明确。

四、分层分类：熊猫债制度的升级版

熊猫债市场的跨境投融资特点，决定了其发展目标应该是在风险可控的基础上，提升本币市场国际影响力和人民币国际化，并以开放促进国内改革。经过多年的发展，熊猫债在一定程度上服务了上述目标。首先，在风险防范方面，通过严把准入关、信息披露关、资金使用关，目前熊猫债发行人90%以上的评级是AAA（或境外投资级），且信息披露充分，对投资者保护力度强，资金绝大部分用于境内，减少跨境资本扰动。其次，在提升本币市场国际影响力方面，吸引了德国、法国等世界500强企业发行，使熊猫债成为对境外资金最有吸引力的品种。① 最后，在以开放促进国内改革方面，熊猫债的发展对我国会计审计准则与国际互认、完善外债管理、优化信息

---

① 截至2020年3月末，熊猫债境外投资者占比为13.3%，远高于信用债和CD，也高于国债和政金债。

披露、促进中介机构开放等起到了积极作用。

但是在多年的发展中,熊猫债市场存在的一些问题也逐渐暴露出来,如规模较小,发行人数量少,缺少真正有国际影响力的发行人,公募发行占比低,投资者结构有待优化等。上述问题制约了熊猫债的功能发挥和目标实现,一定程度上影响了国际机构的参与信心。

熊猫债上述问题的出现,与其发展阶段密切相关。在熊猫债发展初期,需要在市场发展和风险防范之间寻找平衡点。尤其是在初创阶段,为了防范风险,以发展国内债的思路发展熊猫债是较为稳妥的方式,即熊猫债在注册发行各方面基本比照境内债,仅针对熊猫债特殊情况进行调整。这种管理方式在熊猫债市场发展初期取得了一定的效果,确保了市场的平稳运行,但带来的问题也日益显现。

在此背景下,交易商协会推动熊猫债制度分层分类改革,发布了《境外非金融企业债务融资工具分层分类管理细则》《境外非金融企业债务融资工具注册文件表格》等系列文件。分层分类改革可以说是熊猫债制度的升级,旨在适应境外企业的差异化需求,结合国际国内经验,建立境外企业发债"双层"管理结构,优化配套机制,形成正向激励,提高中国债券市场开放质量。分层分类制度的设计,有助于引导具有国际知名度和影响力的优质境外发行人,能够以更国际化、更便利的方式发行熊猫债融资,实现激励相容。这一优化思路既有助于解决熊猫债初创期的问题,即在防控风险的基础上建立正向激励,吸引优质的国际化发行人和投资者参与中国债券市场,还可以强化境内外机构的相互认知,为中国债券市场下一阶段的高水平开放做好市场培育和市场参与者教育。

第二节 境外机构投资中国债券市场：三种模式的发展与融合

一、银行间债券市场直接投资模式

银行间债券市场直接投资（以下简称直投）模式创设之初是为了推动债券市场制度型开放。在直投模式下，中国人民银行发布的两项制度发挥了主体作用。这两项制度分别是《关于境外央行、国际金融组织、主权财富基金运用人民币投资银行间市场有关事宜的通知》（银发〔2015〕220号），以及中国人民银行公告〔2016〕第3号（以下简称3号公告）。两项制度内容梳理如表3-3所示。银发〔2015〕220号所规范的三类机构，不仅无投资额度限制，而且交易方式非常灵活，几乎包括银行间债券市场已有的所有交易产品；3号公告所规范的境外机构，尚不能进行债券回购等交易，但3号公告的出台，将境外机构投资者类型大幅拓展至所有商业类机构（中长期投资者），加之取消了投资额度限制，境外机构投资便利性显著提高。

表3-3 直投模式两项制度内容梳理

项目	银发〔2015〕220号	3号公告
适用范围	• 境外央行或货币当局 • 国际金融组织 • 主权财富基金	• 商业银行、保险公司、证券公司、基金管理公司及其他资产管理机构等各类金融机构 • 上述金融机构依法合规面向客户发行的投资产品 • 养老基金、慈善基金、捐赠基金等中国人民银行认可的其他中长期机构投资者

续表

项目	银发〔2015〕220号	3号公告
交易方式	• 债券现券 • 债券回购 • 债券借贷 • 债券远期 • 利率互换 • 远期利率协议	• 债券现券等
委托交易	• 中国人民银行 • 具备国际结算业务能力的银行间市场结算代理人	• 具有国际结算业务能力的银行间市场结算代理人
投资额度	• 投资者可自主决定投资规模	• 符合条件的境外机构投资者可自主决定投资规模，没有投资额度限制

此后，其他相关监管机构（包括中国人民银行上海总部、国家外汇管理局等）发布了配套制度。

2016年5月，中国人民银行上海总部公告〔2016〕第2号发布，该公告进一步简化了境外机构投资者通过境内结算代理人办理备案的流程。2018年11月，财政部和国家税务总局发布《关于境外机构投资境内债券市场企业所得税和增值税政策的通知》，明确"自2018年11月7日起至2021年11月6日止，对境外机构投资境内债券市场取得的债券利息收入暂免征收企业所得税和增值税"。此外，为了与境外机构以结算代理人模式投资银行间债券市场相适应，国家外汇管理局出台了外汇管理的相关政策措施，后面将对此进行介绍。

二、QFII/RQFII投资模式

我国的QFII制度创设之初是为了推动金融市场国际化，更加侧重交易所股票市场，随后进一步拓展至银行间债券市场。2013年3月，中国人民银行发布《关于合格境外机构投资者投资银行间债券市场有关事项的通知》，明确"经中国人民银行同意后，合格境外机构投资者（QFII）可以在获批的投资额度内投资银行间债券市场"。同年11月，中国人民银行发布《关于实施〈人民币合格境外机构投资者境内证券投资试点办法〉有关事项的通知》，明确了RQFII进入银行间债券市场的相关规定，要求RQFII"应当向中国人民银行递交书面申请"，并且"应当委托该托管与结算代理银行进行债券交易和结算"。在3号公告发布之前，QFII和RQFII投资银行间债券市场均应适用《中国人民银行关于境外人民币清算行等三类机构运用人民币投资银行间债券市场有关事宜的通知》（银发〔2010〕217号）中的相关规定。

3号公告发布后，直投模式和QFII/RQFII投资模式的相关规定得到一定程度的整合，3号公告规定，"合格境外机构投资者（QFII）、人民币合格境外机构投资者（RQFII）投资银行间债券市场参照本公告执行"。但境外投资机构对这两种投资模式涉及的资金账户、债券账户尚不能实现自由转换，给境外机构参与投资造成了一定的不便。针对这一问题，2019年9月，中国人民银行、国家外汇管理局发布《关于进一步便利境外机构投资者投资银行间债券市场有关事项的通知》，允许同一境外机构投资者将其在QFII/RQFII债券账户和直投项下的债券账户中所持有的银行间债券市场债券进行双向非交易过户，资金账户之间可以直接划转，同一境外主体通过上述渠道入市只需备案一次。

此外，监管部门对QFII/RQFII制度的改革也在同步推进，主要着力于对过去资格准入监管、额度管控模式的改革。2019年9月，国家外汇管理局发布通知，"经国务院批准，国家外汇管理局决定取消合格境外机构投资者（QFII）和人民币合格境外机构投资者（RQFII）（以下合称'合格境外投资者'）投资额度限制"。此后，具备相应资格的境外机构投资者，只需进行登记即可自主汇入资金，开展符合规定的证券投资，QFII/RQFII投资银行间债券市场面临的额度限制被解除，便利性进一步提升。

三、债券通模式

为了与债券通正式开通相适应,中国人民银行、香港金融管理局、中国外汇交易中心、中央结算公司、上海清算所等发布了一系列的配套制度规则,交易商协会也就境外机构通过债券通认购一级市场债券发布了相关制度,为债券通的顺利运行提供了保障。表3-4展示了债券通开通期间各监管机构、金融基础设施平台机构发布的主要制度规则。

表3-4 债券通模式相关政策梳理

发布日期	公告名称	公告事项	内容要点
2017年5月16日	《中国人民银行 香港金融管理局联合公告》	中国人民银行、香港金融管理局决定同意中国外汇交易中心、中央结算公司、上海清算所和香港交易及结算有限公司、香港金融管理局债务工具中央结算系统开展香港与内地债券市场互联互通合作	• 初期先开通"北向通",未来将适时研究扩展至"南向通" • 债券通遵循两地债券市场的相关法律法规。"北向通"遵守现行内地银行间债券市场对外开放政策框架,同时尊重国际惯例做法 • "北向通"投资者和交易工具范围均与中国人民银行相关公告规定的范围保持一致 • "北向通"没有投资额度限制 • 中国香港与内地债券市场监管机构将签订监管合作备忘录
2017年5月16日	《内地与香港"债券通"答记者问》	就债券通推出背景、意义、与现行的银行间债券市场开放政策的关系及创新、存在的风险及如何防范、是否有具体时间表和先开展"北向通"的原因答记者问	• 债券通是我国银行间债券市场进一步对外开放的新举措,同时仍遵从既有的资本项目管理、中长期机构投资者资质要求、投资交易信息全面收集等规范管理安排 • 债券通通过两地债券市场基础设施的连接,使国际投资者能够在不改变业务习惯,同时有效遵从内地市场法规制度的前提下,便捷地参与内地债券市场

续表

发布日期	公告名称	公告事项	内容要点
2017年6月7日	中国外汇交易中心与香港交易所就债券通成立合资公司	中国外汇交易中心与香港交易所就债券通在香港成立合资公司——债券通有限公司，承担支持债券通相关交易服务职能	• 债券通公司将为"北向通"投资者的备案入市提供支持和帮助，并与国际债券交易系统紧密磋商，投资者将使用该交易系统买卖中国内地银行间债券市场的各类债券
2017年6月21日	《内地与香港债券市场互联互通合作管理暂行办法》（中国人民银行令〔2017〕第1号）	规范开展内地与香港债券市场互联互通合作相关业务，保护境内外投资者的合法权益，维护债券市场秩序	• 适用法律："北向通"遵循香港与内地市场现行法律法规，相关交易结算活动遵守交易结算发生地的监管规定及业务规则 • 境外投资者范围：符合中国人民银行要求的境外投资者 • 标的债券：可在银行间债券市场交易流通的所有券种 • 备案：中国人民银行认可的电子交易平台和其他机构可代境外投资者向中国人民银行上海总部备案 • 可使用币种：境外投资者可使用自有人民币或外汇投资。使用外汇投资的，其投资的债券到期或卖出后不再投资的，原则上应兑换回外汇汇出 • 外汇风险对冲：使用外汇投资的，可通过债券持有人在香港结算行办理外汇资金兑换。香港结算行由此所产生的头寸可到银行间外汇市场平盘

续表

发布日期	公告名称	公告事项	内容要点
2017年6月22日	《关于发布〈全国银行间同业拆借中心"债券通"交易规则（试行）〉的通知》	全国银行间同业拆借中心"债券通"交易规则（试行）	• 投资者管理：交易中心可代符合条件的境外投资者办理银行间债券市场准入备案，并开立交易账户。开立交易账户后，境外投资者成为交易中心交易成员 • 市场基本规则："北向通"交易日为内地银行间债券市场交易日；"北向通"结算方式为券款对付；"北向通"交易手续费参照银行间债券市场交易收费规则执行 • 交易流程：境外投资者通过境外电子交易平台发送交易指令，交易指令传输至交易中心系统，最终与交易对手方在交易中心系统达成交易 • 市场监测："北向通"投资者交易及信息披露行为违反或可能违反本规则及银行间债券市场相关规定的，交易中心可进行调查
2017年6月23日	《关于发布〈银行间债券市场清算所股份有限公司内地与香港债券市场互联互通合作登记托管、清算结算业务实施细则（试行）〉的公告》	上海清算所内地与香港债券市场互联互通合作登记托管、清算结算业务实施细则	• 多级托管：上海清算所与香港金融管理局CMU通过基础设施连接，以多级托管模式为境外投资者提供登记托管、清算结算服务。上海清算所为总登记托管机构，香港金融管理局CMU为次级托管机构 • 业务办理方式：通过电子簿记方式办理债券发行认购、登记托管、清算结算、付息兑付、企业行为及其他相关业务 • 名义持有人账户：香港金融管理局在上海清算所开立名义持有人账户，通过在其开立名义持有人账户和自营账户的香港金融管理局CMU成员为境外投资者办理债券登记托管 • 券款对付：债券通以券款对付方式办理债券过户和资金支付

自 2018 年以来，债券通在一系列领域进行了改革。①全面实现券款对付（delivery versus payment，DVP）结算。2018 年 8 月，债券通全面实现 DVP 结算，DVP 结算的全面实现有助于在提高券款交割效率的同时，降低交割的违约风险。②交易分仓功能上线。2018 年 7 月和 10 月，交易前分仓和交易后分仓先后在债券通上线运行，为境外资产管理机构管理产品、开展大宗债券交易提供了便利。③拓展交易平台。2019 年 7 月，彭博作为第三方平台实现与中国外汇交易中心的成功对接。④扩展做市报价机构。在初始 24 家报价机构的基础上，于 2018 年 7 月新增 10 家，并于 2019 年 7 月扩展至 47 家。⑤降低交易费用。2018 年 7 月，债券通相关交易平台费用大幅下调，手续费降幅达 50%。①

四、三种模式的整合与统一

随着 2017 年 7 月债券通的开通，境外机构投资中国债券市场的模式形成了"三足鼎立"的局面：直投模式、QFII/RQFII 投资模式、债券通模式。不同模式适合不同类型的境外机构，契合了不同机构投资者的差异化诉求，降低了境外机构投资中国债券市场的门槛。事实上，这三种投资模式各有优势，适用于不同类型的投资者。例如，直投模式和 QFII/RQFII 投资模式引入结算代理人机制，这对跨境投资比较审慎、希望通过中资机构参与中国债券市场投资的机构就比较合适；在 QFII/RQFII 投资模式下，投资者既可投资股市，又可投资债券市场，这对开展混合证券投资、股债资产配置的投资者更有吸引力；债券通模式通过基础设施互联互通，允许境外机构以原来熟悉的交易方式直接进入境内债券市场，这对海外中小投资者更有吸引力。

但这也带来了一系列问题。首先，不同投资模式存在理解上的

---

① 详见中国人民银行副行长潘功胜 2018 年 7 月在债券通周年论坛上的讲话。

复杂性。投资模式的多元造成了认知的复杂性，部分境外投资者对投资中国债券市场感到难以理解，并且对不同投资模式难以区分。其次，存量投资者存在决策问题。由于不同投资模式并非同一时间推出的，而是有先有后，有些投资者此前通过直投模式进入中国债券市场，后来又希望能以债券通模式参与，部分投资者希望原有模式还能保留，这就带来了迁移成本或面临重复备案的问题，存在操作上的困难。最后，不同投资模式下，资金账户和债券账户相互隔离，出现"打酱油的钱不能买醋"的情况。例如，一家境外机构通过多种投资模式投资中国债券市场，但不同投资模式下的资金账户和债券账户是相互独立的，虽然都是投资中国债券，但需要开立不同的账户，这就给境外投资者造成了不便。

针对上述问题，监管部门指导金融基础设施平台，实现不同投资模式下的规则整合与统一，首先，将境外机构投资银行间债券市场的备案要求进行了统一规范，境外机构通过不同投资模式投资有相对标准化的备案要求。① 其次，实现资金账户和债券账户的统一。例如，对于同一境外投资者，直投模式和 QFII/RQFII 投资模式允许将债券账户所持有的债券进行双向非交易过户，以及允许账户内资金在境内直接双向划转。最后，对境外投资者投资银行间债券市场的外汇风险管理规定进行了整合。

五、小结

通过梳理境外机构投资中国债券市场的相关制度规则，可以总结出中国债券市场具有两个特点。一是相关制度规则繁多，涉及广泛的制度发布主体和规则内容。由于境外机构投资银行间债券市场的模式较多，而且涉及准入备案、资格审批、额度审批（如适用）、交易系统、结算清算、登记托管、跨境监管协调等多个业务环节，

---

① 主要是指提交备案文件和表格。

涉及中国人民银行上海总部、香港金融管理局、国家外汇管理局、交易商协会、债务工具中央结算系统、中国外汇交易中心、中央结算公司、上海清算所、Tradeweb等交易平台及其他机构，涉及的规范事项多而杂，境外机构参与中国债券市场通常需要向境内专业机构（如结算代理人、律师事务所等）进行专业咨询。二是针对投资模式较多的问题，中国人民银行正在逐步推动各投资模式的规则走向统一。例如，直投模式和QFII/RQFII投资模式只需要一次备案准入即可，而且债券账户中的债券和资金可以自由实现非交易过户（或划转）。

第三节　债券市场国际化"工夫在诗外"

债券市场是一个市场化程度非常高的市场，各种要素交叉影响，具有高度复杂性。在国际化进程中，债券市场需要考虑的制度内容也更加复杂，而且很多领域早已超出债券市场的范围，或者说，仅仅把债券市场制度发展好、完善好，对债券市场国际化来说还远远不够。债券市场国际化需要做好与外汇市场、资本跨境流动、软环境建设等相关的一系列配套制度完善工作，制度型开放"工夫在诗外"。

一、外汇风险管理配套制度

中国债券市场面向境外机构开放，外汇风险管理手段是境外机构关注的重点。如果外汇风险对冲工具得不到应有的保障，债券投资综合收益可能会因为人民币汇率的贬值而遭受侵蚀。在特定情形下，债券投资收益甚至可能被外汇损失全额覆盖，债券交易员承受不起汇率波动风险。境外机构在银行间债券市场进行投资，在投资人民币债券后，通常有强烈的规避汇率风险的诉求。

在银行间债券市场的三种投资模式下，除境外机构可以选择在离岸债券市场换汇或对冲风险外，进入在岸债券市场管理外汇风险的具体规定各不相同。在直投模式下，根据《国家外汇管理局关于完善银行间债券市场境外机构投资者外汇风险管理有关问题的通知》（汇发〔2020〕2号），境外机构投资者可通过具备结算代理人资格的银行参与银行间外汇市场，通过外汇远期、外汇掉期、货币掉期和期权等工具进行外汇风险对冲。在债券通模式下，境外投资者可通过香港结算行办理外汇资金兑换和外汇风险对冲，结算行可在境内银行间外汇市场平盘，这意味着境外投资者虽然不直接进入银行间外汇市场，但可采用在岸债券市场汇率和价格进行外币兑换或衍生品交易。2018年6月，中国人民银行、国家外汇管理局发布相关规定，QFII/RQFII投资模式也可以通过外汇衍生品业务经办机构办理外汇衍生品业务。

境外机构参与境内外汇市场的几种投资模式的比较如表3-5所示。

表3-5 境外机构参与境内外汇市场的投资模式比较

投资模式		外汇即期	外汇衍生品
直投	境外央行类机构	可直接进入银行间外汇市场	可直接进入银行间外汇市场，开展远期、掉期、货币掉期和期权
	3号公告规定的境外机构	1. 可使用外汇衍生品按照套期保值原则管理投资银行间债券市场产生的外汇风险敞口 2. 银行类：与境内金融机构直接交易；直接进入银行间外汇市场交易；通过主经纪业务进入银行间外汇市场交易 3. 非银行类：与境内金融机构直接交易；直接进入银行间外汇市场交易	
债券通		通过香港结算行办理外汇资金兑换；结算行可在境内银行间外汇市场平盘	通过香港结算行办理外汇风险对冲；结算行可在境内银行间外汇市场平盘

续表

投资模式	外汇即期	外汇衍生品
QFII	通过境内托管银行结售汇	通过外汇衍生品业务经办机构办理外汇衍生品业务
RQFII	境内不允许（只能用境外自有人民币，或者在离岸债券市场取得人民币后汇入）	通过外汇衍生品业务经办机构办理外汇衍生品业务

根据对境外机构投资银行间债券市场外汇管理的要求，在直投模式和债券通模式下，境外机构可以直接或间接地进入银行间外汇市场进行外币兑换和外汇风险对冲。

二、跨境资本流动管理制度

（一）完善跨境融资宏观审慎管理政策

债券市场国际化的典型特征是跨境投融资活动增多。例如，中资企业赴海外发债会涉及跨境融资，海外企业发行熊猫债后将所募资金用于境内也涉及跨境融资，建立一套灵活高效、可防范风险的跨境融资制度保障，对债券市场国际化至关重要。长期以来，我国对外债实行较为严格的规模管理（如外商投资企业"投注差"管理）。随着我国经济金融的全球化发展，传统的外债管理方式越来越难以适应日益扩大的跨境融资需求。

在此背景下，中国人民银行、国家外汇管理局等积极探索跨境融资宏观审慎管理模式。首先在深圳前海等改革试验区进行试点，允许试点地区的中资企业在与净资产相关的一定额度内自主跨境融资，无须事前审批。2016年1月，中国人民银行将相关试点扩展至27家金融机构和上海、天津、广州、福建4个自贸区，并于当年5月进一步扩展至全国范围。

通过实施跨境融资宏观审慎管理，将一些不形成实质性债务负担的债务项目予以合理豁免，并将跨境融资的风险权重与以下因素——表内融资或表外融资、本币融资或外币融资、长期融资或短期融资关联起来，最终通过宏观审慎调控系数确定跨境融资额的上限。这种管理方式既考虑了跨境融资的灵活性，又考虑了外债管理风险防范。随着我国跨境融资管理水平的逐步提升，为我国债券市场国际化打下了较好的基础。

（二）形成跨境人民币结算相关政策

在熊猫债市场发展中，境外机构涉及人民币资金的募集、使用和偿还，并由此牵涉出境、入境及在不同账户之间的结算管理。因此，人民币跨境结算是我国债券市场国际化的一项重点配套支持政策。

为完善熊猫债人民币跨境结算事宜，中国人民银行于 2016 年发布《关于境外机构境内发行人民币债券跨境人民币结算业务有关事宜的通知》（银办发〔2016〕258 号），明确境外机构可以通过开立人民币银行结算账户（NRA 账户）或委托主承销商开立托管账户，存放发行人民币债券所募集的资金，并办理相关跨境人民币结算业务。同时，该通知对账户开立、资金存管、跨境汇划和数据报送等事宜予以明确。该通知的发布是对跨境人民币结算政策的明确，对稳定境外机构预期有重要提升作用。

（三）完善外汇市场宏观审慎管理政策

与结售汇相关的外汇市场和跨境资本流动密切相关，决定了债券市场跨境资金流动的宏观市场环境，对我国债券市场国际化影响重大。近年来，我国在推动人民币汇率形成机制改革过程中，也着力加强外汇市场宏观审慎政策的探索，并取得了有效进展。

2015 年，中国人民银行陆续发布《关于加强远期售汇宏观审慎管理的通知》（银发〔2015〕273 号）和《关于远期售汇宏观审慎管理有关事项的通知》（银办发〔2015〕203 号），要求开展代客远期售汇业务的金融机构交存外汇风险准备金，风险准备金利率为 20%。中国人民银行于 2017 年 9 月将风险准备金调整为零，并于 2018 年 8

月将外汇风险准备金率提高至20%。尽管外汇市场宏观审慎管理政策是在人民币汇率波动的特定背景下制定的,但它充分反映了主管部门以宏观审慎管理政策对跨境资本流动进行有效管理的思路,也为与我国债券市场国际化相关的跨境资本流动管理开拓了思路。

(四) 跨境双向人民币资金池业务相关制度

随着企业跨国经营的日益活跃,越来越多的跨国企业因实际经营和管理需要,存在在境内外子公司之间进行资金余缺调剂和归集业务的诉求。这一需求的满足将有助于推动跨国企业的跨境债券融资。

自2014年以来,我国在上海自贸试验区推动跨境双向人民币资金池业务的试点,并于2015年推广至全国。全国版跨境双向人民币资金池业务运行良好,跨国企业的跨境双向人民币资金池资本流动受到上限管理,通过宏观审慎管理系数调节资金池内的资本跨境流动管理。跨境双向人民币资金池业务的实施,为我国债券市场国际化提供了现实基础,也为与债券市场相关的跨境资本管理提供了新思路。

三、市场软环境建设相关措施

软环境建设是我国债券市场国际化的必要工作,旨在增强境外机构对我国债券市场的理解,进而吸引境外机构的积极参与。三大国际主流债券指数都已经将人民币债券纳入旗舰债券指数,但纳入主流债券指数是一个循序渐进的过程,境外投资者资产配置向人民币债券转移也需要时间,尤其是需要时间来增进境外投资者对我国债券市场的了解。事实上,我国主管部门及自律组织已经在软环境建设方面开展一些基础工作。

(一) 赴海外开展路演

中国人民银行等主管部门及相关自律组织赴海外开展路演,了解境外机构的顾虑与诉求,积极宣介我国债券市场的情况,为境外投资者进入做好准备。2019年1月，中国外汇交易中心、交易商协会、港交所、彭博、富时罗素、摩根大通等联合举办了中国债券市场国际论坛，中国人民银行、财政部、港交所等针对我国债券市场国际化重点问题，向海外投资者进行了全面介绍。

（二）就相关基础设施做好英文化工作

交易商协会对银行间债券市场相关自律规则、指引等规范性文件提供英文参考版本，并优化英文网站，丰富网络内容，提升界面的友好度和可互动性。债券通有限公司2017年成立后，也在相关制度规则汇总整理、英文化、信息化建设等方面做了大量工作，为境外机构了解境内市场、熟悉国内规则提供支持。

（三）针对境外机构准入开展专题座谈会

为解决境外发行人面临的问题、促进熊猫债市场的健康发展，交易商协会多次就熊猫债业务发展组织召开专题座谈会，"跨前一步"服务市场。为支持具有国际结算业务能力的结算代理人加快推动境外机构进入我国债券市场的步伐，帮助结算代理人深入了解《NAFMII主协议》和《债券回购主协议》的核心机制安排，交易商协会还举办了结算代理人关于境外机构进入银行间市场的业务座谈会。此外，中央结算公司、中国外汇交易中心、上海清算所等基础设施也积极开展了我国债券市场国际化的宣介工作。

| 第四章 |

顺势而为:
债券市场国际化助力
我国金融改革创新

债券市场的发展、改革与开放的核心在于创新,而大国债券市场的创新意义有两个方面。一是可复制性。大国可运用其规模优势,将探索的创新模式形成示范效应,予以复制推广。二是前瞻性和长远性。创新不是局限于产品层面的或短期的创新,而是着眼于长远的、结构性的、机制性的、服务于国家整体利益的创新。本章旨在展示我国债券市场在金融科技应用、"一带一路"融资、人民币国际化、地方政府债务管理等方面逐步探索出的创新性路径和模式。在守住系统性风险底线的前提下,中国债券市场国际化正通过着眼长远的创新方式,为我国经济发展和深化改革开放注入新的生机与活力。

第一节　金融科技应用创新

债券市场的国际化，实质上是打破原有国界与制度的藩篱，扩大市场参与主体，在全球范围内实现资源高效利用的过程。为实现这一目标，近年来快速发展的金融科技有望提供新的解决思路。这种技术带动的金融创新通过将各类前沿信息技术与金融服务深度融合，使金融业的服务流程、产品结构乃至业务模式发生了翻天覆地的变革。可以预见，这些前沿信息技术将为债券市场的进一步发展和国际化提供新引擎，拓展新空间。

对于科技赋能金融的本质和局限，徐忠、邹传伟在《金融科技：前沿与趋势》一书中有过精妙的表述："科技非常重要，对金融的影响越来越广、越来越深。但科技不能包打天下，科技是服从于金融业务需求的……事实上，一种科技创新如果能提高现有金融体系的效率和安全，就会融入现有体系。""应理性客观评估科技的能与不能，要相信科技的功能，但不要夸大或迷信科技的功能。科技应用于金融要立足于实际情况，不要拘泥于一些过于理想化的宗旨。"①因此，一方面，要认识到科技已经融入并将深度融入金融的现实，并在债券市场国际化中用好科技；另一方面，也要认识到债券市场运行的规律并不会因为科技的应用而被打破。

一、主要金融科技概况及其对债券市场国际化的影响

根据金融稳定理事会的定义，金融科技是指通过技术手段推动金融创新，形成对金融市场、机构和金融服务产生重大影响的业务

---

① 徐忠，邹传伟. 金融科技：前沿与趋势. 北京：中信出版社，2020.

模式、技术应用及流程和产品。可见，信息技术在金融行业已由单纯的效率提升工具发展为价值创造手段。在此过程中，大数据、区块链、人工智能、数字货币等前沿技术已经逐渐并不同程度地融入债券市场业务，有望在推动中国债券市场国际化中发挥重要作用。

（一）大数据：债券市场全球征信的保障

债券市场国际化的深入发展使各种数据信息不断涌现，这对跨境信用风险的识别提出了更高的要求。在此背景下，传统的信用分析手段因成本高、周期长、极大地受地域限制而功能发挥受限。而大数据征信技术可以有效降低跨境征信成本，提高跨境征信效率，为全球范围内债券发行主体的信用风险防范提供技术保障。

大数据分析对债券市场跨境信用风险来说具有潜在价值，常用的数据分析方法有关联分析、分类、回归、推荐系统、神经网络方法、Web 数据挖掘、专家系统等。在大数据征信体系下，可用于评估债券发行人信用状况的数据资源越来越丰富且多元化，如交易数据、社交网络数据、搜索查询数据等。利用大数据手段深度挖掘分析这些数据资源可以帮助投资者更充分地了解债券发行人。

例如，中债资信推出企业信用风险监测系统，可以实现以下三大功能。①全面监测。对发债企业、债项、上市公司进行覆盖，全面监测和爬取"620 网站＋41 公众号＋2 App"的数据。②精准识别。基于神经网络模型分析非结构化数据，运用命名实体识别技术高效筛选有效舆情。③快速预警。通过 200 台 GPU 超算平台及时、快速、准确地完成相关信息评估和推送，5 分钟完成一次信息采集，多渠道及时推送重点舆情。此外，为保障对舆情信息进行专业分析，中债资信还建立了一个 200 余人的专家团队，开展专业分析。

又如，2017 年 5 月，鹏元数据在中国国际大数据产业博览会上展示了"它说"（it-SaiD）大数据债券风险预警平台。该平台构建了一个包含 1 000 多个评价指标的发债主体信用风险评价体系，能对发债主体的信用风险进行 7×24 小时不间断的动态、客观评价，实时捕捉信用风险变化；输入发债主体名称，即可了解其全部信息，甚至可以看到该发债主体的信用评分趋势，并能平均提前30天发出预警信号，让债券投资者获取精准、实时的风险预测信息。借助新兴的大数据技术，该平台能够为发债主体信用风险的评价、债券的定价等带来更精准、更全面的结果。

当前，中国债券市场国际化在投融资两端都面临信用风险评估问题。融资端的问题是中国投资者如何识别海外发行人的信用风险；投资端的问题是海外投资者投资中国信用债面临难以识别境内发行人的风险。随着大数据技术的运用，相关问题可能在一定程度上得到缓解。

(二) 区块链：债券市场国际化的信任重塑工具

1. 区块链概述

随着债券市场国际化水平的提升，对发行人的信用、交易活动的成本和效率、交易主体之间的信任将提出更高的要求。而近年来受到各国政府、大型金融机构、企业集团广泛关注的区块链技术，为解决上述问题提出了潜在的解决思路，有望缓解债券市场国际化推进中的信任问题。特别是在现行国际债券市场架构下，债券发行、交易需要多个中介机构和市场基础设施参与，业务流程复杂，市场参与机构沟通成本较高，监管机构难以实时了解市场情况。因此，各方对能够提高业务效率、简化流程、降低沟通成本并提高市场监测能力的电子化平台的需求有所上升。

自2008年国际金融危机以来，全球金融监管提高了金融机构在场外市场提供服务所需的资本金、风险权重资产和杠杆率，推高了业务成本。与此同时，信息技术的发展进步可帮助中介机构通过自动化降低人力成本，提高业务效率，并利用交易平台扩展潜在客户群体，增加业务机会。此后，MarketAxess、Tradeweb等海外债券交易平台逐渐发展成为债券市场交易的主流场所，并促进了一级市场电子化的发展。然而，债券市场平台的电子化发展呈不均衡态势，仍落后于股票、大宗商品和外汇市场。在此背景下，区块链作为一种为多个参与机构提供信任机制的技术，为场外债券市场电子化平台的建设提供了技术准备。从技术上看，区块链可以保证整个市场拥有一份真实、难以篡改的资产所有权与交易历史记录，并能缩短清算结算时间、降低清算结算支付复杂度。目前，已经有部分非金融企业、中介机构和交易所使用区块链技术构建电子化平台，并在提高透明度、降低结算风险、降低发行成本、加强投资者保护等方面取得了一些经验。当然，在实践过程中也暴露出了区块链平台的缺陷。

区块链是一种按照时间顺序将数据区块以链条的方式组合成特定的数据结构，并以密码学方式保证的不可篡改和不可伪造的去中心化共享总账，能够安全存储简单的、有先后关系的、能在系统内验证的数据。区块链技术是价值互联网时代的重要技术支持，在金融科技领域具有应用价值。具体而言，区块链技术为债券市场国际化的信任问题提供了以下几个解决思路。①针对债券市场中需要多方参与和认证的情况，区块链能够降低认证成本，提高认证效率。②针对债券交易过程中合约和条规的执行问题，区块链运用智能合约规则，实现自动化交易。③区块链能够优化债券交易成功后的交割结算流程，提高资金转移和债券所有权转移流程的运行效率。

2. 区块链实践案例

目前，在一些国家政府和大型金融机构的推动下，已经有一些通过区块链发行债券的实践，未来有望在更大范围内推广。以下简要介绍四个区块链实践案例。

（1）澳大利亚联邦银行与昆士兰财务公司合作开展区块链政府债平台概念验证。

过去，澳大利亚地方政府债的发行交易流程较为复杂，透明度低。首先，投资者在一级市场上认购地方政府债，必须先通过电话向银行销售人员下订单，再由后者将投资者的订单与承销商进行对接，并在交易完成后将成交信息保存在本地。由于该过程需要与相关外部中介机构各部门的信息系统进行对接，其复杂度较高，业务相对烦琐。其次，地方政府债券发行交易的结算时间为 $T+3$，期间可能会因投资者账面资金短缺或存量券不够而交易失败。

为精简发行流程，提高透明度，澳大利亚联邦银行创新实验室于 2017 年 1 月完成了一个基于区块链技术，集一、二级市场功能于一体的债券平台。发行人和投资者可在该平台上直接匹配投融资需求，实时结算交易，并将带有时间标记的交易信息同步保存至所有参与发行或交易的市场机构的本地数据库。发行人可以直接将债券拟发行金额、利率等信息写入区块，并将发行信息推送给参与该平台的所有投资者。投资者可以在资金充足的前提下根据自身需求投标认购债券。当招标结束后，澳大利亚联邦银行将所募资金实时划给发行人，同时由该平台通过智能合约程序，把具有时间标记的债券所有权转移、支付确认和付息方式等信息添加至区块保存。智能合约是一种一旦满足预先设定的条件，系统就会自动执行而无须人工操作的计算机网络程序。

澳大利亚联邦银行债券区块链平台概念验证证明了区块链平台能够满足债券发行和交易的业务要求，并具备以下特点：①能让发行人和投资者直观地了解市场上的投融资需求，提高市场透明度和定价效率；②通过智能合约可实现付款确认与债券所有权信息的实时交换，将结算时间从 $T+3$ 缩短为 $T+0$。

（2）德国商业银行为德国复兴信贷银行在科技公司 R3 开发的专属区块链平台 Corda 上发行商业票据。

R3 是一家金融科技公司，并组织了由超过 80 家金融机构组成的 R3 联盟，其主打产品是为广泛金融业务场景开发的专属区块链平台 Corda。此前，R3 曾与欧美多家会员银行合作，在 Corda 平台上开展区块链技术概念验证，实现了美国国债的跨境交易和欧洲美元商业票据的发行。此次发行的债券面额为 10 万欧元，存续期 5 天，并由慕尼黑再保险公司认购。

为满足监管合规要求,此次商业票据发行按照传统流程进行,发行过程中的每一步骤均在传统平台和 Corda 平台上同步执行,并成功将结算时间从 $T+2$ 降至 $T+0$。需特别指出的是,Corda 平台为监管机构设置了拥有特别权限的监管节点,允许监管机构通过可视化报告形式实时获取交易信息,而无须等待市场机构完成交易后通过专属汇报平台进行信息披露。此次发行证明了区块链平台可以服务于债券发行业务合规,并且提高监管机构市场监测的时效性。

(3) 美国互联网零售企业 Overstock 在其专属独立平台上发行区块链债券。

Overstock 是一家网上家居用品零售公司。该公司在并购具有交易牌照的平台后,于 2015 年 6 月在其专属区块链平台 T0 上私募发行了一只价值 2 500 万美元的区块链私募债券,其中 Overstock 创始人投资 50 万美元,FNY 管理账户公司投资 500 万美元。

Overstock 区块链债券发行是少数监管机构批准的成功案例之一。Overstock 的专属区块链平台 T0 是美国证券交易监督委员会(United States Securities and Exchange Commission,SEC)认定的另类交易系统,其名称来源于该平台短时间完成结算的优势(美国现行结算时间为 $T+2$)。T0 平台的优势有:①符合 SEC 关于债券交易操作和监管流程的全部合规要求;②将区块链债券交易信息记录在由参与机构组成的区块链网络中,允许发行人和监管机构穿透托管机构实时了解投资者结构;③T0 平台创设的债券基于基础性的、兼容度高的比特币技术,为在 T0 平台上发行的债券在其他区块链市场上交易而转移证券做准备。

(4) 英国区块链数字资产交易所 BlockEx 和俄罗斯中央托管机构分别建立了区块链债券平台。

BlockEx 与知名律师事务所合作,为债券发行中 90% 的法律文件建立了标准化模板,即债券发行的绝大部分发行文件被转换为智能合约。智能合约不仅便利了发行文件的制作，而且是无须人工操作的代码式合同，一旦满足条件就会自动执行。这样，BlockEx 可将整体中介成本降低 50%～75%，尤其适合中小企业参与债券市场融资。BlockEx 平台支持实时结算清算，将结算清算时间降低至 30 秒，进而降低交易对手方风险。BlockEx 平台的债券发行交易业务已经在英国金融行为管理局监管沙盒中开展，针对这类特定金融创新业务放松了相关监管规定，在业务规模、参与机构数量和资质受到一定限制的监管环境中进行创新试验。

此外，俄罗斯最大的中央托管机构——国家结算托管机构（NSD）也主导建立了使用 Linux 基金会开发的 Hyperledger 区块链技术的债券交易平台。作为 NSD 区块链债券概念验证的一部分，俄罗斯第二大移动通信运营商 MegaFon 发行了价值 5 亿卢布（约 857 万美元）、年收益率为 7.7% 的零息债券，并由奥地利奥合国际银行俄罗斯分行认购。

BlockEx 和 NSD 的区块链平台分别代表了新兴基础设施和传统基础设施在政府部门的鼓励下，利用区块链技术开展新业务模式的尝试。BlockEx 是在沙盒监管这一英国金融监管制度创新下开展的新型业务，NSD 的区块链平台也是在俄罗斯政府鼓励发展数字经济的背景下进行的。

（三）人工智能：债券资产全球化配置的助推器

参与主体的国际化是债券市场国际化的重要内容。在此背景下，如何对市场进行更大规模、更快速和更准确的分析，进而实现资产的全球化配置是金融机构面临的现实问题。人工智能技术由于具备强大的信息存储管理能力、精准迅捷的分析决断能力，能够很好地与金融业务相结合。例如，目前一个分析师最多能跟踪 50 只债券，运用人工智能进行大数据分析可以一次性涵盖所有市场中的投资标的，使投资者将海外资产纳入投资组合成为可能。

在人工智能技术迅猛发展的背景下，谷歌、IBM 等国际巨头积极探索并把握技术机遇，广泛布局人工智能技术的研发和应用，针对金融服务业形成了四个主要应用领域（见表4-1），其中部分应用领域可能会成为债券市场国际化的技术方向。

表4-1 人工智能的主要应用领域

应用领域	含义	代表企业和服务
智能投顾	运用人工智能技术和投资组合理论，为投资者做出决策参考	Wealthfront，Betterment
智能客服	在机器学习技术和客户语言数据的支撑下，实现快捷有效的客户沟通	IBM Watson 机器人
智能认证	运用人工智能技术进行安全认证	Linkface
智能征信	通过人工智能和大数据技术对先前的活动进行学习，采取更广泛的方法来给每笔交易评估打分	MasterCard

资料来源：浙江大学 AIF。

除跨境资产配置外，人工智能在债券市场国际化的跨境风险识别方面也开始发挥作用。中债资信评估公司推出的"小智信评"是人工智能技术和大数据技术在信用评级领域的应用。"小智信评"利用随机森林、长短期记忆网络模型及深度学习、自然语言处理等人工智能技术，将海量大数据应用于基本面、工商司法、舆情等专项模型中并得到最终打分。相较于传统评级，"小智信评"能够实现高频监测，评价结果充分体现舆情等短期大数据要素的波动情况，提高对业务实操的指导性。

（四）数字货币：实现国际债券资产的数字化

根据经济学理论，债券市场存在信息不对称问题，尤其是在一些特定领域，如跨境债券投融资、中小企业债券融资、供应链金融、资产支持证券、可持续发展主题债券等领域，这一问题更加突出。发行人信息披露、金融中介尽职履责成为解决该问题的关键。随着数字货币发行试点和数字经济浪潮的迭起，债券资产数字化的基础日益完善。

如果说货币是笼罩在实物上的一层面纱，那么任何金融工具都是笼罩在底层资产上的面纱，证券化的目的是提高底层资产的流动性。例如，股票是股东权益的证券化，债券是债权的证券化。如果实体资产可以实现数字化，则其本身就具备了流动性，将对金融工具的概念、形态产生重要影响。近年来，全球数字货币发展风起云涌，各主要经济体央行都已推出或计划推出数字货币。其中，中国人民银行推出的数字货币DCEP走在世界前列。从纸币/电子货币发展到数字货币，已成为大势所趋。在数字货币推广使用后，数字货币的开放性特征将使向资产的数字化拓展成为可能，债券的数字化也将得到应用和发展。特别地，数字债券有望重构传统债券业务的运行方式，打破疆域和市场边界，破除对传统金融中介的依赖。另外，数字资产的发展也有助于促进数字货币的发展。有学者指出："数字资产的发展不仅可以有效扩展数字货币的应用场景，未来还可以为数字货币的发行奠定重要的基石，两者的协同发展是数字经济发展的基础动力和重要标志。"[1]

尤其是在前面提到的一些信息不对称问题显著的领域，债券资产数字化的必要性更高。一些传统的底层资产（如仓单、交易合同、知识产权等）在数字债券模式下都可以更有效地盘活。在数字债券下，募集资金用途债券（use of proceeds bond，UOP债券）的资金用途能够被有效跟踪和评估。

二、金融科技发展带来的机遇与挑战

（一）金融科技为债券市场国际化带来的新机遇

随着债券市场国际化的深化，交易成本与效率的协调、交易流程优化与操作风险的监控等将面临更大的挑战。金融科技的进一步

---

[1] 姚前. 数字资产和数字金融.（2019-09-17）[2021-09-30]. https://www.yicai.com/news/100333361.html.

发展有望成为解决这些问题的新途径，进而为债券市场的开放提供新的机遇。

1. 降低认证成本，提高认证效率

债券市场国际化扩大了债券市场的参与主体范围，对各参与主体认证的质量和效率提出了更高的要求，金融科技创新发展可通过技术手段大大降低债券交易认证成本，在加快认证速度的同时，保障交易的安全性。下面以区块链技术为例。

（1）区块链具有安全性。区块链运用加密算法，将数据信息加密，仅有密钥持有人才能通过密钥和解密算法还原初始的加密信息，从而有效地提高了信息数据传输的安全性和隐蔽性，有利于解决债券开放过程中多方认证的安全性问题，有效降低交易风险。

（2）区块链具有不可篡改性。区块链的去中心化网络技术可精确地对交易信息进行记录，使每笔交易都能够得到认证、记录和检验。篡改信息、发布虚假信息成本高昂，难以实现，显著降低了欺诈行为发生的可能性，使交易过程趋于透明化，交易的可信度得到保障。在债券市场国际化过程中，原有传统信用产生机制难以满足国际债券市场对交易过程可信度的要求，金融科技的应用有望解决当前债券交易过程中的信任问题，为债券市场国际化进程清除障碍。

（3）区块链具有匿名性。区块链节点之间的交换遵循固定的算法，区块链中的程序规则会自行判断活动是否有效，保障数据交互的准确性，交易对手无须通过公开身份的方式让对方产生信任，对债券国际化过程中信用的累积有较大帮助。

2. 促进交易自动化、智能化

随着债券市场国际化的推进，国际市场上的债券交易愈加频繁，金融科技的应用可以提高债券交易效率，降低操作风险。

以智能合约为例，智能合约是一套以数字形式定义的契约，当特定的条件被满足时，系统会自动执行合约，完成交割。相比传统的交易方式，智能合约不仅具有可跟踪、不可篡改的特性，而且成本低、效率高，能有效避免交易中恶意行为的发生。随着债券市场国际化的逐步推进，债券跨境交易日益频繁，通过智能合约能够生成数字债券，实时观测投资者报价，及时完成投资分配和结算，并在债券付息和到期时向债券持有者自动支付利息和本金，在提高效率的同时，显著降低债券市场国际化中的操作风险。

3. 优化交割结算流程

债券市场的国际化促进了债券在国际市场中的流通，交割结算的跨境操作更为频繁。金融科技为债券跨境交割结算提供了新的思路，在过去通过互联网进行债券交易的基础上，运用算法简化了确权过程中的操作流程，提高了交易效率。

区块链作为一种分布式共享记账技术，其特有的去中心化特征能够摆脱对中心记账机构的依赖，建立去中心化形式的信任机制，实现点对点的价值传递。此外，基于互联网支付的交割结算系统会自动进行结算，并立即转让债券所有权，在主体之间的现金账户和有价证券账户之间实现价值转移，清算交割实现由中心化向非中心化的转变和机构信用向算法信用的转变，简化交割清算程序，降低交易成本。

金融科技的运用使交割结算方式发生了质的飞跃。变革后的交易结算方式对债券国际化进程意义重大，有望满足大量的交易需求，并有效规避操作风险和欺诈行为，为债券市场国际化保驾护航。

(二) 新技术的应用给债券市场国际化带来的新挑战

金融科技的发展有望为债券市场国际化提供新引擎，拓展新空间，但也面临挑战。现阶段，金融科技发展水平尚不成熟，实际应用有待拓展，相关监管措施、法律制度不完善，仍存在一些问题亟待解决。

1. 信息安全问题

金融科技在债券市场国际化的应用方面仍处于初级阶段，互联网安全问题和数据垄断问题尚未解决。

第一，安全性问题日益严峻。从网络安全的角度来看，随着金融科技的发展，外部合作日益频繁，接入渠道的增多导致互联网遭受外部攻击的可能性增加，海量数据成为外部黑客攻击的重要渠道。债券市场国际化意味着更多的数据、更频繁的跨境流动，对安全性的要求更高。一旦互联网受到攻击，国内外金融市场均会大范围受到牵连，影响面广，损失难以估量。以区块链平台为例，区块链平台上的证券可能会失窃。网络罪犯可以窃取由区块链平台或参与中介机构保管、投资者验证交易所必需的密钥，控制投资者账户，将证券转移或出售。即使交易平台公开的交易信息中不包括投资者身份，不法分子也可以通过其他手段窃取投资者身份信息，据此推断投资者的交易历史，进行恶意操作。

第二，数据垄断阻碍金融创新发展。合理、科学、有序的数据流动有利于资源的优化配置，而如果金融科技巨头凭借产品线布局，汇聚大量数据，可能会形成数据垄断。数据垄断比技术垄断更难突破，容易产生所谓的数字鸿沟问题，形成信息孤岛，使数据流动受限，数据资源使用效率降低，阻碍金融科技创新进步。

2. 智能合约困境

在债券市场国际化过程中，智能合约技术的发展仍不够成熟，尽管理论上可以提高交易效率和交易过程的可信度，但由于安全问题亟待解决、相关人才匮乏、法律责任界定不明确等原因，智能合约在债券市场国际化中实际应用困难，仍需进一步探索。

第一，智能合约安全问题亟待解决。首先，智能合约风险管理及危机应对场景不完善，有效的实践数据不够充足，难以通过充分的测试来发现、修补潜在风险漏洞。其次，智能合约风险管理手段缺失。智能合约在交易中难免存在风险，但当前风险管理方面的预案、授权、尽责基础上的免责及相应技术手段尚不完善，且智能合约升级难度较大。一旦出现合约漏洞，将很难通过升级的方式来解决问题。

第二，智能合约相关人才匮乏。智能合约的编写需要专门的技术，且在应用中常与金融、法律等领域关联。目前，跨界人才匮乏，导致智能合约创新和应用存在限制，许多智能合约的案例仍仅限于设想，难以付诸实践。

第三，智能合约涉及的法律责任界定不明确，当出现漏洞时，难以确定责任应归属于智能合约开发者还是智能合约运行平台，出现问题时难以找到负责人来解决，使智能合约的应用受到限制。

3. 第三方跨境支付体系有待改进

随着金融科技的迅速发展，在债券市场国际化过程中，基于分布式账本的跨境支付可消除第三方中介环节，降低交易成本，大幅提高支付效率，增加跨境资本流动频率。但第三方跨境支付的迅猛发展也给债券市场国际化带来了安全隐患。

第一，跨境支付仍存在监管漏洞，当前我国缺少针对境外机构监管和管理的法律法规及政策措施。债券国际化使跨境支付频率增加，监管措施不完善可能导致监管套利行为的发生，不利于国际债券市场秩序的稳定。

第二，信息审核不全面。在第三方跨境支付中，交易方的购汇、结汇业务均由第三方支付机构代理完成，银行难以获取国内外交易双方的真实信息，再加上虚拟货币的广泛使用，使监管交易双方资金来源更加困难，债券市场上非法资金可能乘虚而入，加剧国际债券市场上资本的无序流动。短期内资本的大规模无序流动可能给债券市场带来冲击，不利于债券国际化进程的稳步推进，甚至影响宏观调控政策。

在国际债券市场上，资金数额庞大，参与者结构复杂，且国际债券市场往往与各国的实体经济都有密切的联系，因此一旦国际债券市场出现波动和风险，其影响往往是巨大的。在监管尚不完善、技术尚不成熟的阶段，跨境支付体系一旦出现漏洞，损失将难以估量。

三、金融科技对债券市场跨境监管的影响

完善债券市场的监管是市场建设不可忽视的重要部分，尤其是在债券市场国际化的背景下，其对内监管需协调，对外监管效果更需保障。而以监管科技为代表的金融科技以网络、共享、大数据为核心要点，对债券市场的跨境监管将产生愈加明显的影响：一方面，就金融市场基础建设而言，金融科技的运用将帮助提升国内外参与者的信息透明度，降低跨境执法难度，甚至建立国际统一监管平台；另一方面，就金融科技的涌现和应用而言，这些技术的发展并未成熟，如何运用有待明确，对技术本身的监管更不能忽视。

（一）信息采集与获取更加便捷，降低监管的信息不对称性

跨境监管常常面临的难题之一便是市场参与者的信息难以获取，信息不对称将影响资源配置效率，带来不公平等问题，监管部门与市场机构的信息不对称则会影响监管的效果和力度，这其中固然有机构代理、司法程序、制度差异等众多因素的影响，但信息采集手段与共享网络的薄弱也是重要原因。金融科技领域经常提及的大数据手段便包括对海量数据的深度挖掘和高速、多样化处理，若大数据方案能够在未来应用于债券市场的跨境监管，则跨境投资者的资格审查、境外发行人的违规行为识别都将更加便捷可行。

此外，以分布式数据存储、点对点传输、共识机制、加密算法等为主要特色的区块链技术也日益活跃，这一技术的运用有利于债券市场透明度的提升。区块链系统是开放的，除交易主体的私有信息被加密外，区块链的交易数据对所有人公开，任何人都可以通过公开的接口查询区块链数据并开发相关应用，因此整个系统信息高度透明。债券市场采用区块链技术后，可以使债券、资金相关信息透明化，有利于保障投资者权利，也有利于监管方行使行业监督的

职能，还可以建立基于关键字或其他智能检索的信息推送平台，借助区块链开放性的优势让信息更加快速地传导至需求者，减少市场信息的不对称。

（二）智能执法助力，降低跨境执法难度

跨境监管因受到地域的限制而面临相当大的执法难度，如对于境外投资者或发行人，境内监管机构只能对其境内账户上的有限资金采取措施，若资金转移及时，罚款等处罚实际上难以得到真正执行。金融科技对此类问题的帮助或许更多地体现为提升资金交易敏感度、建立多向交易关系网、增强对境外参与者违法行为的辨识度，并通过技术的提高与违法行为"争分夺秒"，提高执法效率和效果。一方面，以区块链、大数据为代表的金融科技或将在未来改变债券市场交易的方式，对监管而言，新的数据支持结构和整合方式将更加人性化地反映出各类交易主体的深层性质和不同特点；另一方面，人工智能正在飞速发展，人类心理思维与计算机数据处理能力的结合，将极大地增加债券市场跨境监管的强度和深度，帮助监管机构更好地了解违法犯罪行为，降低跨境执法难度。

（三）建立全球债券市场生态系统，减少各国债券市场差异

债券市场监管的国际化总会面临不同国家和不同市场之间制度、结构、交易方式等方面的差异。未来，如果区块链和数字货币得到广泛而统一的应用，那么建立一个统一而标准的国际债券市场至少在技术上具有可行性，各国投融资者可以更加顺畅地交流，监管者也能更好地适应国际化的要求。

同样以区块链的技术运用为例，在区块链债券交易系统的结构中没有中心化组织的架构，每个节点都只是系统的一部分，而且每个节点的权利相等，这为建立国际性债券市场平台提供了可行性。而针对跨境监管，基于区块链的债券发行和交易系统可以将规则写进区块中，借助智能合约的使用，通过编辑一段程序对市场行为做出限定，满足监管的要求。对于监管规则也可以通过在链条中编程

来建立共用约束代码，实现监管政策全覆盖和控制。区块链数据前后相连构成的不可篡改的时间戳，使监管的调阅成本大大降低，完全透明的数据管理体系提供了可信任的追溯途径。

四、新的风险挑战

金融科技的魅力在于新颖，因为不可预测而具有无限空间，但技术往往是把双刃剑，在促进债券市场跨境监管的同时，也可能带来无法预知的新风险。从当前金融科技的发展来看，其所具有的开放性、网络性、科技性等特点在提高债券市场监管手段的同时，也增强了金融风险的隐蔽性——更多的信息带来了更多的噪声，海量数据的处理效果如何还有待进一步验证。此外，信息的集成既是优势也是负担，对信息安全的维护将更加严格，一旦信息泄露，将对债券市场形成巨大冲击。再者，金融科技的发展意味着对金融科技人才的需求将愈加广泛，日后监管系统的维护均由专业人员进行，若人才配给无法保障，金融科技的潜能将无法发挥，操作风险也会进一步加大。

总而言之，金融科技是未来经济增长的重要动力，其与金融的结合应用可能会发生化学反应，债券市场的开放与监管或将搭乘这些技术的快车，取得令人满意的成果。但值得注意的是，我们不应只看到新技术好的一面，众多金融科技的发展前景虽然不可小觑，但其发展也并非坦途。当金融科技真正得以运用时，如何合理地使用且避免其负面影响是必须重视的事情。因此，应坚持技术中立原则，对技术引发的经济后果进行准确研判，坚持按照金融业务的本质实施监管，以技术为动力，以市场为导向，以规则为底线，推动金融科技在债券市场开放进程中的合理运用，为债券市场国际化提供新的动力。

第二节 "一带一路"融资模式创新

一、债券市场国际化契合"一带一路"倡议

"一带一路"倡议自提出以来，顺应国际国内大势蓬勃发展，并日益成为多国共识，实际成果不断显现，越来越多的国家和机构积极参与。"一带一路"建设需要有资金融通提供重要支撑，自然地，"建立稳定、可持续、风险可控的金融保障体系""建设多元化融资体系和多层次资本市场"既要服务于"一带一路"建设，也应纳入中国金融国际化的整体版图。

"一带一路"建设自身的跨国性、多元性、风险性等特点，决定了与之相配套的金融保障体系必须具有四大特点。第一，发掘创新的融资模式、产品和市场机制，以便能够真正吸引更多参与国和参与主体。第二，需要探索风险共担机制，完善配套的风险管理、分散、处置机制，而不是由单一国家、特定类型机构承担风险。第三，与中国金融市场开放的探索紧密结合，并促进中国金融市场自身的改革开放。第四，探索各参与国和参与主体的利益博弈机制和跨国合作模式。"一带一路"融资保障体系必然涉及跨国、跨市场金融活动，需探索建立与之相适应的金融监管框架和国际金融监管合作机制。

以金融互联互通为主要内容的资金融通是"一带一路"建设的重要支撑，但实现金融互联互通的基础是有一个强大的在岸金融市场。"一带一路"建设在地域、风险方面具有特殊性，这决定了欧美金融市场即使再成熟，"一带一路"建设也难以完全依赖欧美金融市场提供融资。① "一带一路"沿线以发展中国家居多，债券和股票市

---

① 过去这些年"一带一路"建设过程中一直存在相当大的基础设施融资缺口。

场普遍存在体量不大、深度不够、制度不灵活和国际化不够的问题，甚至很多国家没有成型的资本市场，金融互联互通也不能依赖沿线国家。[①]而中国作为一个经济大国，也不可能像小型经济体一样依赖离岸债券市场。

如同基础设施联通需要发挥我国在资金、技术、人才等方面的优势，金融互联互通也需要发挥我国在岸金融市场的带动作用。"一带一路"建设对我国在岸金融市场提出了更高的要求，给我国金融深化改革开放带来了紧迫性。

目前来看，经过过去20年的发展和开放，我国在岸金融市场在支持"一带一路"建设方面已具备一定的基础，在产品规模、市场结构、制度安排、对外开放等方面也有了突破性进展。但是，我国金融市场面临大而不强、开放不足的处境。表象是国内制度规则和国际接轨不够的问题，而实质仍是自身市场深度和韧性问题，包括在核心制度、市场化和国际化的理念、创新活力、开放后的抗风险能力等方面存在不足，投资者保护理念缺失、法制不健全等问题的长期存在也降低了市场融资效率。

上述问题的解决有赖于深化金融改革开放，但深化改革开放面临既得利益和既有惯例的障碍。事实上，"一带一路"多元化融资体系所需要的融资效率、制度规则、金融治理、开放包容等，恰恰是当前我国金融市场发展的短板，也是当前阶段金融改革开放最大的障碍所在。因此，建设"一带一路"多元化融资体系的过程，就是我国金融市场实现深化改革开放的过程。

作为金融市场的重要组成部分，债券市场是"一带一路"多元化融资体系的重要内容。近年来，我国债券市场高速发展并加速开放。债券市场是金融市场的重要组成部分，在我国资本市场开放中

---

① 万泰雷，李松梁，刘依然．"一带一路"与债券市场开放．中国金融，2017(22)：67-68．

发挥着基础性作用，以债券市场的发展和开放支持"一带一路"多元化融资体系建设，促进资金融通势在必行。实际上，债券市场正在支持多元化融资体系方面发挥重要作用。截至 2019 年 3 月末，境内港口等交通运输企业累计发行债务融资工具 6 661.1 亿元，助力"一带一路"建设。"一带一路"沿线国家政府、金融机构和企业在银行间债券市场发行熊猫债达 425 亿元。"一带一路"沿线国家投资境内债券市场已有多年。[①] 此外，中资机构"走出去"开展"一带一路"债券融资也成为债券市场支持"一带一路"建设的重要部分。

在当前我国金融改革开放的形势下，如何以市场化融资为出发点，深入把握当前"一带一路"融资痛点，深入理解"一带一路"多元化融资体系的内涵，深入思考债券市场的发展与开放，助力"一带一路"多元化融资体系建设，值得深入探讨。

二、债券市场与"一带一路"建设的关系

（一）以债券市场改革开放支持"一带一路"建设

近年来，"一带一路"建设在取得丰硕成果的同时，面临的阻力也更加突出。其中一些与地缘政治、意识形态方面的问题相关，也涉及金融支持方面的问题。事实上，长期以来，"一带一路"基础设施互联互通融资都是以主权性资金为主导的，包括开发性贷款、主权性基金、国有银行贷款等。其优势在于"见效快"，可以在短期内集聚大量资金，迅速取得短期成果。但"一带一路"建设毕竟是一个长期过程，主权双边资金或商业性贷款等融资方式，一方面存在可持续性问题，另一方面也会给其他参与国家造成透明度低、非市

---

① 如柬埔寨、斯洛伐克、立陶宛等央行，非洲开发银行、亚洲开发银行、阿拉伯货币基金组织等区域多边开发机构，以及马来亚银行、丰隆银行、星展银行通过境外机构以银行间市场投资渠道（CIBM）以及债券通、QFII 和 RQFII 等投资模式投资我国债券市场。

场化的印象，甚至被贴上国家战略的标签，不利于传递出"共商、共建、共享"的真实理念，同时还可能给我国的国际交往造成外部压力。以非市场化融资方式为"一带一路"建设提供融资，容易招致批评、障碍甚至抵触情绪。①

近年来，非洲一些国家债务率上升较快，个别国家出现债务难以偿还的情况。有西方国家借机认为我国"加重非洲国家债务负担""制造债务陷阱"等。这些问题都要求我国探索更加透明、更加市场化的融资方式。

"一带一路"建设是一项长期规划，在建设"一带一路"多元化融资体系时，既要着眼于当下，让参与各方获得短期成果，更要着眼长远，避免短期急躁心态，站在制度规则、货币国际化、金融话语权、区域金融合作乃至命运共同体的高度，不断丰富"一带一路"多元化融资体系的内涵，全方位增强资金融通对"一带一路"建设的支撑作用。

从短期看，政策性资金支持"一带一路"建设见效快，如国际开发机构、政策性银行、国家专项基金等以贷款、股权投资等方式支持"一带一路"建设，有利于短期内取得看得见的成果。但从长期看，要保证"一带一路"融资的可持续性、创新性、低成本性、风险分散性，还是要引入债券融资等市场化融资机制。债券市场不仅可与其他融资方式形成有效配合，而且能在产品结构创新、制度规则创新、治理模式创新等方面发挥更大作用。特别是中国债券市场过去20年的快速发展和开放，为"一带一路"金融互联互通夯实了基础，提供了抓手。

总之，在构建"一带一路"多元化融资体系的过程中，应着眼长远，尊重基础设施融资的特点和债券融资的特有优势，充分发挥

---

① 李司坤．缅甸澄清皎漂港"债务陷阱"说法．环球时报，2018-06-13（003）；白晨．多国高官驳斥"中国债务陷阱论"．环球时报，2018-05-23（003）．

债券融资在"一带一路"建设中的重要作用。

(二)以"一带一路"倡议助推债券市场自身改革开放

债券市场与"一带一路"倡议都是向上连接国家安全、外交，向下联系微观主体的项目建设，是连接宏观和微观的重要载体，两者相互支持和促进具有现实基础。在"一带一路"建设中，不能只是为了"一带一路"而搞"一带一路"，还要借助"一带一路"建设实现我国金融改革开放，以更加国际化、高效化的制度规则吸引多方参与共建，反过来又更有效地支持"一带一路"建设，形成"一带一路"建设与金融改革开放的良性循环。

首先，"一带一路"多元化融资体系建设有助于进一步推动我国金融市场改革开放。当前我国迈入改革深水区，金融市场面临深化改革、扩大开放的艰巨任务，包括参与主体的丰富性、定价机制的市场化、金融产品的多层次性、金融市场的开放性、金融监管的有效性、金融回归支持实体经济等。"一带一路"多元化融资体系是一个重要抓手，将多元化的参与主体、产品、市场、币种、规则及监管等引入债券市场，实现我国债券市场乃至金融市场的改革完善和扩大开放。

其次，以"一带一路"多元化融资体系建设防范金融风险。当前我国仍面临一定的防范化解系统性金融风险的压力。"一带一路"建设本身隐藏了诸多潜在风险，因此，建设"一带一路"多元化融资体系的过程本质是建设风险共担、收益共享的激励机制过程。事实上，让有风险识别和承担能力的参与者承担风险也是金融市场的本质，在风险防范问题上，"一带一路"多元化融资体系建设与金融市场的建设殊途同归。

在当前我国债券市场仍存在制度缺陷、国际化不够的背景下，可以说，"一带一路"建设为我国债券市场改革开放提供了突破口。基础设施融资需求的快速增长，迫使监管部门、市场参与者思考完善债券市场制度及加快债券市场国际化的路径。应充分认识到债券市场改革开放的重要性，将"一带一路"金融保障体系建设和债券市场改革开放相结合，循序渐进地改革和开放债券市场。

三、债券市场在"一带一路"融资体系中的功能定位

（一）当前"一带一路"融资模式的缺陷

"一带一路"基础设施项目的融资具有大型项目融资和跨境融资的特性，目前国际多边开发机构贷款和政策性银行贷款为"一带一路"建设提供长期资金支持；商业银行贷款是非政策性融资支持"一带一路"建设的主要来源；由外汇储备和政策性银行等出资的专项投资基金为"一带一路"建设提供股权形式的资金支持。在这些方式的基础上，还包含一些衍生工具，如混合融资（PPP）、资产支持证券产品等。总体来说，当前"一带一路"融资模式存在以下四个方面的缺陷。

1. 参与主体范围较小，资金来源有限

据亚洲开发银行估计，2016—2030 年亚洲基建投资需求高达 26 万亿美元。除此之外，中国与"一带一路"沿线国家开展货物、服务、技术等贸易前景广阔，将产生大量的贸易融资需求。在现有的几种融资方式下，参与主体局限于上述几类金融机构，私营部门无法通过市场化的高效投资渠道获取正常水平的投资回报，短期内甚至难以弥补规避风险所产生的成本，并且目前资金来源以机构自有资金为主，而亚洲基础设施投资银行、丝路基金的总法定资本金不足 1 500 亿美元，加之"一带一路"建设具有资金需求大、项目周期长、投资回报慢等特点，"一带一路"建设需要解决大规模的资金缺口问题。

2. 缺乏创新机制，对市场活力激发不够

不管是贷款还是股权投资，其性质和模式都较为简单固定，市场演化能力不强。贷款业务创新更多地体现在服务流程和贷款资金

来源配置上，股权投资的创新更多地体现在资金风险分层上，而对产品和机制方面的创新受到模式自身性质和参与机构动力的限制。这可能导致对融资主体创新的带动作用不够，对金融市场创新示范效应不强，以及对市场改革发展的促进作用欠缺。

3. 规则影响力不够，不利于形成金融话语权

在"一带一路"建设实施过程中，金融支持不应只体现为融资支持，还应体现为在市场化运作机制下，以规则的软实力和标准的影响力作为支持手段。在现有的融资模式下，投融资双方大多通过一对一的谈判确定合作关系，需要遵守的规则体系来自双方主体层面，而非市场层面。金融市场的规则制度，包括信息披露、产品定价、信用评级、登记托管、投资者保护机制等制度规则，在其中发挥的作用不大。因此，参与主体对构建金融规则体系、跨市场金融标准的统一和区域金融合作缺乏内生的需求，也缺乏依托的工具。从长期来看，难以借助金融支持"一带一路"建设实现提升金融话语权、推动货币跨境使用的目标，也难以实现完善区域金融治理、维护新兴市场国家利益的目标。

4. 多种融资方式没有实现有效配合

正如前面所述，"一带一路"建设具有多元化融资需求，包括贷款、股权、债券、融资租赁、援助等。多种融资方式在期限、资金成本、适合项目等方面各有优势。而在多元化融资模式结合方面，现有案例较少，各类结合模式尚处在探索阶段，仍是"一带一路"融资的薄弱环节。各类融资方式缺少高效、市场化的融资方作为结合和连接点，尚未实现金融体系在长期内拓宽融资渠道、分散投资风险、优化资源配置等目标。

（二）开放的债券市场在"一带一路"建设中的功能

债券市场本身具有透明度高、可持续性强、市场化程度高、创新机制活跃等一系列特点，支持"一带一路"建设不仅效率高，还能在多元化融资体系建设中扮演基础设施的角色，带动其他融资方

式、形成合力。

1. 发挥基础设施作用

一是债券市场可发挥市场化优势，充分激发和顺应市场主体的积极性，提高融资规模，提升融资效率，降低融资成本。

二是在债券市场整个投融资运行中，涉及注册发行、交易定价、信用评级、信息披露、登记托管、投资者保护、法律税收等一系列制度安排。债券市场在支持"一带一路"建设的同时，有助于通过债券市场国际化水平的逐步提高，形成"一带一路"沿线市场金融制度规则的互学互鉴，提升中国金融市场的区域乃至国际影响力。

三是债券融资包容性较强，可以作为公开、高效的直接融资方式与其他各种融资方式配合，形成金融支持"一带一路"建设的合力，增强金融市场服务能力。

四是债券融资的市场化属性，使其具有很强的演变能力和创新能力，由此衍生出多元化的创新产品、交易结构及各类衍生品工具，结合成为各类偏好的投资者管理资产和分担风险的重要场所。

五是债券市场的互联互通是实现区域金融合作的基础和重要方式，也是完善区域和全球金融治理的重要方式。

2. 利用规模和期限优势发挥直接融资支持功能

债券市场具有融资规模大、期限长、可持续的优势，既是基础设施建设项目长期融资的重要来源，又可以为开发性机构提供可持续的融资支持。从融资规模看，根据 BIS 的统计，中国债券市场规模已超过日本，成为全球第二大债券市场（见图 4-1）。从融资期限看，债券市场包含短、中、长期产品，长期债券的期限通常在 10 年以上，甚至是永续债。从融资的可持续性看，债券具有庞大的投资者群体和活跃的二级市场，不同投资需求、不同风险和期限偏好的资金广泛参与交易，不同信用资质和类型的主体可以持续在市场上匹配相应投资者，获得融资。

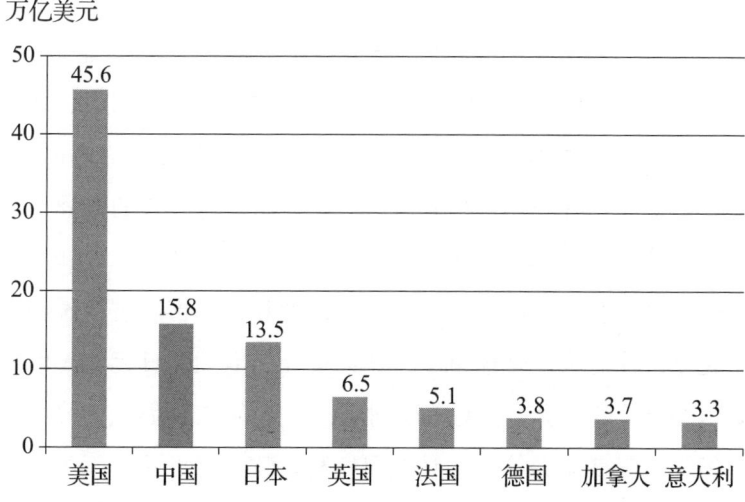

图 4-1　2020 年第二季度末主要国家债券市场规模
资料来源：BIS.

债券市场能够运用规模优势和成本优势，持续为"一带一路"建设直接提供多元化期限和产品结构的融资支持。具体可从以下两方面着力。

首先，世界银行、亚洲基础设施投资银行等国际机构或丝路基金，以及银行类金融机构等可以在债券市场发债融资，募集资金转贷给"一带一路"相关主体，以支持"一带一路"建设。中国银行创新性地采用多机构、多币种、多品种的方式来发行"一带一路"主题债券，发行主体以中国银行在"一带一路"沿线国家的多家分支机构为主，并覆盖多个币种和期限。[①]

其次，"一带一路"沿线国家政府或境外企业可以在债券市场发债融资，支持基础设施项目建设。波兰、匈牙利、沙迦酋长国等"一带一路"沿线国家政府类机构在我国银行间债券市场发行人民币债券。招商局港口、普洛斯等非金融企业发行债券用于"一带一路"

---

① 中国银行"一带一路"主题债券共发行 3 期，总额达 76 亿美元。国家开发银行在香港以私募方式成功发行 3.5 亿美元 5 年期固息"一带一路"专项债。债券在香港联交所上市，所募资金将用于支持国家开发银行在"一带一路"沿线国家支持的项目建设。

沿线国家基础设施互联互通的项目建设。

3. 利用金融创新功能满足差异化投融资需求

适应发行人和投资者的个性化投融资需求，不同期限、资金用途、产品结构的债券产品都成为"一带一路"项目融资的可选项。针对发行方式，有公募、私募债券等，不同发行方式的流程、流通范围和定价会有所差异。针对发行市场，有境内债券、外国债券、欧元债券等，发行人可根据各市场投资者和成本情况进行选择。针对多元化币种需求，全球市场包含以美元、欧元、日元、人民币等主要币种计价的债券。针对票面利率，可分为零息债券、固息债券、浮息债券、累息债券等。针对不同权利条款，有可回售债券、可赎回债券、可转换债券等。针对担保性质，有抵押债券、保证债券和信用债券。针对结构化需求，有普通债券、资产支持证券、项目收益债券、可持续发展挂钩债券等。针对期限不同，有短期融资券、中期票据、永续债券等品种，可满足发行人从短期流动资金到长期项目建设的多种期限资金需求。针对募集资金的使用，有并购债券、绿色债券、社会责任债券、可持续发展债券等。债券市场的创新使其灵活性强，可根据"一带一路"项目的不同阶段和不同风险提供不同的产品进行融资。

4. 利用高效的市场化机制提高融资效率，降低成本

首先，在支持"一带一路"建设过程中，债券市场的市场化融资机制具有公开透明性，融资效率较高，且更容易为沿线国家、东道国合作者所接受。

其次，"一带一路"沿线某些国家国别风险高，投资成本大，且基建市场化程度不高，客观上造成信息不对称问题突出。债券市场的市场化融资机制要求发行人对发行主体信用资质相关的情况进行充分的信息披露，并且由具有市场公信力的信用评级机构开展信用评级，避免"一带一路"投融资活动的信息不对称问题，加强市场化约束，提高融资体系效率。

债券市场的定价机制规则明确，减少了沟通成本，也让投融资双方更易接受。债券发行通常采用招标或簿记建档的方式，是市场化发行机制。从债券融资和银行贷款的融资成本比较来看，债券市场是有成本优势的（见图4-2）。银行贷款是以银行作为金融中介的间接融资，增加了谈判和中介成本，而且银行在向企业贷款的过程中要保持一定的资本金，造成融资成本相比直接融资较高。债券市场直接融资的低中介成本和信息披露则可以通过市场配置资源的能力提高融资效率和资源配置效率，这也体现在融资成本优势上。

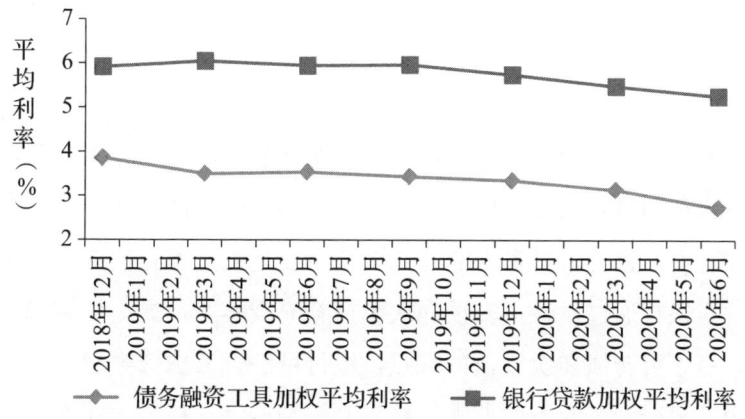

图4-2　债务融资工具与银行贷款加权平均利率比较
资料来源：PBOC，NAFMII.

5. 利用市场包容性发挥融资带动功能

一是债券融资可与其他融资形式结合起来，用债券市场的一小部分资金带动更多种类的资金参与。例如，通过"债贷基"组合形式统筹安排专项发展基金、中长期贷款和信用债这三类资金的期限和金额，使发行人得以综合运用直接融资、间接融资两种融资方式，同时承销商可以对发行人的资金使用、项目建设、本息偿还等多个方面进行综合监督，锁定整体融资风险。

二是在岸债券市场发展与开放会吸引国际机构参与发行和投资，

实现参与机构、制度规则、基础设施、金融监管的跨市场融合或合作，进而带动在岸和离岸债券市场在不同条件和形势下相联通，将过去相对分割式、碎片化、排他性的区域间债券市场相联通，甚至将债券市场与股权融资等其他类型的市场相联通，提高金融支持"一带一路"建设的系统性和多层次性，使资源更加高效地在债券市场之间和跨市场之间流动。

6. 发挥资本补充功能

近年来，在加强金融监管的环境下，表外非标回表带来的增量信贷使银行资本计提压力显著增大，资本金不足将是商业银行业务扩张中面临的瓶颈。而"一带一路"项目具有风险不确定、投入周期较长、规模较大的特点，支持"一带一路"建设需要消耗银行大量的资本金。

对此，一方面要通过多种渠道扩充资本金，另一方面要尽可能降低资产的风险水平。债券市场是银行补充资本的重要途径。从国际经验看，银行附属资本的补充渠道主要是通过发行债务产品来实现的。银行通过发行可转债和次级债补充资本金，提高抵御风险能力。基于可转债和次级债的特点，银行可综合考虑资金成本、偿还期限，根据资产业务的期限结构和利率结构，选择与之相匹配的筹资方式，以达到降低风险、增强竞争实力的目的。

7. 分散金融风险的重要途径

债券市场是参与者分担风险的重要场所，具体表现在以下几个方面。

一是债券市场的运行机制天然具有风险分担的功能。间接融资主要依赖中介信用，风险积聚在中介机构内部。债券市场参与投资的机构众多，能在投资机构中分散融资主体的信用风险。

二是债券市场可以提供市场化的风险转移机制，即风险偏好弱的市场主体将风险转移至风险偏好强的市场主体。既可以通过二级市场在投资者之间转移风险，也可以通过市场化的信用风险对冲衍生品和利率风险对冲衍生品实现。

三是债券市场存在多种增信方式分散金融风险。常见的是债券保证，保证人和债权人约定，当债务人不履行债务时，保证人按照约定履行债务或承担责任。

8. 发挥金融治理功能

债券市场发挥金融治理功能体现在以下几个方面。

一是债券市场是国家之间金融合作的重要领域。例如，支持外国政府在境内市场发行以本币计价的债券，可深化双边关系，加强两国的经贸与金融合作。同时，债券市场的合作也可以与区域货币、区域衍生品市场等其他领域的合作形成有效补充。

二是债券市场互联互通，要求各国在会计审计、信息披露、法律制度、跨境监管等方面进行多方协调与合作，进一步发挥债券市场在制定区域和国际金融市场标准、防范区域和国际金融风险中的重要作用。

三是在区域金融市场合作中，可结合各国债券市场发展经验和标准，推动区域债券市场标准的统一，引导"一带一路"沿线国家和沿线企业接受一致的发展理念和治理规则，减少"一带一路"建设中制度规则差异、发展理念不同导致的摩擦和冲突。

四、债券市场国际化支持"一带一路"融资案例介绍

自"一带一路"倡议提出以来，债券市场各参与主体积极研究探索通过债券市场支持"一带一路"建设，并且取得了一些阶段性成果。

（一）波兰人民币债券案例

波兰是欧盟第六大经济体（2019年），是"一带一路"沿线国家之一，也是欧洲首个进入中国发行熊猫债的主权国家。2016年8月，波兰完成人民币债券注册，注册额度60亿元，并成功完成首期发行。2017年7月，波兰完成第二期人民币债券备案，本期债券为绿色债券,所募资金将用于"一带一路"相关绿色项目。

波兰根据绿色债券原则制定了"绿色债券框架",规定波兰来源于绿色债券发行的所有募集资金都应存入"绿色现金账户",专门用于为"合格项目"提供新融资。国际绿色债券认证机构 Sustainalytics 就该绿色债券框架出具了评估意见,其结论为绿色债券框架符合绿色债券原则,并且透明、稳固、可信。波兰就本期人民币绿色债券提供了由境内第三方认证机构中债资信评估有限责任公司出具的绿色认证报告。

(二)匈牙利人民币债券案例

匈牙利是第一个与中国签署共建"一带一路"合作文件的欧洲国家,在共建"一带一路"方面发挥了引领和先行作用。

2017 年 7 月,匈牙利在中国债券市场成功发行 3 年期人民币债券 10 亿元,该债券成为第一只通过债券通渠道面向境内外投资者完成簿记发行的外国主权政府人民币债券。本期债券的成功发行,既为匈牙利政府拓宽了融资渠道,也丰富了中国债券市场境外发行人和投资者群体,对加强中匈金融合作、深化双边关系、进一步推进"一带一路"倡议下的资金融通、推动中国债券市场开放具有重要意义。本期债券发行得到了欧洲、新加坡、中国香港等境外投资者的踊跃认购,中国债券市场首次出现境外投资者认购单只债券发行金额占比过半的情形,达到 55%。

(三)马来亚银行金融熊猫债案例

2019 年 6 月,马来亚银行在中国银行间债券市场发行 20 亿元熊猫债,分别为 1 年期品种(发行金额 10 亿元,发行利率 3.28%)、3 年期品种(发行金额 10 亿元,发行利率 3.58%)。在发行过程中,境外机构踊跃认购,境外订单占比超过 50%。

发行人在发行文件"募集资金用途"章节中明确,募集资金用途包括但不限于在境内和境外支持与"一带一路"建设有关的活动;包括但不限于亚洲范围内的公用事业、矿业、石油和天然气及石化行业等各个领域的项目融资。

（四）国家开发银行"一带一路"专项债案例

2017年12月，国家开发银行在香港以私募方式成功发行3.5亿美元5年期固息"一带一路"专项债。债券在香港联交所上市，募集资金将用于支持国家开发银行在"一带一路"沿线国家支持的项目建设。本次发行是创新内地与香港金融市场合作模式、共同支持"一带一路"建设的有益尝试，既有助于为国家开发银行在"一带一路"沿线国家参与投融资提供资金支持，也有助于密切内地与香港的金融合作关系，推动两地市场互联互通，更好地发挥香港在参与和助力"一带一路"倡议方面的建设性作用。

五、债券市场国际化支持"一带一路"建设的产品模式

（一）基于担保结构的产品创新

"一带一路"沿线国家信用风险千差万别，根据权威评级机构标普和穆迪发布的主权信用评级，"一带一路"沿线国家中既有新加坡等A以上评级的国家，也有B以下评级的国家（见图4-3）。其中，前者在公开市场发债融资用于"一带一路"建设并不困难，而后者信用资质过低，不适合债券市场融资。但无论是A以上还是B以下评级，在"一带一路"沿线国家中毕竟只有极少数，大多数沿线国家都处于B～BBB评级。

评级处于B～BBB的大多数国家存在风险较高、信息不对称等问题，使得用中国"一家之钱"参与建设既不具备相对优势，也不可持续。因此，设计合理的风险分担机制、发动多元资金参与这些国家的"一带一路"项目就显得尤为重要。事实上，外国政府类发行人可以通过引入担保结构进行债券产品创新，引入更多有专业能力和风险承担实力的国际机构，形成风险共担、收益共享的产品模式。下面以外国主权政府发行熊猫债为例进行说明。

对于低评级（如B+）外国政府在银行间债券市场发行熊猫债

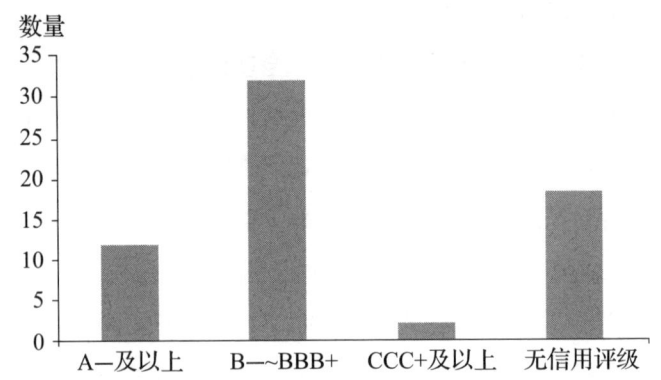

图 4-3 穆迪"一带一路"沿线国家主权信用评级分布
资料来源：Bloomberg。

支持"一带一路"建设，目前存在三个障碍需要突破：①中国的金融监管部门如何保证发债募集资金真正用于支持"一带一路"项目，从而将有限的金融资源用在"刀刃"上；②如何保证低评级发行人能够还本付息，保障投资者的合法权益；③如何发动更多的机构参与，共同分享"一带一路"建设的成果。

如图 4-4 所示，通过引入担保结构可以较为妥善地突破上述三个障碍。首先，引入联合担保人[①]，可以形成有效的风险分担机制，减少信息不对称给投融资双方造成的成本，有利于保障投资者权益。其次，联合担保人在识别和监测"一带一路"项目方面具有专业性，可充分发挥担保人的专业优势，保证募集资金用于项目用途。再次，该结构不仅引入信用风险分担主体，还可以借助境外机构投资银行间债券市场的渠道引入丰富的投资者，进一步发挥债券市场收益共享、风险共担的优势，提升参与机构、资金供给的多元化。最后，从可行性看[②]，国际开发机构为国际发行人的债券发行提供部分信用

---

① 可引入丝路基金、国际开发机构及其他机构作为联合担保人。
② 丝路基金已增资 1 000 亿元，在当前人民币海外直接投资存在接受度障碍的情况下，以担保方式将人民币资金用于"一带一路"建设是提高人民币使用效率的重要渠道。

担保较为常见，国际上也有其他机构为债券发行提供担保的案例。①

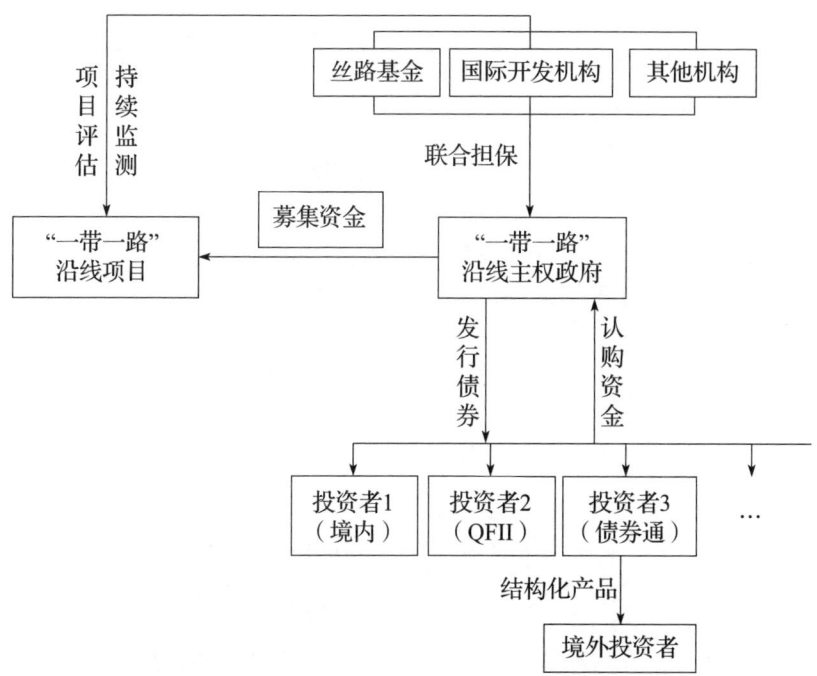

图 4-4　基于担保结构的"一带一路"融资产品创新

"一带一路"项目收益债券交易结构如图 4-5 所示。从图中可以看出，项目收益债券支持"一带一路"建设有四个特点。①项目收益债券主要适用于路桥、发电、公用事业等有未来现金流收入的基础设施建设，因此可适用于有未来现金流的"一带一路"项目。②项目收益债券强调项目资产的独立性，债券发行不依赖项目发起人②的主体信用。项目收益债券发行人不受设立时间、盈利能力、资产规模等指标的限制。③发行期限较长，可以覆盖项目的投资建设、运营收益环节。项目收益债券通常在建设期不还本，而在运营期按一定比例还本。④为更好地保护投资者权益，需要由第三方出具现

---

① 如英国出口信用担保局为某中东航空公司债券发行提供担保。
② 通常为项目公司的控股股东。

金流预测报告，并以母公司或控股股东作为差额补足人。

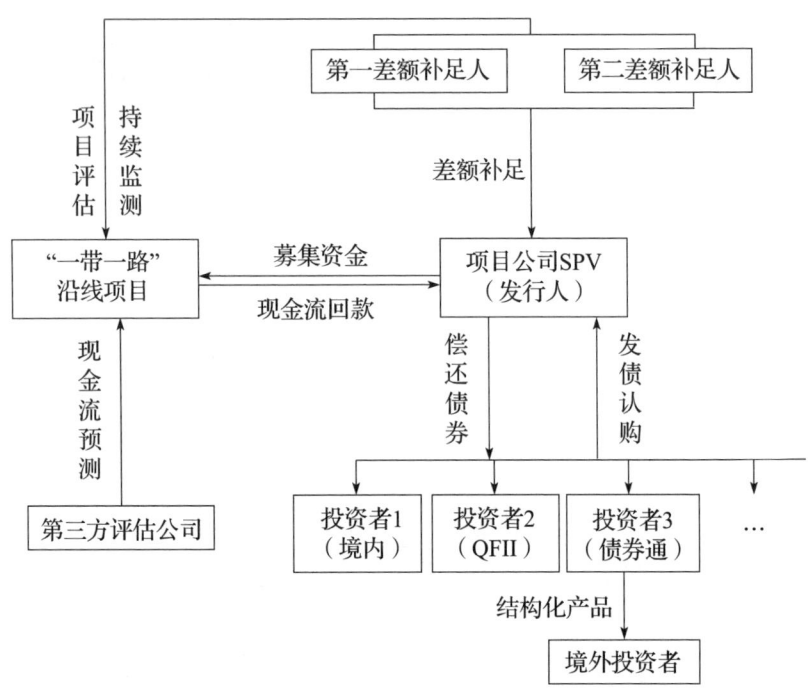

图 4-5 "一带一路"项目收益债券交易结构

（二）基于项目生命周期的产品创新

"一带一路"项目在生命周期的不同阶段，应有与之相适应的融资工具。在项目启动阶段，项目自身尚无法产生现金流，此时可以依靠项目公司的母公司主体信用发债融资，但这种融资方式无法取得风险隔离的效果。项目收益债券作为一种创新工具，既可以为项目提供融资，又可以实现风险隔离。

一旦"一带一路"项目进入成熟运营期，项目有稳定的现金流收入，项目发起人便可以资产支持证券（asset backed securities，ABS）作为创新工具，盘活存量，为增量"一带一路"项目提供融资。如图 4-6 所示，项目发起人将已成熟运营的"一带一路"项目作为基础资产打包发行 ABS，募集资金可用于"一带一路"待建项目，并用基础资产所产生的现金流作为偿债来源。除企业直接借助

ABS融资支持"一带一路"建设外,银行也可以发行ABS释放贷款额度,提高"一带一路"贷款融资的可持续性。

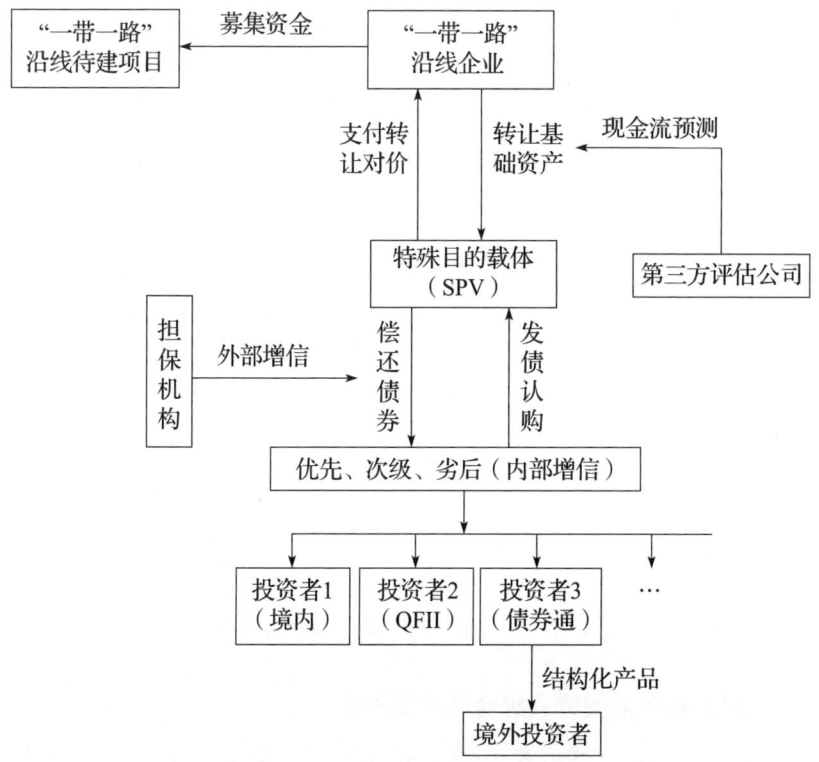

图4-6 "一带一路"ABS交易结构

ABS支持"一带一路"建设有三大优势。①在真实出售、风险隔离的情况下,ABS融资不会增加项目发起人的债务,有助于加大发起机构对"一带一路"建设的支持力度。②ABS可以进行分层的结构化设计:优先级类似于高等级债券,次级类似于低等级债券,劣后级类似于股权投资。产品分层反映了融资的多元化,并促进了投资者分层,可吸引多元化风险偏好的投资者参与。[①] ③引入外部信用增进机制,如保证担保、回购承诺、差额支付承诺、流动性支持

---

① 特别是境外投资者对ABS产品较为熟悉,可以借助ABS拓展"一带一路"建设资金来源。

承诺,将多元的参与机构和担保模式引入交易结构(见图4-7)。①

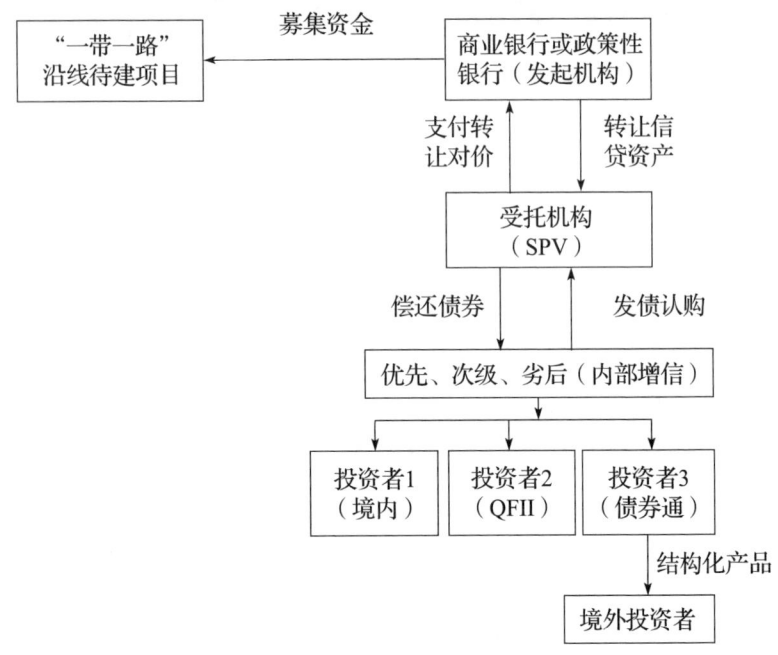

图 4-7 "一带一路"信贷 ABS 交易结构

(三)基于融资方式组合的产品创新

债券、贷款、基金等不同融资方式各有优劣,在"一带一路"建设中,应当趋利避害,充分利用不同融资方式的比较优势,而"组合融资"就是一种创新方向。例如,基金具有期限长、回报大的优势;贷款具有流程快、效率高的优势,债券融资具有公开透明、创新活跃、风险分散的优势,这些不同的优势组合在一起,将提高"一带一路"融资效率,并可管理信用风险。

以"债贷基"组合(见图4-8)为例,银行作为统筹融资协调人发挥司库职能,通过对"一带一路"项目投资额、收益、回报期等进行评估,统筹考虑融资金额、融资方式、偿还安排,并统一进

---

① 从国际经验看,国际开发机构还可通过备用购买协议、购买 ABS 劣后级等为 ABS 提供增信。

行风险监测和管理。例如，将基金、永续债等融资作为资本金融资工具，将银行贷款和债券融资等作为一般债务性融资工具，并针对不同融资方式设立独立的资金监管账户，保证风险管理的有效性。

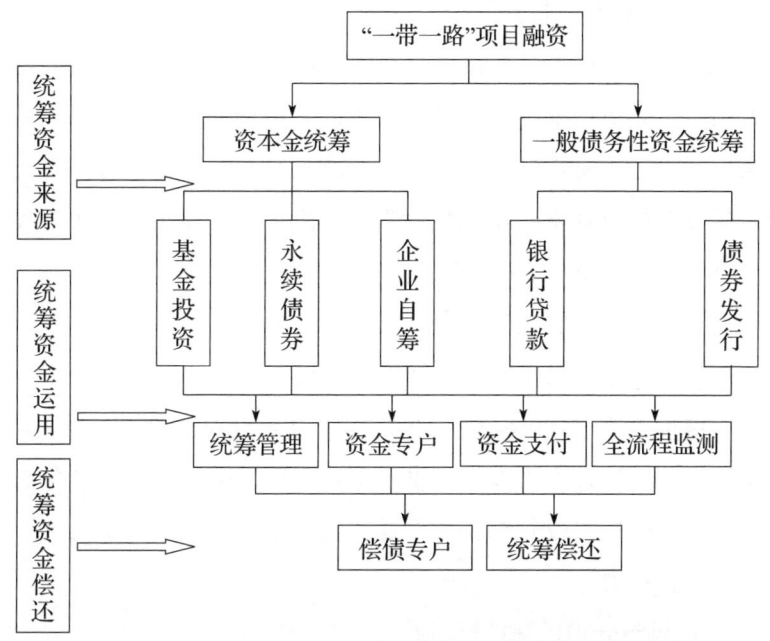

图4-8 "一带一路"项目"债贷基"组合融资交易结构

"债贷基"组合支持"一带一路"建设有三个特点。①由银行作为融资协调人，根据"一带一路"项目融资需求，制定系统的融资规划，将直接融资和间接融资相结合、股权融资和债务融资相结合，既满足项目建设的资本金需求，又满足项目的债务性资金需求。②从风险管理的角度看，银行对"一带一路"项目的资金来源、资金运用和资金偿还进行统筹管理，能更好地发挥银行贷后监管优势，实现对发行人债务风险的联防联控。同时，统筹安排还款计划避免了债务集中到期情况。③从收益共享、风险共担的角度看，基金、贷款、债券多元化融资工具组合使用，可以让不同来源、不同风险偏好的资金共同参与，为"一带一路"建设提供资金保障。

(四) 产品创新模式向国际化和多元化的拓展

上述产品创新模式可以从三个维度进行多元化拓展，以更好地体现"一带一路"多元化融资体系收益共享、风险共担的内涵。

1. 从发行市场进行拓展

上述产品创新模式不仅可以在中国债券市场发行，也可以在离岸人民币债券市场发行，甚至在欧美成熟市场和"一带一路"沿线市场发行，产品模式具有较好的适用性。通过发行市场的多元化拓展，既可以利用全球金融资源共建"一带一路"，也可以让更多参与者分享"一带一路"建设成果。

2. 从投资者群体进行拓展

上述创新产品在中国银行间债券市场不仅可以面向国内投资者发行，也可以通过直投模式、QFII/RQFII投资模式和债券通模式面向更广泛的境外投资者发行。事实上，中资金融机构的海外分支机构可以在中国香港发行结构化产品，吸引全球各国资金参与"一带一路"项目投资。

3. 从风险分担机制进行拓展

上述产品创新模式除了可以直接引入外部担保机构，还可以通过其他方式完善信用风险分担。例如，ABS中优先劣后的内部增信安排、项目收益债券中的差额补足、借助衍生品市场进行市场化风险分担等。风险分担机制的灵活多样，有助于丰富"一带一路"项目资金供给方的层次，风险被合理有效地分配至不同风险偏好的投资者。

六、债券市场国际化支持"一带一路"融资面临的风险及化解方法

由于"一带一路"沿线部分国家的政治稳定性较差，金融脆弱性较高，外部流动性压力偏大，并且抗击外部冲击的能力不足，中国债券市场对这部分主体的开放过程将不可避免地面临不同程度的主权信用风险。加之信息不对称、跨境监管等跨境风险管理难点，如何在防范和化解信用风险的同时为"一带一路"沿线不同信用主体提供合理

公允的可持续融资服务，成为中国债券市场国际化面临的重要挑战。

（1）债券市场国际化与"一带一路"互联互通为沿线国家释放和化解债务风险提供了新的契机。

一方面，中国债券市场国际化有利于引导场内私人和商业资本流向"一带一路"建设，债权人的多样化有利于分散债务风险，市场资本的注入也将推动"一带一路"项目与高标准、高透明度、营利性等市场规律的融合，倡导可负担和可持续的"一带一路"融资实践，提高沿线国家投融资决策的科学性和债务管理水平。

另一方面，随着部分"一带一路"沿线发展中国家，尤其是低收入国家进入经济高速发展和基础设施建设密集落地时期，其债务水平往往达到一国债务周期的高点。同时，全球新冠肺炎疫情的蔓延从多方面进一步加剧了主权政府的债务负担和信用违约风险。在这样的大环境下，中国债券市场国际化将为"一带一路"沿线国家提供至关重要的投融资渠道，同时为其释放债务风险提供新的思路。随着越来越多主权国家的主要融资方式由银行贷款转向债券融资，现有的国际减债和重组经验表明，国际化的债券市场有利于债务国进行主权贷款证券化[①]、债券互换[②]等现存债务重组安排，在必要时通过贷款转债券或债券以旧换新的方式，减轻债务国短期债务负担，提高其债务的可持续性。

（2）债券市场国际化支持"一带一路"融资对中国债券市场的风险吸收能力提出了更高的要求。

一是构建完整的跨境风险预警体系，防范境外风险向境内传导。

[①] 主权贷款证券化的典型案例是布雷迪债券的发行。为应对20世纪80年代爆发的国际债务危机，墨西哥、巴西、波兰等21个国家在IMF和美国政府等的支持下，以美国国债作为担保发行布雷迪债券，并按照一定的比率交换拖欠的国际银团贷款，从而达到减轻债务负担的目的。国际商业银行则可以通过在二级市场上出售布雷迪债券收回部分资金。

[②] 债券互换是20世纪90年代兴起的一种新的债务重组形式。与巴黎俱乐部和伦敦俱乐部的重组程序不同，在债券互换中，债务国处于相对主动的地位。债务国在重组主权债务时提出债券互换邀约，具体做法是发行一种期限更长或利率更低的新债券，并按照一定的比率将新债券与旧债券进行交换。

从完善跨境风险预警机制、提高信息披露有效性、提高会计准则和审计监管的等效性、夯实投资者保护机制等方面，更好地帮助投资者防范风险，推动"一带一路"债券市场的稳健发展。

二是完善主权债务危机的事前防控机制，通过对债务人的主动监测和激励性引导，强化对债务资产的机制性保障，降低主权债务风险的事后处理成本，尤其要避免债务人在减债重组后出现经济崩溃，并导致反复债务重组等损害债务人和债权人双方利益和市场稳定性的情况。

三是涉及多边体系的主权债务风险化解，需要我国债券市场建立常态化机制和有效的集体规则，以协商化解不同程度的债务危机。特别要适应东南亚、非洲、中东欧等地区国家的差异化金融发展程度和模式，并在一定程度上兼顾债权人利益和债务人危机期间的经济发展诉求，以保障债券市场风险化解机制的整体可持续性。

第三节　人民币国际化路径创新

中国债券市场国际化是金融业深化改革开放的重要基础，与人民币国际化相互影响、相互促进，两者共同构成中国金融改革开放的重要组成部分。

一、债券市场与人民币跨境使用的两个循环

（一）在岸债券市场与人民币跨境循环

在岸债券市场在人民币境内外市场循环中发挥重要作用（见图 4-9）。这一循环包括人民币流出和回流两条路径，前者通过对外贸易人民币结算、对外直接投资、熊猫债等渠道使人民币流出；后者是指当地企业收到人民币后，将人民币资金以证券投资的方式回流境内金融市场。在岸债券市场的特点是：规模大，风险低，流

动性强，与海外资产相关性低，对境外机构比较有吸引力。

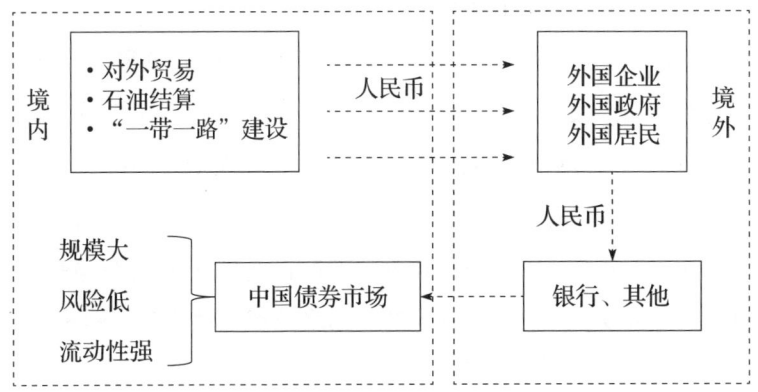

图 4-9 在岸债券市场与人民币跨境循环

（二）离岸债券市场与人民币体外循环

人民币的体外循环不涉及人民币资金回流，无论是中资企业还是境外企业，抑或是中资金融机构或境外金融机构，都可以通过离岸金融市场实现人民币融资，并将人民币资金用于海外投资项目（如直接投资），当地企业收到人民币后继续投资于离岸金融市场，实现人民币在离岸金融市场—海外市场的体外循环。但值得注意的是，离岸人民币债券市场尽管监管环境宽松，但市场规模较小，市场波动较大。

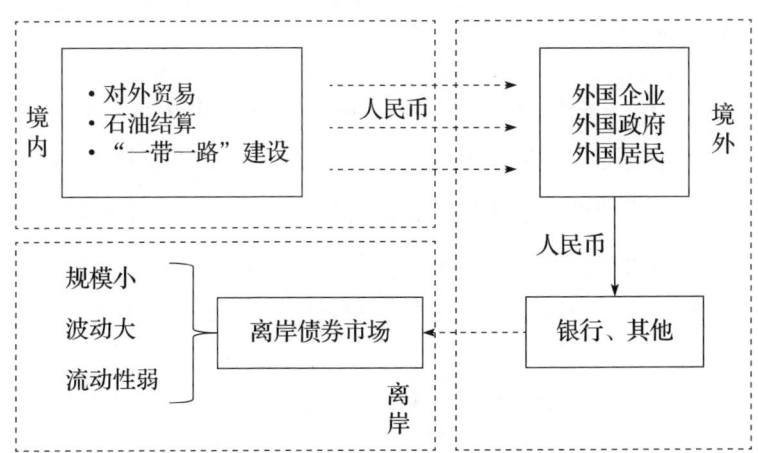

图 4-10 离岸债券市场与人民币体外循环

(三)"一带一路"建设加速人民币跨境循环

1. "一带一路"建设对人民币国际化提出了强烈的需求

首先,人民币国际化是国际货币体系改革的重要举措,有利于为"一带一路"建设营造良好的金融环境。① 其次,从微观上看,"一带一路"建设涉及大量的贸易和投资,采用人民币结算可以为交易双方规避汇率波动,提高贸易和投资的便利性。最后,人民币国际化可以推动大宗商品以人民币计价,维护我国"一带一路"建设中大宗商品的进口权益。但美元强大的"网络外部性效应"(见图4-11)使得推动国际货币体系改革困难重重。②

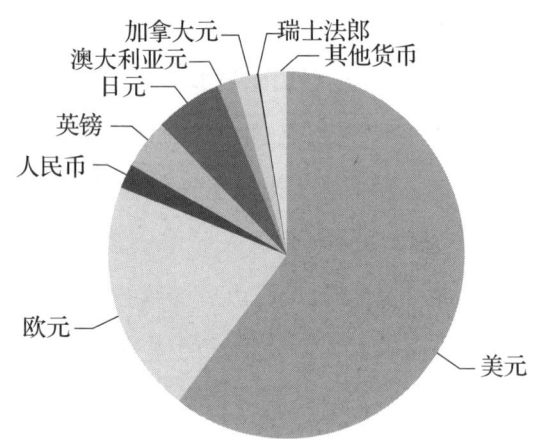

图4-11 2020年第三季度末国际外汇储备币种结构
资料来源:IMF.

2. "一带一路"建设给人民币国际化带来了重要的支撑

人民币国际化是依托于国际参与者的实际交易需求的,需要有实际支撑。要推动人民币国际化,必然需要面向全球市场形成可持续的人民币资金供给渠道,而"一带一路"建设所催生的对外直接投资需求,就是很好的人民币供给渠道。海外人民币存量扩大,又

---

① 从宏观上看,"一带一路"建设依赖相对稳定的国际金融环境,而当前国际货币体系的内在缺陷是造成全球不稳定的根源。
② 美元依旧占据全球外汇交易市场的88%,在全球外汇储备中占比为63.5%。

进一步催生了人民币投资渠道,这将助推中国金融市场的扩大开放、离岸人民币市场的深化发展,有助于进一步推动人民币国际化。[①] 基于"一带一路"建设和人民币国际化的协同效应,"一带一路"多元化融资体系建设必然要减少对单一币种的依赖,形成多元化币种结构,发挥人民币的重要作用。

二、债券市场国际化夯实人民币国际化基础

从货币国际化看,扩大人民币的跨境使用,其关键在于从结算货币迈向投资货币、储备货币,而债券市场是人民币迈向投资货币、储备货币的重要载体。债券既是稳健的投融资品种,也是良好的价值储藏品种。

(一) 从投融资的角度看

从投融资的角度看,债券市场开放可以为国际投资者提供丰富的人民币产品,为国际筹资者提供便捷的人民币资金来源,这将有助于提升人民币的吸引力。从扩大人民币跨境使用角度看,债券与股票虽同属资本市场工具,但股票只能由公司法人发行,而债券既可由公司法人发行,也可以由公共部门(如政府类机构、超主权机构)发行,且结构多元,期限灵活,信用层次丰富,创新活跃。因此,债券市场可以为海外投资者提供多层次选择,更好地满足其差异化的风险-收益偏好。从国际市场实践看,对一种货币的大规模需求主要体现为对以该货币计价的固定收益产品的需求。此外,政府类机构、超主权机构等发行的债券可以为金融市场提供定价基准。

(二) 从价值储藏的角度看

从价值储藏的角度看,一国外汇储备通常以政府债券的形式持有,特别是各国外汇储备通常投资于储备货币发行国的债券市场。

[①] 林乐芬,王少楠."一带一路"建设与人民币国际化.世界经济与政治,2015(11):72-90.

以我国为例，截至 2020 年 12 月末，我国持有 1.062 万亿美元美国国债，占外汇储备的比例达到 33%。根据中国人民银行发布的《2020 年人民币国际化报告》，目前全球已有 70 多个央行或货币当局将人民币纳入外汇储备。2017 年以来，欧洲央行、德国央行、法国央行等相继将人民币纳入储备。从 IMF 外汇储备币种结构看，近年来人民币在国际外汇储备中的规模持续扩大。人民币跨境支付系统（CIPS）日均处理跨境人民币业务情况如图 4-12 所示。

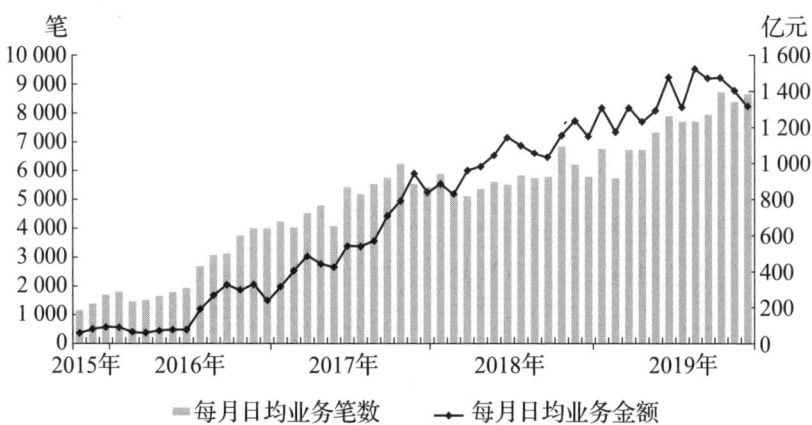

图 4-12 2015—2019 年 CIPS 日均处理跨境人民币业务笔数和金额
资料来源：中国人民银行. 2020 年人民币国际化报告.

（三）从防范系统性金融风险的角度看

从防范系统性金融风险的角度看，深化、成熟、开放的债券市场是货币国际化的缓冲器，可以缓冲因海外对人民币资产需求上升而带来的对本国经济金融体系的冲击，从而为货币国际化创造稳定的外部环境。因此，基于风险防范的考虑，以债券市场国际化的形式助力人民币国际化符合当前国际国内宏观金融环境。

三、人民币国际化增强债券市场国际化动力

人民币国际化也将推动我国债券市场的高水平国际化，进而形成两者相互促进的良性循环局面。一方面，人民币国际化将带动人

民币跨境使用的活跃，人民币资产将获得更多青睐，境外机构有更强大的动力以人民币投融资。而债券作为流动性强、标准化程度高、创新机制活跃的产品，是境外机构配置的重要选择。另一方面，人民币国际化将有助于人民币成为储备货币或避险货币，使境外机构被动地持有人民币债券。

从成熟市场经验看，货币国际化确实成为推动本国债券市场国际化的重要推动力。20世纪80年代中期，正是因为日本积极主动地推动日元国际化，才带动了日本债券市场的国际化，包括吸引境外机构发行武士债、吸引境外机构投资日本国债、推动欧洲日元债券市场发展。因此，20世纪80年代中期至90年代末是日本加快推动日元国际化的时期，也成为日本债券市场国际化步伐最快的时期。20世纪初期，美国也积极主动地推动美元国际化，并将发展和开放货币市场作为重点，取得了较好的效果。

自2015年以来，得益于人民币加入SDR和一揽子金融开放政策的出台，中国债券市场国际化成果显著。特别是在人民币跨境使用增多的背景下，中国债券市场投资端和融资端开放，两者相互促进的局面初步形成。2018年3月，菲律宾在中国债券市场发行14.6亿元熊猫债，其中88％由境外投资者通过债券通等渠道认购。在人民币成为SDR组成货币后，人民币国际化与债券市场国际化初步形成良性互动局面，并且将继续相互促进，共同成为我国金融业改革开放的重要力量。

四、人民币国际化要求债券市场提高国际化水平

随着人民币国际化的推进，债券市场将成为境外投资者进行人民币资产配置、境外发行人开展人民币融资的重要场所。债券市场国际化有利于为人民币顺畅地跨境流通提供渠道，为人民币成为储备货币提供必要条件，进而夯实人民币国际化的基础。从现实情况看，尽管过去5年来我国债券市场国际化速度较快，但其国际化程度仍然较低，对人民币国际化的支持作用有待进一步发挥。截至 2020 年年末，熊猫债在银行间债券市场规模中占比约为 0.15%，我国国债的境外机构持有占比仅约 10%，离美国（超过 35%）的开放程度差距甚远，与其他亚洲国家也有差距。为推动人民币国际化、实现以开放促进深化改革的目标，我国债券市场需继续提高国际化水平。

事实上，当前我国债券市场国际化面临诸多机遇。首先，我国拥有全球第二大债券市场，规模超过 110 万亿元，产品种类丰富，为对外开放夯实了基础。其次，人民币已于 2016 年正式加入 SDR，全球对人民币资产的需求呈上升趋势。再次，"一带一路"建设稳步推进，也为债券市场国际化带来了大量的投融资需求。最后，也是最重要的，我国政府积极主动推动金融业开放，为债券市场国际化营造了良好的政策环境。

但与此同时，债券市场国际化也面临诸多问题和风险，其中最主要的是我国债券市场的制度规则和操作惯例如何适应开放环境的问题，这些制度规则和操作惯例涉及信息披露、信用评级、会计准则、投资者保护、跨境监管等诸多方面。当前，我国监管部门正在积极推动相关问题得到解决。

考虑到我国债券市场的规则制度是长期以来形成的，如果为了实现国际化而迅速、全面实现国内制度规则与国际接轨，可能对国内参与者产生较大的负面冲击，甚至给金融市场带来潜在风险。因此，债券市场国际化应该是一个循序渐进的探索过程，既要考虑境外参与者的诉求，也要考虑国内参与者的承受能力，特别是要防范跨境金融风险冲击，在探索的过程中逐步形成符合国际惯例，同时也适应我国金融市场特点的解决方案。例如，在发展熊猫债市场初期，可优先引入一些信用资质较好、公司运行规范、有一定国际影响力和示范效应的境外机构，不断了解我国债券市场在支持境外发行人跨境融资方面（如在会计、法律、监管、信息披露等方面）存在哪些问题，形成一种境内外参与者都能接受的操作惯例。在引入境外投资者的过程中,也可以逐步了解境外投资者参与我国债券市场存在哪些问题,如在信用评级、税收、基础设施等方面,进而探索出境内外参与者可接受的成本最低的方案。

另一种解决思路是,我国债券市场国际化也可借鉴成熟国际经验,以分层分类的方式推动对外开放中的制度创新。例如,日本通过建立专业投资者债券市场,建立了一个针对国内成熟投资者和外国投资者的债券市场专业板块,这一板块作为债券市场开放的"安全空间",可以更好地进行国际化的制度创新和试验,金融制度创新的步伐可以迈得更快、更大(如简化信息披露的要求、会计准则和审计监管方面的要求更加灵活),同时还能将各类风险控制在成熟投资者范围内。

第四节　地方政府债务管理方式创新

一、债券市场国际化与地方债务问题的关系

地方政府债务问题是涉及我国经济、财政、金融等领域深化改革的全局性问题。防范和化解地方政府债务风险,是我国持续防范系统性风险的重要任务,也是我国经济社会长远发展亟待解决的问题。党中央、国务院对此高度重视,十九大报告提出要"建立权责清晰、财力协调、区域均衡的中央和地方财政关系",全国金融工作会议进一步明确指出要"严控地方政府债务增量,终身问责,倒查责任"。在上述背景下,党中央、国务院将发展地方债市场作为突破口,"修明渠、堵暗道",规范地方政府举债融资机制。作为中国版市政债市场的重要组成部分,我国地方债市场规模已突破 21 万亿元,成为我国债券市场第一大单一品种。随着市场规模的大幅扩容,如何发展好地方债市场,已经成为关乎我国经济、财政、金融、民

生的重要问题。

一方面,当前我国经济内外部面临一些新问题和新挑战,基础设施建设投资仍需要在"稳投资"中发挥重要作用;另一方面,基础设施建设投资面临地方政府债务问题这一强约束。此外,2020年新冠肺炎疫情的爆发可能进一步使我国地方政府债务问题恶化,地方政府在增加防疫支出的同时,税收收入锐减,地方政府债务将成为对冲疫情冲击的主要"加杠杆"方式之一。

特别是自2018年以来,城投违约的风险加大,隐性债务风险压力不减,城投风险事件仍时有爆发。在"稳投资"和"防风险"双重目标下,地方债市场将成为地方政府组织开展基础设施建设的主要融资来源。从中长期看,地方债市场的"明渠"要有效替代各类违规举债的"暗道",为地方经济发展和城镇化建设提供支持,对地方政府融资形成有效市场化约束,为金融市场发挥"银边债券"的基础性功能,仍有许多重要问题亟待研究解决。这些问题包括定价机制市场化不够,信息披露透明度不足,多元化投资者基础薄弱,二级市场流动性缺失,信用评级风险揭示功能失效,投资者保护机制不健全,"借用还"机制尚未理顺等。

金融市场国际化对探索解决上述地方债务问题具有重要作用。近年来,我国金融市场开放提速。习近平总书记在博鳌亚洲论坛上提出,"中国坚持对外开放的基本国策,坚持打开国门搞建设","中国开放的大门不会关闭,只会越开越大"[①],落实开放政策要"宜早不宜迟,宜快不宜慢"[②],并提出大幅度放宽金融业市场准入等对外开放的重大举措。我国金融业加速开放的背景,为我国市政债市场的发展,地方债务问题的解决提供了新工具、新思路。

一方面,债券市场国际化通过引入多元化的外国地方政府在国内发行人民币债券,有助于我国学习外国市政债市场发展经验,积

---

①② 习近平:开放共创繁荣 创新引领未来. 人民日报,2018 - 04 - 11.

累地方政府债务管理的国际经验，以借"他山之玉"为探索研究解决当前地方债务问题提供参考；另一方面，债券市场国际化通过引入海外多元化投资者、境外中介机构、国际信用评级等，强化地方政府举债的市场化约束机制，提升我国市政债发展的市场化水平。此外，债券市场开放还有助于面向国内成熟投资者和境外投资者，拓展高收益债转让市场，完善对城投债务违约风险的市场化处置机制等。

二、债券市场发展与国际化对市政融资的影响——国际经验

市政债市场是金融市场的组成部分，金融市场尤其是债券市场自身的成熟程度、开放水平直接决定了市政债市场的成熟度。从国际经验看，一国市政债占市政融资的比重与该国金融市场的发展程度有关。以德国为例，德国市政融资经历了从以贷款为主导[①]向以发行债券为主导转变的阶段。1980年，德国市政融资中仅有10%通过发行债券解决，这一局面在接下来20年内没有出现实质变化，2000年德国市政债融资占比仅上升至19%。随着欧元的引入和欧元区债券市场的发展，德国市政债融资占比在2010年达到50%。

债券市场国际化也给市政债融资带来了新的变化，近年来，越来越多地方政府借助国际债券市场开展市政融资。例如，澳大利亚新南威尔士州和昆士兰州主要在欧洲发行中票，同时在日本发行武士债，新南威尔士州还曾发行10亿元点心债。德国萨克森-安哈尔特州在国际资本市场发行了以美元、加拿大元、澳大利亚元、日元、瑞士法郎、英镑等多国货币计价的债券，并在欧洲发行了伊斯兰债券，其债券持有人广泛分布在德国、英国、美国、亚洲国家及欧洲其他国家。此外，一些美国地方政府也开始在海外发债融资。

从国际经验看，成熟市场基本形成了较为丰富、多层次的市政债市场体系，包括发行主体的多层次、投资主体的多层次、产品类

---

① 这里主要是本票融资。

别的多层次、募集资金使用的多层次、市场结构和国际化的多层次。这一多层次的市政债市场体系不仅促进了多元化市政主体的融资，而且推动了金融市场的发展和国际化。

三、债券市场国际化如何影响地方政府债务管理

我国债券市场国际化步伐加快，境外投资者进入渠道不断丰富，熊猫债市场不断扩大，点心债市场不断拓展，我国国债和政金债纳入国际债券指数。债券市场的高水平国际化将从以下五个方面促进多层次市政债市场建设。

（一）丰富地方债市场参与机构

债券市场国际化，无论作用于投资端还是融资端，都给我国市政债的市场化发展带来了重大机遇。从投资端看，目前境外机构投资我国市政债的渠道已经畅通，境外机构可以通过直投、QFII/RQFII和债券通投资地方债和城投债，还可以在离岸债券市场直接投资中资城投海外债。这有助于丰富我国地方债的投资者结构，尤其是多元化投资偏好的引入，提升我国地方债的流动性。

从国际经验看，各国地方政府重视引入国际投资者。例如，德国、加拿大、澳大利亚等国地方政府在海外发行市政债已成常态，甚至部分地方政府在海外市场发行的债券占比要高于国内市场；美国市政债对境外机构的吸引力也较大，美国有1 046亿美元市政债由境外机构持有。在债券市场加速国际化的环境下，我国不少地方政府已经认识到在地方债发行中扩大投资者基础、引入境外机构的重要性。例如，上海市政府面向自贸区内及境外投资者发行债券；一些地方政府给中资城投海外发债提供支持。尽管当前地方债对海外投资者的吸引力还不足，但渠道已经畅通，一旦市场环境发生变化，外国投资者将对地方债发展的投资者多元化、提升流动性、约束地方政府过度举债等发挥越来越重要的作用。

从融资端看，随着外国地方政府在国内发债的渠道已经畅通，

中国作为全球第二大债券市场，已经并将继续成为外国地方政府新的融资渠道。越来越多的外国地方政府在国内发债，意味着会带来越来越多的地方政府债务管理经验，同时也更有益于形成示范效应，为我国地方政府债市场的发展带来参考范例和有益启示。

（二）拓展地方政府融资的市场类型

如前面所述，地方政府"走出去"在海外市场发债，是成熟市场国家的普遍现象。各国地方政府利用国际资本市场融资的原因主要有两个：一是丰富融资渠道，拓宽投资者范围，通过监测不同市场的利率变化，选择综合融资成本最低的市场进行融资；二是通过金融合作实现外交成果。

目前，我国财政部、中国人民银行、金融机构、非金融企业都有赴海外发债的实践，但尚未建立地方政府赴海外发债融资的机制，地方政府只能在国内市场举债融资。这就带来了两个问题。一是地方政府无法根据境内外利率、汇率变化，把握投融资的主动权。例如，当"海外融资＋外汇风险对冲"的综合成本低于境内融资成本时，我国地方政府无法获得融资便利。地方政府也不能利用海外市场进行流动性管理。二是地方政府不能赴海外发债，也就缺少动力关注海外投资者的诉求，缺少开展国际信用评级的动力。

受全球新冠肺炎疫情反复、国际贸易环境的复杂影响，我国国际收支面临波动压力，经常项目的顺差未来有可能面临缩减的趋势。在此背景下，如何利用资本与金融账户来平衡国际收支变得日益重要。因此，引导财政健康、规范、透明的地方政府"走出去"发债，不仅是落实十九大报告提出的"赋予省级及以下政府更多自主权"的具体举措，也是将一部分"国内杠杆"转换为"国际杠杆"、实现国际收支平衡的现实选择。

（三）强化地方债的评级约束

有公信力的信用评级是市政债市场化定价的基础，也是市政债发展市场化的关键所在。信用评级在市政债市场发展中可以发挥两大作用：一是对地方政府举债融资形成市场化的约束，由于融资成本、市场流动性水平乃至投资者群体等均与信用评级密切相关，地方政府的举债行为不得不考虑信用评级的外部约束；二是减少信息不对称，提升定价的市场化程度，进而提升市场流动性。

从我国市政债市场发展的现状看，我国地方政府发债要求开展信用评级，但目前均由境内评级机构开展评级，评级全为AAA，没有区分度，信用评级的上述两大作用无法真正发挥。实践中尚无国际上具有较强公信力的评级机构对地方政府开展公开评级。

从国际上看，市场投资者可通过有区分度的信用评级，有效区分不同地方政府发行人。例如，美国既有AAA评级的弗吉尼亚州，也有BBB−评级的伊利诺伊州，不同州政府发行债券融资成本有差异。加拿大各省的信用评级也存在差异，并反映在其融资成本上。外国很多地方政府（如加拿大魁北克省、澳大利亚昆士兰州）将维持特定的外部信用评级作为其对外投资和举债的重要前提条件。

2017年，中国人民银行发布7号公告，作为推动债券市场开放的重要举措，该公告明确对境外评级机构在银行间债券市场开展评级业务予以规范。2018年3月，交易商协会发布《银行间债券市场信用评级机构注册评价规则》，对境内外信用评级机构开展市场化评价相关事宜予以明确。2019年1月，标普获准进入中国信用评级市场开展业务。上述文件的陆续发布和落地，为我国市政债市场引入国际评级机构消除了障碍，未来有望以更加具有公信力的评级强化地方政府举债的市场化约束。

（四）化解地方隐性债务风险

自2015年以来，如何堵住城投债的"后门"是政府管理部门关注的焦点。近年来，隐性债务问题依然没有得到实质性解决。从长期来看，地方政府债务问题只能逐步化解。债券市场对外开放可能成为我国逐步化解地方隐性债务问题的手段之一。

从国际经验看，在债券市场国际化初期，外国投资者对本国的两大类债券相对更感兴趣。一类是信用风险极低的品种，通常为国债。这从我国债券市场境外机构持有品种中超过 80% 为国债和政金债可见一斑。另一类是信用风险极高的高收益债乃至违约债券。海外的秃鹫投资者对这类债券尤为感兴趣。

自 2017 年以来，城投债务面临政策上的监管压力和金融"去杠杆"的市场压力，违约风险急剧攀升，融资渠道收窄，融资成本上升，再融资压力加大。在这种环境下，各市场参与机构对于城投债务违约已经有所预期，如何有序违约、在违约过程中不对市场产生剧烈冲击成为重中之重。考虑到外国投资者对高收益债的兴趣，面向境外投资者建立市场化的风险转移机制成为化解风险的可行路径。

近年来，我国在不良资产跨境转让方面已经有所探索。2017 年，深圳成为全国首个获得授权自行审核管理辖内机构不良资产跨境转让业务申请的试点地区，国家外汇管理局深圳分局办理的银行不良资产跨境转让业务，涉及银行不良资产债权本息约 68 亿元。在处置地方政府隐性债务过程中，可探索建立面向国际投资者的高收益债市场，以债券市场开放推动建立市场化风险处置机制。

(五) 形成地方政府举债的激励机制

2018 年以来，城投融资渠道持续收窄，再融资压力激增，2018 年 5—8 月，天津、云南、内蒙古、贵州、新疆等地城投债务接连曝出风险事件。2019 年 1—10 月，贵州、内蒙古等地发生多起城投非标违约事件，地方债务"堵后门"压力不减。在城投债务违约背景下，如果风险集中爆发，地方政府将不得不增加地方债发行，为城投债务买单。这给了财政管理部门和金融监管部门有利时机：建立地方政府和城投公司赴海外发债的激励机制，借势要求这类财政压力大、债务风险高的地方政府提高财政透明度、完善信息披露、加强投资者保护。

四、债券市场国际化影响地方债务管理的实践

我国当前地方债务管理的一大问题，是地方债国际化程度明显

不足。尽管如此,开放仍给我国地方债市场带来了一些改变。

从投资端看,尽管地方债对境外投资者吸引力不大,但我国地方债投资者国际化的基础不断夯实。据中央结算公司数据,截至2020年年末,境外机构持有33.4亿元地方债。境外投资者可以通过QFII/RQFII渠道、结算代理人模式投资我国债券市场。随着债券通于2017年7月正式发行,境外投资者还可以用更低的成本直接投资境内债券市场,大大提高了境外机构投资我国债券市场的便利。随着国际投资者对我国债券市场的熟悉度逐渐提升,地方债将逐渐进入外国投资者投资范围。

从融资端看,政府类机构(包括外国地方政府)熊猫债市场持续扩容。近年来伴随着金融开放的持续推进和国家对海外主体境内发债的逐渐放宽,熊猫债市场步入发展快车道。从主权熊猫债看,自2015年发行首只熊猫债以来,截至2020年年末,共计发行10只政府类机构熊猫债(见表4-2),我国债券市场对境外政府的吸引力逐步增强。

表4-2 主权熊猫债发行情况一览

发行主体	发行时间	发行总额(亿元)	发行期限(年)	发行利率(%)
韩国	2015年12月16日	30	3	3.0
波兰	2016年8月25日	30	3	3.4
匈牙利	2017年7月27日	10	3	4.85
	2018年12月18日	20	3	4.3
加拿大哥伦比亚省	2016年1月21日	30	3	2.95
	2017年11月22日	10	3	4.8
沙迦酋长国	2018年2月1日	20	3	5.8
菲律宾	2018年3月20日	14.6	3	5
	2019年5月15日	25	3	3.58
葡萄牙	2019年5月30日	20	3	4.09

资料来源:Wind。

除了"引进来",在金融扩大开放的背景下,近年来中资城投"走出去"发行美元债也日益普遍,成为以市场化方式开展市政建设融资的组成部分。未来,随着我国金融市场国际化的整体推进,对外开放对市政债市场的影响将与日俱增,与此相关的金融风险也需要予以前瞻性应对。

五、开放条件下的地方债务风险及防范

(一)信用风险及其防范

在市场开放条件下,市政债市场的信用风险主要集中表现在以下两个方面。

1. 海外城投债务违约的风险

自 2015 年以来,中资城投赴海外发债增加。在美国新冠肺炎疫情后经济加快复苏的背景下,美国国债收益率重回上升趋势,一旦美联储继续加息并叠加缩表,美元也可能走强,中资城投海外再融资将面临融资成本上升和债务负担加重的风险,再融资存在困难。由于相当数量的城投债都含有交叉违约条款,海外债一旦出现风险事件乃至违约,相关风险可能传导至境内。

2. 地方政府信用评级被下调的风险

债券市场的国际化,尤其是信用评级的开放,在提升市场化约束机制的同时,也带来了潜在信用评级调整的信用风险。目前,地方政府的国内评级均为 AAA,但据了解,在地方债投资的实践中,投资机构已经对不同的地方政府有所区分。例如,按区域、财政实力、信用资质等,将部分地方政府列为 AAA−级别。国际三大评级机构的评级区分度较高。由于我国各地方政府真实信用资质差异较大,而且近年来波动较大,未来一旦引入国际评级,将面临评级下调的风险。而当地国有企业、城投企业、区域性银行的评级与所属地方政府的信用评级关系密切,信用评级的下调可能会带来潜在的区域性风险。

为防范开放条件下市政债市场发展的信用风险，首先要避免城投企业海外负债的短期化倾向。从国际经验看，短期负债加大了债务接续的压力，信用风险爆发更加频繁。此前由于1年以内的短期海外债发行不需要向国家发展改革委备案，一些中资企业赴海外发行期限为364天的美元债，在一定程度上加大了城投再融资压力。其次要加强市场监测，及时了解中资城投海外债到期情况，并关注对应城投公司在国内债券的存续情况，对风险情况有预判和预案，前瞻性地解决好信用风险交叉传导。

（二）跨境资本流动风险及其防范

在债券市场国际化的背景下，再融资风险可能很快转换为跨境资本流动风险，对人民币汇率和资本项目管理产生冲击。例如，在当前形势下，城投企业在境外都面临再融资压力，加之越来越多中资美元债都设置了提前赎回条款。在美元走强、美债利率持续攀升的情况下，一旦海外债务接续不上，或者执行提前赎回，就需要用境内资金偿还海外债务。集中的资金外流可能加剧汇率波动，带来跨境资本流动风险。

防范跨境资本流动风险，在深化人民币汇率形成机制改革的背景下具有重要意义。为了更好地防范风险，一是要建立激励机制，资金的汇出要对应更透明的信息披露和更严格的地方政府债务管理机制；二是债券市场应实现更加综合、平衡的开放，当中资美元债面临海外再融资困难、需要以境内资金出境还债时，可以适当加大引入境外投资者的力度，对冲资金外流、汇率贬值的压力。

| 第五章 |

吐故纳新:
朝可持续发展的方向进发

债券市场的发展不能独立于经济发展，同样，债券市场的转型也需要适应经济转型，债券市场的国际化需要适应开放经济下的转型需求。当前，全球社会经济发展面临多重矛盾和挑战，由于环境污染、气候变化、疫情蔓延、收入差距扩大等，将更多资源投向可持续发展领域已经成为全球期待，并逐渐成为各国共识。实现可持续发展成为经济转型的方向和产业结构调整的重点领域。在此过程中，债券市场需要适应这一调整，发挥市场的资源配置功能，引导金融资源更多地投向可持续发展领域，弥补在绿色发展、社会责任、可持续发展方面面临的巨大资金缺口，推动低碳转型和绿色复苏，缩小社会发展差距，尤其是偏向弱势群体，实现公平平等、面向未来的发展。这不仅是金融支持实体发展的需求，更是债券市场自身创新发展、高水平开放、风险防范的要求，还是加强国际合作、实现国际国内标准接轨趋同的必然要求。

中国和海外的可持续债券发展方兴未艾，标准逐渐形成并加强接轨，市场在探索中前进。但同时也要看到，很多产品的创新实践并不十分成熟，出现了大量很难厘清的概念，一些发展理念尚不能转化为产品落地和推广，国际标准的趋同也仍在进行。本章重点介绍债券市场支持可持续发展的时代必然性、国际经验、国内实践，旨在抛砖引玉，为读者提供基础信息和分析视角，为后续的深入研究和市场实践提供一些启发。

第一节　发展可持续债券与市场国际化的时代必然性

2020年，我国提出"二氧化碳排放力争于2030年前达到峰值，努力争取2060年前实现碳中和"①，彰显了我国积极应对气候变化、走绿色低碳发展道路的坚定决心。在后疫情时代，债券市场国际化将持续助力绿色复苏、低碳转型和可持续发展。

一、发展国际可持续投融资合作具有现实基础

"变革我们的世界——2030年可持续发展议程"（以下简称"2030年议程"）是全球携手推动可持续发展的宏观背景。该议程的核心价值在于，所有国家和利益相关者都可以通过人类、地球、繁荣、和平与伙伴关系这五个支柱紧密结合，就三项主要目标达成共识：经济增长、社会包容和环境保护。为了实现"2030年议程"提出的17个发展目标，"2030年议程"敦促各国在国际和国家层面动员、协调公共和私营部门资源。其中，建立和完善可持续发展债券市场是其中重要的应对措施之一。以欧盟融资可持续增长计划为例，该计划强调绿色债券是一种为环境和社会的可持续活动提供资金的重要方式。

联合国经济社会理事会2019年5月发布的《可持续发展目标进展报告》称，从全球范围看，尽管在实现"2030年议程"的道路上取得了进展，但远远达不到按时实现这些目标所要求的进度。这实际上向市场传递了明确的信号，即拓宽现有可持续投资者网络和扩

---

① 习近平在第七十五届联合国大会一般性辩论上发表重要讲话.人民日报，2020-09-23.

大融资规模，打通创新融资通道是必要、必然和迫切的。

与此同时，随着实现"气候中和"和绿色经济转型逐渐成为国际社会的主流愿景，巨大的技术、生产和基础设施投资需求为各国发展可持续金融市场、动员私人资本提出了更加内生性和战略性的要求。可持续债券市场作为金融市场的主要融资工具之一，将在金融支持全方位脱碳的过程中发挥重要作用。例如，欧盟于2018年提出"气候中和"的愿景，并于2020年推出落实该愿景的"绿色协议"全方位政策框架，其中绿色债券将在其融资计划中发挥重要作用。欧盟委员会设定了通过绿色债券筹集7 500亿欧元资金的目标，这一目标的重要性和紧迫性正在推动欧盟将制定绿色债券标准列为其2021年的主要立法举措之一。

从国内来看，创新、协调、绿色、开放、共享五大发展理念的重要性近年来日益凸显，习近平总书记在第二届"一带一路"国际合作高峰论坛上指出，要致力于加强国际发展合作，为发展中国家营造更多发展机遇和空间，帮助它们摆脱贫困，实现可持续发展。2020年以来，新冠肺炎疫情在全球范围内的蔓延暴露了各国在环境与社会层面的脆弱性和不平等现象，将可持续发展和实现17个全球公认目标的必要性和重要性更加迫切地摆在人们面前。全球公共卫生治理体系和基础设施需要史无前例的资本注入，我国在世界卫生组织大会上率先宣布两年内提供20亿美元国际援助以推进全球抗疫合作和支持经济恢复发展。与此同时，新冠肺炎疫情之后的全球经济重建也给各国提供了一个以绿色、安全和更具韧性的方式重塑经济的机会，"绿色转型、低碳复苏"成为关键词，其所需的可持续资金规模大，持续时间长。可持续债券市场作为中长期融资工具，在融资期限和融资成本方面的综合优势使其在经济发展中发挥关键作用，尤其是在可再生能源、智能住房、公共交通等中长期投资领域。

二、可持续发展主题债券成为各方的利益关切点

关于在世界范围内实现"2030年议程"所需资金的量化标准，是随着国际经济和社会形势的变化而动态演进的。根据联合国贸易和发展会议（United Nations Conference on Trade and Development，UNCTAD）2014年的测算，每年需要5万亿~7万亿美元的投资，其中发展中国家需要3.3万亿~4.5万亿美元。而现实情况是，许多国家缺乏足够的资金和融资手段，全球每年的可持续资金缺口高达2.5万亿~3万亿美元。[1]

不仅如此，这一缺口在新冠肺炎疫情爆发后还进一步增长，特别是在新兴经济体内部，因为这些国家在新冠肺炎疫情蔓延后至少流失了900亿美元的国际资本[2]，日益扩大的融资缺口将限制新兴经济体提振经济和保护弱势群体的能力。无论是疫情前还是疫情后，实现2030年前全球可持续发展目标和弥补其融资缺口都需要动员大规模的公共和私人资本，而债券市场是当前很多国家资金融通的主要市场。其中私营部门债券是全球资本中存量最大的部分，也是增长最快的部分，在全球范围内为各企业提供了大约1/3的总融资。[3]但是，在可持续融资方面，债券市场远未发挥类似的作用。可以说，扩大可持续债券市场的融资潜力是巨大的，并将在满足企业实现环境和社会效益方面发挥至关重要的作用。

（一）可持续债券是发行人重要的市场化融资工具

对致力于环境和社会责任的企业来说，可持续债券是银行信贷

---

[1] UNCTAD. World Investment Report 2014—Investing in the SDGs: An Action Plan. Geneva. United Nations Conference on Trade and Development，2014.

[2] United Nations. 60 International Agencies Urge Rapid, Coordinated Response as Pandemic Threatens to Destabilize Poor Countries' Finances. (2020-04-09)[2020-04-10]. https://www.un.org/development/desa/en/news/financing/2020-fsdr.html.

[3] Ma Jun, Kaminker Christopher, Kidney Sean & Pfaff Nicholas. Green Bonds: Country Experiences. G20 Green Finance Study Group, 2016.

融资以外重要的融资工具。在传统的债务融资领域，可持续项目、资产和业务活动并不具备明显的融资吸引力，大量绿色和社会项目相对较长的投资回报周期反而推升了企业的融资难度和融资成本。在许多发展中国家，银行提供长期可持续贷款的能力比较有限，较短的债务期限给企业增加了额外的再融资风险。开放的可持续债券市场将帮助企业获得额外的融资来源，这不仅意味着更加广泛的国内投资者基础，也意味着国际资本的"引进来"。

广泛的国际国内投资者基础可以促进可持续债券市场化定价，结合一些国家在发行利率、融资担保等方面的激励措施，为发行人提供更具成本优势的资金来源。

企业在进行可持续债券融资的同时，也可以向潜在投资者展示企业战略、目标和管理质量等软实力，由此带来的市场声誉资本将进一步使企业在银行绿色贷款、股权融资、市场营销、政府政策激励等其他渠道和领域广泛受益。

（二）可持续债券是投资者履行社会责任和获得可观回报的渠道

随着全球范围内自然灾害、疾病、污染等问题对目标企业项目、资产和供应链的影响越来越大，越来越多的投资者意识到，环境和社会可持续发展与经济可持续性休戚与共，将环境、社会和可持续理念剥离投资目标存在现实风险。反过来，将环境、社会和可持续因素整合进投资决策中，既履行了社会责任，也顺应了新的风险管理需要，为其投资回报率和投资可持续性带来保障，这构成了投资者，特别是大型机构投资者转向可持续发展债券的根本动力。

由于绿色和社会责任债券相关扶持政策的持续丰富和完善，投资者意识到与其他项目相比，可持续债券在债券固有收益的基础上也享有可观的附加收益，包括社会声誉和影响力资本等。

随着各国政策制定者相继对低碳和可持续发展议程做出承诺，一些新兴经济体的可持续债券市场机制正在日益完善，并且与国际可持续债券市场在标准制定方面日趋一致。新兴经济体可持续债券市场的吸引力不断上升，成为国际投资者资产配置多样化、分散化的选择。

（三）可持续债券有助于政府部门引导私人资本推进经济转型

对世界范围内 31 个低收入国家和 51 个中低收入国家而言，可持续发展目标（sustainable development goals，SDG，即"2030 年议程"提出的 17 个发展目标）的资金缺口每年为 1.4 万亿～3 万亿美元。① 在这些国家中，绝大多数缺乏公共资金和国际资本市场准入，出于对改善公共服务、改善脆弱群体生存和发展状况的迫切需要，发展可持续债券市场并由此引入国际资本是政府撬动私人资本最有希望的领域之一。

同时，可持续债券市场的发展过程也是实体经济向低碳经济优化和转型的过程。通过发展和开放可持续债券市场，政府能够以一种高度市场化的方式，引导交通、能源、消费等关键经济领域商业模式的优化和转型，并撬动国际资本支持可持续目标相关产业发展。在可预见的未来，可持续债券融资将成为政府推行环境和社会政策、推动共同富裕的重要金融工具，成为社会企业融资的有益补充。

（四）多边开发机构依赖可持续融资工具

可持续债券市场是多边开发机构、国际金融组织引导和撬动私人资本，填补国际发展资金缺口的重要直接融资渠道。无论是通过多边机构自身在可持续债券市场中进行直接融资，还是动员私人资本联合公共或官方发展援助进行混合融资，可持续债券都可以扩大可持续发展融资规模，满足可持续发展目标核心工作的资金需求，同时通过市场化机制的监督、评估和检验，保障资金效率的最大化，以及环境和社会效益的可持续性。

三、可持续融资推动"一带一路"项目的可持续发展

大多数发展中国家都处在"一带一路"沿线，在过去经济优先

---

① Fajans-Turner Vanessa. Filling the Finance Gap.（2019 - 06 - 19）[2020 - 03 - 21]. https://www.sustainablegoals.org.uk/filling-the-finance-gap/.

的发展模式下，这些国家内部大量的基础设施、经济区建设项目都面临生态环境污染、社区矛盾等问题。如果"一带一路"项目继续延续传统的开发理念，难免陷入类似的环境和社会困境。"一带一路"倡议不仅肩负着促进区域设施与贸易联通、带动沿线国家经济发展的使命，也要成为加深沿线国家政策交流、实现区域民心相通的纽带，这对"一带一路"倡议在民生、环境、社区发展领域的可持续性提出了更高的要求。"一带一路"项目的可持续发展，亟须以可持续金融为制度性抓手，从融资端注入可持续发展理念和标准，以金融服务引导"一带一路"参与主体加大对医疗保健、清洁用水等基础民生设施的投入，加速绿色技术变革和绿色经济转型，提升"一带一路"沿线国家的可持续治理能力，更要在这个过程中提升我国的国际形象，扩大共建"一带一路"的国际影响。

我国生态环境部联合外交部、国家发展改革委和商务部在2017年共同发布《关于推进绿色"一带一路"建设的指导意见》，确定了用5~10年时间建成较为完善的"一带一路"生态环保服务、支撑和保障体系的目标。在具有高度环境和社会脆弱性的"一带一路"沿线地区，绿色"一带一路"建设将有效地应对气候变化、自然灾害等负面冲击，对保障地区可持续发展至关重要。绿色"一带一路"建设需要全方位、可持续的金融服务，可持续债券将是其中的重要一环。

其一，可持续债券市场可以为"一带一路"沿线国家的可持续发展项目提供低成本、稳定和长期的发展资金。新冠肺炎疫情的爆发凸显了低收入国家内部在获得医疗保健、清洁水等方面的明显短板和相应的基础设施建设需求，亟须大量长期资本的投入。债券市场自身具有资金量大、投资周期长的优势，发展可持续债券市场可以通过引入大量国际责任投资者群体，进一步放大债券融资的优势。通过延长融资期限和降低融资成本提高项目的可持续性，成为"一带一路"倡议下养老金体制构建、清洁水设施建设、清洁能源开发等可持续项目的重要融资渠道。

其二，可持续债券可以通过市场化资本鼓励国内绿色企业加速技术变革，为"一带一路"建设创造正外部性和溢出效应。例如，可持续债券能够引导大量市场化投资涌向绿色能源技术，推动清洁能源成本快速下降。随着中国可持续债券市场的发展和开放，流向绿色能源的投资可带来国内的技术进步和成本下降，并通过"一带一路"投资的技术外溢效应使沿线国家受益。通过可持续债券市场培育、壮大绿色技术创新主体，可加速绿色产业应用与升级，并将其提供给参与"一带一路"建设的经济体。可持续债券市场的发展与扩大将为"一带一路"沿线国家可持续产业的发展升级注入活力。

第二节 国际可持续债券市场的发展

一、国际绿色债券的发展

国际可持续债券最早起步于2007年的全球首只绿色债券，这是由欧洲投资银行发行的8.07亿美元气候意识债券。随后，国际金融危机使绿色债券发展步伐放缓。2007—2012年绿色债券市场保持平稳发展，大部分绿色债券由国际多边开发机构发行，少部分由国家开发银行和地方政府发行。

经过一段时间的经验积累和制度性准备，并伴随着全球经济的复苏和活跃，绿色债券在2013年步入全新的高速发展阶段。绿色债券的发行量激增，2013年绿色债券发行额高达114.42亿美元，同比增长476.4%[1]，法国农业信贷银行成为首家发行绿色债券的商业银行。此后几年，绿色债券保持高速增长的态势。2013—2014年的发行总额占绿色债券历史存量的80%，而2015年的发行额再创新高，

---

[1] 高清霞，蒋林益. 国外绿色债券发展状况及其对我国的启示. 环境与可持续发展，2019（6）：114-119.

接近 2013 年和 2014 年的发行量之和。2016 年，中国债券市场发行规模实现爆发式增长，成为全球领先的绿色债券发行市场。

同一时期，国际绿色债券的参与主体逐步实现多元化，新的债券品种也陆续出现。发行人方面，更多私营部门加入绿色债券的发行人行列，丰田公司在 2014 发行了第一只 17.5 亿美元的 ABS 绿色债券。随着市场上绿色公司债主体的增多，债券评级等级开始下降，Abengoa Greenfield SA 公司（标普级别为 B）开始将高收益绿色债券引入市场。2015 年，绿色公司债券从公用事业和房地产领域扩展至垃圾处理和交通运输领域。伦敦交通公司在伦交所发行了 4 亿英镑的绿色债券。苹果公司在 2016 年发行了第一只科技公司绿色债券，将绿色公司债券进一步应用至基础设施领域之外。伴随着绿色债券的发展，市场上出现了多个绿色债券指数，成为绿色债券投资者的重要参考。投资者方面，绿色债券的投资者从最初的养老基金、主权财富基金、中央银行等公共机构投资者，拓展至资产管理机构、保险公司、跨国公司等私营机构投资者。

二、国际社会责任债券与可持续债券的发展

在绿色债券逐步发展的同时，社会责任债券等其他可持续发展主题债券在 2008—2011 年也经历了温和增长。在这一时期，社会责任债券仅由公共部门发行，但是理论上私营部门也具备发行资格。首只社会责任债券由社会金融公司在 2010 年发行。英国彼得伯勒监狱在 2011 年发行了社会责任债券，从 17 个投资者筹集了 500 万英镑，用以资助一个降低短期囚犯再犯罪率的试点项目。

2012—2015 年，可持续债券的发展开始加速，2012 年实现 173.8% 的同比增速，随后 3 年保持 60%～95% 的同比增速水平。[①]
2016 年，国际资本市场协会（International Capital Market Associa-

---

① ICMA. Introduction to Green and Social Markets. Zarich：ICMA，2018.

tion，ICMA）发布社会责任债券指引，标志着社会责任债券和可持续债券进入全面发展阶段。ICMA 的社会责任债券原则（Social Bond Principles，SBP）和可持续债券原则（Green Bond Principles，GBP）于 2017 年发布。国际金融公司（International Finance Corporation，IFC）也于 2017 年启动社会责任债券计划，这项计划为债券投资者提供了在享有 IFC AAA 级发行人信用保证的基础上，将资金分配至具有可持续发展效益项目的机会。此举实现了国际开发机构与私人资本在实现可持续发展目标领域的联动与合作，具有全球范围内的可复制性和参考价值，对探索可持续债券市场服务新模式、深化可持续债券市场开放具有重大意义。截至 2019 年 6 月 30 日，IFC 累计发行 28 只社会责任债券，发行额达到 1.46 亿美元，实现美元、澳大利亚元、日元、巴西雷亚尔、墨西哥比索等 8 个币种的多元化发行。[①] 在 ICMA 债券原则的指导下，东盟于 2018 年发布东盟社会责任债券和可持续债券标准，首次将社会责任债券和可持续债券实践引入东盟债券市场。可持续债券在 2019 年取得新的突破，首只与 SDG 挂钩的可持续债券由意大利能源生产商埃奈尔发行。

截至 2019 年 12 月 31 日，全球绿色债券发行总额达到 2 549 亿美元，比 2018 年的 1 711 亿美元同比增长 49%。其中，气候债券认证规模创下 393 亿美元的新增量，反映出发行人数量和活跃度的不断提高，累计气候债券认证规模在 2019 年 12 月突破 1 000 亿美元。社会责任债券发行额在 2019 年也有所增长，但与绿色债券仍存在较大差距，新增发行额 200 亿美元，发行总额同比增长 41%。[②] 随着自然灾害、疾病等全球性问题对经济的冲击日益增强，巨灾债券、

---

① IFC. Social Bonds.（2019-06-30）[2020-03-22]. https://www.ifc.org/wps/wcm/connect/corp_ext_content/ifc_external_corporate_site/about+ifc_new/investor+relations/ir-products/socialbonds.

② Climate Bonds Initiative. 2019 Green Bond Market Summary. London：Climate Bonds Initiative，2020.

社会责任债券等已有券种将得到全球范围内投资者更大的关注和认可。对可持续发展的重视也将推动金融体系内的债券品种创新，推动可持续债券成为政府、企业等利益相关方管理全球性问题带来的经济、政治和社会长期性风险的重要手段之一。

近年来，以可持续发展挂钩债券（sustainability-linked bond，SLB）为代表的创新型债券品种正在经历快速的市场增长，由于SLB允许企业为一般目的筹集资金，打破了近年来大多数可持续相关债券与特定项目绑定的限制，使可持续债券市场可以覆盖更多的债券发行人，从而实现可持续债券发行品种、数量和规模的全面提升。

三、国际规则和标准的发展

在全球范围内，可持续债券市场以自愿性原则和标准，以及部分市场（中国、印度、法国等）中的规则和法规为基础。其核心主要是由ICMA执行委员会制定的绿色债券原则、社会责任债券原则两套认定标准，它们是由主要市场参与者在ICMA协调下制定的自愿性准则。[1] 气候债券倡议组织的气候债券标准（Climate Bonds Standard，CBS），包括联合国开发计划署可持续债券指引在内的多边发展机构及政府工作对此进行了有益的补充。2017年，东盟国家发布东盟国家绿色债券标准，随后日本、印度等地区纷纷推出相关指引或标准。值得关注的是，各国标准的发布过程也是一个与GBP、SBP、CBS等国际标准不断相互适应和共同完善的过程。2020年，ICMA推出的可持续发展挂钩债券原则（Sustainability-Linked Bond Principles，SLBP）是可持续债券市场再次迈出的重要一步，该原则的推广将进一步扩大私人资本对可持续发展相关活动的覆盖范围，

---

[1] Ma Jun, Kaminker Christopher, Kidney Sean, & Pfaff Nicholas. Green Bonds Country Experiences. G20 Green Finance Study Group, 2016.

激发市场主体和主要经济部门可持续转型的动力。

可持续发展的全球公共属性赋予可持续债券市场天然的开放性和吸引力，高度统一的国际核心标准不仅为我国可持续债券制度框架提供了有益的指引，也为我国可持续债券市场面向国际投资者的开放提供了包容性的制度基础。

（一）ICMA 倡导的 GBP

GBP 自 2014 年 1 月启动，最新版本更新于 2018 年 6 月。GBP 是一套自愿性流程指引，通过明确绿色债券的发行方法提高信息透明度和披露水平，提高绿色债券市场发展中的互信程度。GBP 可供市场广泛使用，为发行人发行可信绿色债券所涉及的关键要素提供指引；促进必要信息的披露，协助投资者评估绿色债券投资对环境产生的积极影响；建立标准披露规范，帮助承销商促成交易。

GBP 为发行人规划了清晰的债券发行流程和信息披露框架，投资者、银行、承销商、销售机构及其他各方均可据此了解任一绿色债券的特点。GBP 强调发行人向利益相关方披露和报告的信息必须透明、准确、真实。

GBP 的四大核心要素包括募集资金用途、项目评估和遴选流程、募集资金管理、报告。

作为绿色债券的基石，债券募集资金应当用于绿色项目，这一点应在债券发行文件中进行合理描述。所有提名的绿色项目应具有明确的环境可持续效益，发行人应对其进行评估，并在可行的情况下进行量化评估。

GBP 阐明了合格绿色项目的几大类别，有助于实现改善环境的目标，如气候变化缓冲、气候变化适应、自然资源保护、生物多样性保护和污染防治等。

GBP 并不判定哪种绿色科技、标准或声明具有最佳环境可持续发展效益。值得注意的是，目前有若干国际和区域性组织制定了绿色项目分类标准，并提供了不同标准的对应关系。此举有助于绿色债券发行人更深入地理解何种绿色项目可被投资者接受。绿色项目的定义也可能因国家和地区的不同而有所差异。

(二) ICMA 倡导的 SBP

SBP 是通过明确社会责任债券发行方式提高市场透明度和信息披露质量，提高社会责任债券市场发展中的互信水平的自愿性流程指引。SBP 可供市场广泛使用，为发行人在发行可信的社会责任债券过程中的关键要素提供指引；帮助投资者便利地获得评估社会责任债券投资正面影响的必要信息；帮助承销商通过披露市场关心的信息促成交易。

SBP 为发行人规划了清晰的债券发行流程和信息披露框架，投资者、银行、承销商、销售机构及其他各方均可据此了解任一社会责任债券的特点。SBP 强调发行人向利益相关方披露和报告的信息的透明度、准确性和真实性。

SBP 的四大核心要素包括募集资金用途、项目评估和遴选流程、募集资金管理、报告。

社会责任债券概念的核心是将发债募集资金全部用于社会效益项目，这一点应当在债券发行文件中明确约定。发行人需对所有的社会责任项目进行清晰的评估，并在可行的情况下进行量化评估。

社会责任项目的直接目的在于帮助特定目标人群（但不限于目标人群）解决或缓解特定社会问题，以及/或者追求积极的社会效应。为免疑问，普遍认为目标人群可因各地环境的不同而具有不同的定义，在某些情况下目标人群也可能会被视为一般大众。社会责任项目的类别包括但不限于提供可负担的基础生活设施、基本服务需求、可负担的住宅、创造就业机会、食品安全等，还包含其他相关的和支持性的支出（如研发费用），并可能与多个类型有关。

(三) 气候债券倡议组织倡导的 CBS

CBS 并不是一项财务标准，而是包含一整套监督、报告和鉴证债券是否符合该标准的框架，旨在提供扩大绿色债券市场所需的信心和保证。激活主流债务市场来为应对气候变化相关项目提供融资和再融资，是实现国际应对气候变化目标的重要举措。CBS 最早于 2011 年年底发布，截至 2015 年 8 月被用于 5 只债券的认证。依据这一雏形，CBS 2.0 版本于 2015 年 11 月发布。

CBS 为评判债券的绿色资质提供了明确的标准，采用可靠的手段确保债券募集资金投向合格的项目和资产，以实现低碳和气候适应型经济。具体而言，合格的项目和资产包括发展低碳行业、减少温室气体排放、避免危险的气候变化，以及提升对气候变化的适应性。

CBS 及其认证机制迈出了从广义的诚信原则到可信的、有效的认证系统的重要一步。其主要特点包括：①明确的强制性要求（募集资金用途、追踪、报告）；②针对低碳和气候适应项目和资产的行业标准；③鉴证框架、独立的核查机构和明确的核查流程；④独立的 CBS 委员会所批准的认证。

CBS 下的债券认证能够让投资者、政府和其他利益相关者优先考虑低碳和气候适应项目的投资，并对其资金能够实现低碳和气候适应型经济具备信心。对投资者而言，认证机制是一种对气候债券进行标识的筛选工具，投资者无须再对债券的绿色资质进行主观判断或进行昂贵的尽职调查。

对债券发行人而言，认证机制本着自愿使用的原则，让发行人能向市场证实其债券满足绿色行业标准及募集资金管理和透明度方面的标准。2019 年 12 月，气候债券倡议组织发布 CBS 3.0 版本，加强了信息披露和绿色的定义，并确保与最新的欧盟绿色债券标准、绿色债券原则、绿色贷款原则及最新的市场发展方向相适应。CBS 3.0 版本规定了寻求债券、贷款或其他债务工具证明的发行人必须满足的要求。

（四）ICMA 倡导的 SLBP

SLBP 是指将债券条款与发行人的可持续发展目标挂钩的债务融资工具。挂钩目标包括关键绩效指标和可持续发展绩效目标。其中，关键绩效指标是指对发行人运营有核心作用的可持续发展业绩指标，可持续发展绩效目标是对关键绩效指标的量化评估目标，并需明确达成时限。第三方机构对相关指标进行验证，如果关键绩效指标在上述时限未达到（或达到）预定的可持续发展绩效目标，将触发债券条款的调整。同时，挂钩目标与被挂钩的债券条款设置原则上不允许变更，并且应在募集说明书中披露，如在存续期间确因宏观经济、政策环境及发行人发生重大变化等导致挂钩目标或被挂钩的债券条款需变动的，应对措施包括但不限于召开持有人会议、第三方机构出具专项报告等。

为促进资本市场蓬勃发展并鼓励其对可持续发展发挥推动作用，诚信和信誉至关重要。SLBP 在债券的结构特征、信息披露和报告等方面提供了指导原则。

SLBP 的五大核心要素包括关键绩效指标的遴选、可持续发展绩效目标的校验、债券特性、报告、验证。

SLBP 建议发行人公开披露其选择关键绩效指标的依据（如指标相关性、重要性）、可持续发展绩效目标的动机（即在可持续发展方面的规划决心、与其总体战略计划及基准标杆的一致性）、债券在财务和/或结构特征上可能的变化、导致该变化的触发事件、预期的债券存续期报告和独立验证，以及发行人是否遵循 SLBP 的整体声明。

第三节　中国可持续债券市场：在开放中发展

自联合国提出"2030 年议程"以来，我国政府一直采用各种政策工具支持 SDG。从近年来国家领导人多次在重要场合对"2030 年议程"的强调和承诺中可以看出，注重可持续、平衡和包容性的高质量经济发展已经成为共识和目标。《中华人民共和国国民经济和社会发展第十四个五年规划和 2035 年远景目标纲要》强调要"落实联合国 2030 年可持续发展议程"。实际上,我国在促进可持续发展目标、鼓励投融资创新方面已经进行一些有益探索。随着我国债券市场的深化改革和扩大开放,我国完全可以在促进可持续发展目标、鼓励投融资创新、探索相关领域国际标准和最佳实践方面贡献中国智慧。

一、从绿色债券到可持续发展债券

我国债券市场的可持续创新起步较晚,但近年来发展迅速。在绿色债券方面,我国借鉴国际经验,从 2015 年开始构建绿色债券规则体系,《绿色债券支持项目目录(2015 年版)》确定了绿色产业项目的定义和界定条件。该目录也是后续上海证券交易所绿色债券产业范围的认定依据和中国证监会《关于支持绿色债券发展的指导意见》所采纳的产业项目范围。中国人民银行和国家发展改革委 2015 年先后发布了《关于在银行间债券市场发行绿色金融债券有关事宜的公告》和《绿色债券发行指引》,为绿色债券进行顶层设计,使我国成为全球首个建立系统性绿色金融政策框架的国家。2016—2018 年我国绿色债券发行规模连创新高,2019 年的发行规模达到 3 862 亿元。[①] 2019 年 3 月,国家发展改革委等七部委印发《绿色产业指导目录(2019 年版)》。现阶段,我国已经形成完整的绿色债券产业目录和发行规则,并在逐步探索绿色评估自律管理机制,如何进一步发展绿色投资者是我国绿色债券市场下一步发展壮大的关键。

此外,我国在社会发展领域进行了广泛的债券创新和探索,截至 2019 年 6 月底,我国金融机构发行三农金融债券存量规模达到 15 965 亿元,小微企业专项金融债存量为 5 811 亿元。此外,交易商

---

① Climate Bonds Initiative. 2019 Green Bond Market Summary. London: Climate Bond Initiative, 2020.

协会还创新推出了包括扶贫票据、疫情防控债、乡村振兴债等在内的债券品种，并于 2021 年 4 月推出了与国际标准接轨的 SLB。尽管如此，我国债券市场的社会责任债券、可持续发展债券仍有待获得国际认可，同时也有待进一步培育具备可持续发展理念的投资者群体。

二、绿色债券市场的特点：主流化、多元化与国际化

（一）绿色债券在绿色金融体系中占据重要位置

随着 2013 年生态文明建设被纳入"五位一体"总体布局，我国在绿色低碳循环发展领域的投资需求高速增长，每年需要投入 GDP 3％的资金规模发展绿色产业。如此大规模的资金需求迫切地需要包括可持续债券在内的融资创新工具的支持。自中国人民银行和国家发展改革委于 2015 年发布绿色债券相关指引以来，绿色债券的发行量在几年间迅速上升，2016 年发行量跃居全球第一。随后几年，我国债券市场不断进行发行方式和发行品种的创新，发行量稳定上升，2019 年位列全球第二，与美国、法国合计占全球债券发行总额的 44％。绿色债券已经成为其他绿色金融工具的重要补充，与绿色信贷形成有机配合，在推动我国生态文明建设和绿色发展的金融支持体系中呈现出一定的主流趋势。

（二）市场参与主体更加多元

我国绿色债券市场格局正在由金融债的一枝独秀逐渐转向非金融企业债务融资工具、公司债、企业债、资产支持证券等广泛参与的多元共建。绿色金融债在 2019 年之前一直是我国绿色债券市场的绝对主力，随着更多实体企业的积极参与，非金融企业贴标绿色债券发行规模在 2019 年首次超过金融企业。其中，绿色公司债发行规模为 605.77 亿元，同比增长 59.20％；绿色企业债发行规模为 483.1

亿元，同比增长126.06%（见图5-1）。①

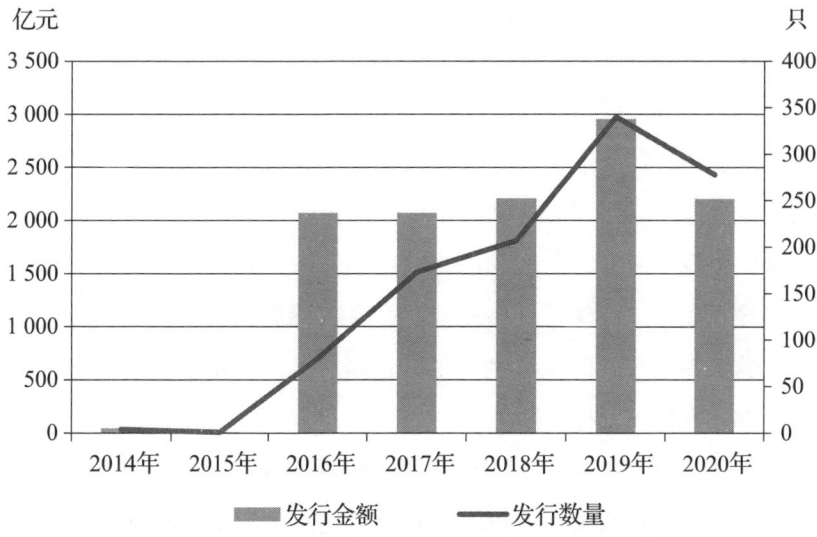

图 5-1 我国绿色债券市场发行情况
资料来源：Wind。

（三）投资者群体迈向国际化

随着债券市场开放环境下国际投资者基础不断夯实，国家开发银行于2019年11月发行了首只可持续发展专题"债券通"金融债券，成为中资机构面向全球投资者发行可持续债券的市场里程碑。同期，中资机构赴海外市场发行绿色"一带一路"债券已经实现"一带一路"沿线10多个国家和地区的共同承销，成为国际绿色债券标准和中国绿色债券标准互信互认的成功范例。这标志着"一带一路"银行间绿色债券常态化合作机制的落地，并将推动我国可持续债券向海外市场的开放性发展。

---

① 我国绿色债券按照发行主体不同，大体可分为由政策性银行或商业银行发行的绿色金融债，由非金融企业发行的绿色公司债、绿色企业债、绿色债务融资工具，由地方政府发行的绿色市政债券等。2019年，金融债、公司债、企业债这三类债券规模占比最大，在绿色债券市场上的占比分别为29%、21%和17%。

三、以债券市场国际化支持可持续融资创新

我国债券市场经过近40年的发展，已具备一定的通过债券市场支持 SDG 融资创新的客观基础。首先，我国债券市场近年来快速发展，融资工具日益丰富，对可持续发展相关重要产业和领域已有覆盖。经过近40年尤其是2005年以来的高速发展，我国债券市场已成为世界最具深度、广度和活力的市场之一。我国债券市场已形成涵盖普通债券、特殊目的用途债券、含权债券、永续债券、资产支持证券等各类产品的完整融资工具谱系，可以适用于政府、金融机构、企业等各类发行主体。

其次，我国债券市场具有可持续发展意识的发行人和投资者群体日渐成熟。党的十八大以来，党中央高度重视实现经济和社会的可持续发展，在监管机构和自律组织的引领、推动下，债券市场上不断涌现出探索与可持续发展相关的创新的发行人、投资者、律师、会计师和评级等专业机构。在发行人方面，金融机构在扩大相关融资规模、创新交易结构、克服市场难点方面发挥了引领作用。截至2020年9月末，市场上353家发行机构发行了超过812只绿色债券；666家发行人发行了超过1 900只扶贫、纾困、农发、三农、铁道部、新基建、"一带一路"和小微企业债券，在疫情防控、文化教育等领域都有创新型发行人涌现。

在投资者方面，随着我国投资者的可持续投资意识持续增强，ESG 投资理念逐渐趋于主流。有了这样的市场环境，ESG 产品、指数和评分工具近年来在国内相继落地。其中，中证可持续发展100指数在2019年11月正式发布，标志着我国在可持续发展金融领域再进一步；国内首只可持续发展主题投资交易型开放式指数基金产品——博时中证可持续发展100指数 ETF 于2019年12月正式发布；2020年7月，嘉实基金与万德联手发布嘉实 ESG 评分体系，成为国内首个资产管理机构发布的 ESG 评分体系。ESG 创新特别需要

具有可持续发展意识的中长期投资者,即债券市场的耐心资本,我国债券市场有望成为耐心资本的重要供给方,同时也将成为国际耐心资本的重要目的地市场。

最后,我国债券市场近年来打破刚兑,完善信息披露制度和投资者保护机制,切实推动违约处置制度建设,为债券市场进一步创新发展夯实了法律基础和监管框架。尤其是党中央从顶层推动相关司法改革,推动修订《中华人民共和国企业破产法》,设立金融法院,为债券市场的长远发展奠定了基础。完善的法律基础和监管框架有利于市场参与者形成长期的稳定预期,也有利于降低市场主体的交易成本,让他们更有意愿参与中长期的耐心投资,也更易于接受社会效益和经济回报之间的平衡。此外,可持续发展融资创新也需要与之相适应的交易环境,包括市场本身拥有丰富的创新交易结构、完善的定价机制和收益率曲线、成熟的衍生品市场和回购市场等配套市场建设,不断增强的市场信息透明化和可得性。在这些方面,我国债券市场并非十分完善,但是近年来监管机构日益重视,相关领域保持不断发展成熟的良好势头。

第四节　我国可持续债券市场国际化过程中的问题

自 2015 年以来,我国在促进可持续发展、推动投融资体制创新方面进行了一些有益的探索。但是,我国绿色金融的定义和实践与"2030 年议程"仍存在不衔接之处,只强调了对环境保护和气候变化的投资,忽视了作为实现可持续发展的必要前提和重要内容的社会问题的解决。这些问题的长期解决不能仅依靠财政拨款,还需要动员社会力量和民间资本。但是,如何实现资本的逐利性与可持续发展目标的公共性的兼容,是可持续发展投融资需要克服的障碍。近年来 ESG 因素逐渐被纳入投资机构的考量范围,但成效有限。因此，要动员大量资金投入可持续发展领域，必须在金融市场找到一条"义利兼顾"的路径，其中一个解决思路是开发出兼顾社会环境目标和资本盈利目标的金融工具和商业模式。近年来出现的影响力债券、可持续债券等金融实践正是对利用创新型债务工具推动实现"2030 年议程"进行的有益探索。与此同时，必须认识到，我国可持续债券的发展和开放确实存在一些现实问题亟待解决。

一、可持续实践与金融实践存在标准和逻辑差异

联合国制定的 17 个可持续发展目标覆盖范围比较宽泛，难以与金融市场已有的行业划分和投资逻辑直接对应。从支持可持续发展债务工具的生态设计角度，可以将行业梳理、影响力评估做得全面一些。但具体到每个国家落地时，还需要根据各个国家所处发展阶段及其迫切需要发展的领域，充分考虑当地金融市场的投融资偏好，选取重点行业、领域，循序渐进地推动创新。相关影响力标准也应根据市场实践不断调整完善，并充分反映各个市场的差异。

二、市场主体激励机制问题

要实现可持续发展融资的市场化发展，核心是解决市场主体激励机制的问题，否则难以形成规模。欧洲绿色债券市场的重要成功经验是形成了绿色投资者群体，使绿色发行人可以获得更广泛的投资者群体，并且在某些发行中有可能形成价格优势。激励机制主要包括价格激励、税收激励、声誉激励、政策激励、效率激励、交易成本激励等。其中，声誉激励和政策激励在市场发展初期可以起到一定的引导作用。在一些市场上，还经常采用绿色通道等方式提高具有特殊社会效益证券的发行效率。提高信息披露和评估认证有效性，降低追求社会效益的投资者的交易成本，也是今后值得重点研究的一个方向。

三、如何在国内外市场上破局的问题

在探索一种可持续发展融资创新工具的初始阶段，必然面临如何在市场上破局的问题。必须由意愿和市场影响力都较强的市场引领机构率先在市场上持续发行，形成一定规模，带动其他机构进入。从国际经验看，国际开发机构、政策性金融机构和银行往往发挥着重要作用。例如，2007 年，欧洲投资银行首先发行绿色债券，随后世界银行、国际金融公司等积极参与，有力地带动了绿色债券市场发展。同时，我国可持续债券市场要不断壮大并实现进一步开放，不仅要引入国际政策性金融机构以提升我国可持续债券市场对国际机构投资者的透明度和吸引力，也要鼓励本土大型金融机构走向海外绿色债券市场，通过市场化实践和声誉资本积累，培育更广泛的全球负责任投资者基础。

四、提高国内外认证互信程度的问题

一个开放的可持续债券市场要求国内政策框架与国际主流标准的兼容和接轨，这是两者相互适应和调整的过程，特别是在信息披露和核心要素说明方面。披露和报告信息的透明度、准确性、真实性是提升国际投资者市场信心的保证，核心原则的相互适应是推动与国际标准互信互认的基础。在双边合作中可以采用互相接受的、标准化的可持续债券目录和标准清单，国际各方的广泛参与和共建对形成可信的、有效的、兼容的互认系统是必要的。我国企业在境外市场发行可持续债券的最佳实践案例也可以成为国内外交流和探索的有效经验基础。

五、找准国际化路径的问题

可持续发展目标首先要解决的是发展中国家发展的问题，这是全球发展不平衡、不可持续的根源，这就决定了可持续债券市场

在发展中国家之间的协同发展和互联互通必须找到适当的市场开放路径，必须借助促进发展中国家发展的重大金融倡议。"一带一路"作为当前覆盖发展中国家范围最广、互联互通力度最大的发展倡议，为发展中国家的金融创新与合作提供了重要机遇。习近平总书记在第二届"一带一路"国际合作高峰论坛上提出要发展丝路主题债券，这不仅有利于为"一带一路"沿线国家的发展合作提供融资，也将为发展中国家探索可持续发展债券融资创新提供重要支持。

第五节　可持续债券市场展望

新冠肺炎疫情可以说是 21 世纪的第一场全球范围的持续性危机，它必将加快政府和金融部门应对长期可持续性风险的行动。此次危机首先是一场人道主义危机，它对世界上最贫穷和最脆弱的群体造成的影响尤其严重，在这点上，它将对扶贫纾困和小微企业等领域的债券工具提出更高的要求。当越来越多的政府和投资者认识到这一点，以及随着世界范围内对不平等和不公正现象的抗议和关注度不断上升，ESG 治理因素在债券市场的实际交易中将越来越重要，并直接影响发行人的融资成本，未来几年将成为可持续债券金融工具创新和快速发展的机会窗口期。与此同时，可持续债券发行准则和规范作为这个市场的基础，也将在政府的高度重视下以较快的速度不断成熟和完善，帮助债券融资成为弥补 SDG 融资缺口的重要解决方案。

一、展望全球：先于政策的市场创新

联合国和经济合作与发展组织的大量报告已经指出，2030 年前全球范围内每年需要花费至少 7 万亿美元才能实现气候和发展目标[①]，2020 年年初新冠肺炎疫情在全球范围内的爆发进一步提高了各国政府应对自然灾害与疾病、气候变化等全球性问题的紧迫性。政府和金融部门的高度重视预计将推动可持续金融政策的进一步完善和市场创新，欧盟仍将保持其引领性的理念和制度建设，中国等新兴国家可持续债券市场有望迅速扩张，以大量的市场创新和强劲的需求吸引全球绿色资产流向更多新兴市场，实现可持续债券在全球范围内更加均衡和统一的发展。

随着可持续债券市场制度和实践的不断成熟，2020 年的发行地区、参与主体和发行方式更加多样化，结合新冠肺炎疫情蔓延带来的经济影响，以及后疫情时期各个地区面临的差异化发展问题和重建需求，绿色、社会和可持续发展债券发行额在 2020 年达到 4 730 亿美元，较 2019 年上涨 45%。[②]

到 2030 年，全球在解决绿色、社会和可持续问题上将需要发行大量的债券，随着发行人、投资者对 SDG 和 ESG 理念关注度的持续提高，越来越多的债券市场参与者将优先考虑将 ESG 治理因素及其对可持续发展的影响纳入对业务基本面的考量，这将推动投资者意识、发行人意识和市场环境的根本性转变，加速可持续债券市场的扩容和升级。

在这个过程中，可持续债券市场的结构将逐步完善。不仅如此，发行量的增长还可能会刺激市场进行先于政策的创新。例如，在绿色债券、扶贫债券、小微企业债券、巨灾债券等现有品种以外，出现更多新型可持续议题债券，进一步推动政策框架和市场机制的自我完善，形成市场与政府监管框架相互促进的良性循环，将可持续债券发展在全球范围内推向新的阶段。

---

① The OECD, UN Environment, the World Bank Group. Financing Climate Futures: Rethinking Infrastructure. OECD, 2018.

② Environmental Finance.

二、展望中国债券市场：标准接轨国际，市场互联互通

在落实"2030 年议程"、实现"十四五"规划和 2035 年远景目标、走向共同富裕、"一带一路"建设的过程中，我国可持续债券市场的发展面临广阔的机遇。展望未来，我国债券市场的国际化将推动可持续发展债券标准进一步与国际接轨，并吸引境外机构的参与。

可持续债券的发展和开放需要吸引更多国际投资者和发行人的加入，也需要我国主动与不同的海外可持续债券市场进行合作与协调。跨地域、跨文化的可持续债券认证，要求我国积极地推进可持续债券政策体系与国际标准的求同存异，发展既符合中国国情也能与国际通用原则和标准相兼容的可持续披露要求、认证标准和量化体系。在发行人层面降低国内外发行壁垒和成本；在投资者层面降低国内外信息不对称和道德风险；在监管部门层面强化跨境市场化监督机制。我国绿色债券标准在形成过程中已经与国际标准进行一定程度的自适应，在此基础上，还需要加快与国际绿色标准和目录的互认，一方面引导更多的国际绿色资本流入我国可持续债券市场，促进 SDG 产业的发展，另一方面以更多开放性伙伴关系和常态化可持续债券合作带动更大范围"一带一路"沿线市场的协同发展，在解决全球性问题时发挥更大的影响和作用。

| 第六章 |

登高望远:
全球博弈下的债券市场国际化

当前，国际竞合日益复杂，全球博弈加速演进，金融开放不仅是效率问题，更是话语权问题、安全问题、生存与发展问题。在俄乌冲突中，西方国家合力对俄罗斯实施金融制裁，进一步反映了金融体系不仅仅是服务经济发展的工具，更可能成为制约一国长远发展的利器。如何在债券市场国际化中守住底线思维、立足系统思维，通过加强跨境合作和标准制定，提升自身的话语权和影响力，维护好自身权益，平衡好效率和风险、发展和安全的关系，是金融管理部门需要在更高站位上思考的。

第一节 跨境债券监管合作的得与失

当金融活动囿于一国境内时,金融监管也局限于一国境内。随着金融活动拓展至跨境,跨境监管合作的必要性凸显出来,随之而来的是监管主权让渡与监管有效性的权衡。跨境监管合作的得与失也来源于此:在涉及跨境金融活动的监管行动中,既需要获得他国监管部门的协助,也需要协助他国开展跨境监管,既有责任也有义务;既有监管权力的让渡,也有监管权力的索取。债券市场国际化必然会增加跨境监管合作需求,而与银行业监管合作相比,债券市场跨境监管的合作涉及范围更广。例如,除了涉及信息披露、内幕交易和市场操纵等监管外,还涉及跨境审计监管合作、评级监管合作、跨境联合执法等丰富的内容。

一、跨境金融监管合作的起源与演进

跨境金融监管合作起源于发达国家央行之间的金融合作。第一次世界大战前后,在极力维护国际金本位的过程中,西方国家意识到了国际金融合作的重要性。大萧条期间(1929—1933年),各国重返金本位的共同努力付之东流,各国采取竞争性贬值和以邻为壑的贸易政策,加之第二次世界大战的影响,国际金融体系的混乱状态一直延续到1944年。这一时期,由于跨境金融业务联系尚浅,跨国资本流动不显著,各国之间的金融合作直接涉及金融监管领域的议题很少,但在此过程中,各国央行之间建立了常态化合作机制。此后,各国央行进一步在布雷顿森林体系下加强金融合作,包括加强国际政策协调、防止以邻为壑的政策,通过稳定汇率和限制资本流动减少跨境金融风险扩散,发挥国际组织在金融合作中的重要作用,建立可信

的监督检查和执行机制，建立危机救助机制。

从20世纪70年代开始，受新自由主义思潮和"特里芬难题"①等因素的影响，跨国私人资本流动迅速兴起，各国金融机构的跨境经营活动蓬勃发展。与国际资本跨国流动相伴，跨境风险扩散也暗流涌动。1974年，德国赫斯塔特银行因在外汇市场交易中损失惨重而关闭，英国伦敦银行也因清偿危机倒闭，随后美国富兰克林国民银行因在国际外汇市场投机而破产。它们的倒闭都给其他国家的银行带来了损失，国际银行体系的脆弱性开始显现。货币与金融的发展催生了金融监管，而货币与金融的跨国发展催生了金融监管的国际合作。在这一阶段，八国集团（G8）、巴塞尔委员会、国际证监会组织（International Organization of Securities Commissions, IOSCO）、国际保险监督官协会、反洗钱金融行动特别工作组等国际组织迅速兴起，成为国际金融监管各领域的重要合作平台。尤其是从20世纪80年代开始，证券的跨境发行与交易日益增加，各国证券市场标准不统一和跨境执法的困难也日益突出。在此背景下，1983年，在原有证监会美洲协会的基础上，IOSCO正式成立，其目标是制定和实施国际证券监管标准，以保护投资者和提高市场透明度，加强各国证券监管者的信息交流与执法合作，并在随后推出了证券合作与信息交流的多边合作备忘录。

除了官方部门的合作，ICMA、国际会计准则理事会、国际掉期与衍生工具协会等非官方部门的合作也逐渐兴起。

20世纪60年代欧洲美元债券市场兴起后，为解决不同国家债券监管制度的差异问题，来自不同国家的债券交易商（包括银行和证

---

① "特里芬难题"由美国经济学家罗伯特·特里芬提出，是指美元与黄金挂钩，而其他国家的货币与美元挂钩，美元虽然取得国际核心货币的地位，但是各国为了发展国际贸易，必须用美元作为结算与储备货币，这样就会导致流出美国的货币在海外不断沉淀，美国国际收支发生长期逆差；而美元作为国际货币核心的前提是必须保持币值稳定，这又要求美国必须是一个国际贸易收支长期顺差国。这两个要求互相矛盾，因此是一个悖论。

券公司）于1969年成立国际性自律组织国际债券交易商协会（ICMA的前身）。ICMA为国际债券的发行制定了《一级市场发行手册》等规则和指引文件，并逐渐成为各国市场机构和监管机构对话的平台。随着跨国企业的兴起和跨境并购活动的增多，各国财务报告准则的差异引起了行业重视。

1973年，英国、美国、澳大利亚、加拿大等国家的会计实体联合成立了国际会计标准委员会，并在2001年重组为由私人资本支持的国际组织国际会计准则理事会，其目标是促进国际会计准则的协调一致，减少各国财务报告实践中的差异。

自20世纪70年代以来，场外金融衍生品市场规模迅速扩大，为统一交易标准、建立市场秩序，1985年国际掉期与衍生工具协会正式成立。该协会自成立之日起一直致力于统一场外衍生品市场的行业规则，并于1992年推出了协会主协议，该协议形成的标准目前已成为该行业的国际惯例。

在合作的参与主体范围方面，在跨境监管合作初期，参与合作的主要都是西方发达国家，但随着跨境监管合作必要性的提升，新兴市场国家陆续参与到跨境监管合作中。墨西哥危机爆发后，发达国家意识到，国际金融监管合作不能将发展中国家排除在外。G7（成员包括美国、英国、法国、德国、日本、意大利和加拿大）于1995年就金融监管合作引入"外围国家"达成共识，但一直到1997年仍没有出台具体举措。1997—1998年，亚洲金融危机和俄罗斯主权债务违约爆发，发达国家将新兴市场国家纳入全球金融治理的动力和紧迫性加强。经美国总统克林顿提议，1998年，美国财政部牵头组织了两次G22[①]财政部部长和央行行长会议，议题包括维护国

[①] G22的成员包括美国、法国、德国、意大利、加拿大、日本、俄罗斯、阿根廷、澳大利亚、巴西、中国、中国香港、印度、印度尼西亚、马来西亚、墨西哥、波兰、新加坡、南非、韩国、泰国。会议级别为部长级，主要是财政部部长与央行行长及副手参会。

际金融体系的稳定性和全球资本市场功能的有效性。G22会议代表来自22个发达国家（或地区）和新兴市场国家（或地区）。G22首次正式将国际金融监管合作拓展到新兴市场国家，并提议建立金融部门政策论坛，定期对金融部门的潜在风险进行评估。尽管遭致一些欧洲国家的不满，但G22取得了较好的合作效果。随后G7又成立了G33[①]论坛，就加强金融市场审慎监管、增强新兴市场国家金融体系稳健性、鼓励监管脆弱的国家采用国际标准等问题进行了讨论。G22和G33在1999年开始逐步向G20过渡。

二、证券市场国际化与跨境证券监管合作

自20世纪80年代以来，证券跨境发行和投资已经相当普遍，证券市场呈现出全球一体化的特征和趋势。但是，证券监管仍然以主权国家监管为基础，一国监管机构通常只能在本国主权管辖范围内行使权力，对于非本国公民及发生在国外的行为鞭长莫及。这种市场国际化与监管国别化之间的矛盾，造成各国监管机构对跨境证券活动实施监管时遇到一些困难和挑战。一些市场机构利用跨境监管上的困难，通过设计跨境交易达到逃避监管的目的，干扰市场的正常运行。

（一）信息获取渠道不畅给证券监管行动带来挑战

如果证券投资限于一国境内，本国监管机构获取投资者真实身份、控制人、关联机构、交易委托人、资金来源、交易记录等信息相对容易，在发现可疑交易时可以进行现场调查，或者强制要求投资者提供信息配合调查。但在跨境投资中，监管机构难以获取境外投资者的信息，从而难以监测、调查潜在的违规行为。

境外投资者信息难以获取的原因主要有以下几个。①在海外证券投资中，境外投资机构倾向于委托一家或几家金融机构（如银行、

[①] G33的成员除G22的所有成员外，还增加了比利时、智利、科特迪瓦、埃及、摩洛哥、荷兰、沙特阿拉伯、西班牙、瑞典、瑞士、土耳其。

资产管理机构等）进行投资，国内监管机构只能看到这些代理银行，却很难了解这些交易的真实委托人（即底层投资者）。由于一些国家的银行保密法禁止银行在未得到客户许可的情况下披露客户信息，即使这些金融机构向监管机构披露了客户信息，其真实性也难以核实。②即使境外投资者不通过境外代理银行而以自己的名义进行投资，对于其披露的实际控制人、关联机构、资金来源等信息，境内监管机构也难以核实。③监管机构在发现可疑交易时，难以对境外投资者和境外中介机构进行现场调查，也无法通过国内司法程序强制要求境外投资者提供信息或对其不配合行为予以惩罚。

以上这些挑战导致的结果是，监管机构难以对境外投资者的行为进行监控和调查，由此可能滋生内幕交易和市场操纵。

跨境证券投资中的内幕交易比境内市场上的内幕交易更加隐蔽，更加难以调查。SEC 调查的内幕交易案件中，就有不少是内幕信息知情人利用境外银行作为代理人进行证券交易，并利用外国银行保密法逃避国内监管机构的调查。① 内幕交易多见于股票市场，但债券市场也有可能发生内幕交易问题。例如，市场传闻一家公司可能违约，其债券价格下跌，而某个内部人士得知该公司将获得救助的内幕消息，便通过其控制或有关联的境外投资者低价购入该公司债券，待消息公布后债券价格上涨时售出获利。由于国内监管机构难以获得境外投资者的真实身份（尤其是在委托代理关系下），这种内幕交易难以被发现和调查。此外，如果存在卖空机制，得知公司可能违约或下调评级的内幕消息的人可以在公众知道公司即将违约之前借入公司债券并卖出，待消息公布后在市场上以低价买入该债券并归还，赚取价差。特别需要关注的是，随着投资端和融资端开放的相互融合，在境外公司在境内市场发行债券的情形下，境外投资者可能拥有更多信息优势，而国内投资者相对处于信息劣势，境外内幕

---

① 后面提到的 SEC v. Tome 就是一个典型案例。

信息知情人更容易进行上述内幕交易。

一些以欺诈性和误导性的行为操纵或影响市场的行为，如发布虚假的报价、在自己实际控制的账户之间进行交易等，在国内市场比较容易监控，而境外投资者可能会对监管机构的监控行为进行规避。例如，境内投资者与其控制的境外投资者（表面看起来可能并无关联）配合进行市场操纵，由于监管机构难以了解境外投资者的真实控制权和关联关系，这种跨境操纵行为难以发现和查处；境外投资者通过在不同境外银行开设多个账户，间接持有境内某只债券，规避监管机构对于持有单只债券数量达到一定比例后的信息披露要求。

信息获取渠道不畅还会给跨境融资监管带来挑战。对于境内发行人，其信息披露情况会受到监管机构、自律组织、中介机构、投资者和新闻媒体的监督，在出现疑点时监管机构也很容易开展调查，但对于境外发行人，上述监督渠道会面临很多障碍。例如，监管机构和自律组织对境外发行人披露的信息难以核实，在发现疑点时几乎不可能进行现场调查，只能依赖中介机构或请求外国监管机构的协助，而且监管机构要求外国中介机构提供信息时可能遇到外国法律限制。

（二）处罚措施难以执行

从跨境投资监管看，境内监管机构对违规的境外投资者进行的处罚可能难以强制执行。由于境外投资者的经营实体不在境内，境内监管机构只能就其留在境内账户上的有限资金采取强制执行措施。如果境外投资者在监管机构冻结其资金之前已将资金转移到境外，则其在境内可能无财产可供监管机构强制执行。

从跨境融资监管看，对于违法违规的境内发行人，监管机构或自律组织可以按照相关法律法规或自律规则对其进行处罚，如罚款或责令改正。但对于境外发行人，由于其主要资产、机构和人员都不在本国的属地管辖范围内，本国的监管机构即使对其做出处罚决定，也难以执行。例如，对于罚款、没收违法所得等处罚，如果境外发行人已将债券融资所得汇出境外使用，则其在境内并无多少财产可供强制执行。对于责令改正等处罚，由于境外发行人的主要机构、人员在境外，本国监管机关难以对其采取强制执行措施。

三、国际债券监管合作：模式与实践

面对跨境债券监管面临的上述挑战，各国一直在探索有效的监管方式。针对本国监管机构在信息获取、跨境调查方面存在的困难，本国监管机构可与外国监管机构签署双边或多边监管合作备忘录，建立信息交换和协助调查机制（双边方式和多边方式），在需要获取境外机构信息时请求外国监管机构协助调查。针对本国监管机构对违规境外机构采取执法和处罚措施方面存在的困难，目前的国际合作机制还很少涉及协助强制执行行政处罚，各国监管机构主要依赖单方面采取强制措施（即单边方式）进行执法，并通过及时冻结账户等措施尽可能保存可供执行的财产。另外，由于民事判决一般可依据国际条约在外国法院获得承认和执行，因此一些私人主体之间进行的证券侵权诉讼判决（如美国常见的集体诉讼）可以在外国申请承认和强制执行。

（一）单边监管模式

单边监管是指一国监管当局不寻求与其他国家监管当局合作，而直接按照对待境内机构的方式对境外机构进行调查和采取执法措施，即一定程度上行使域外管辖权。历史上，在双边和多边合作方式建立之前，各国普遍采用单边方式实施跨境监管，但由于遇到不少困难和冲突，各国开始寻求双边和多边监管合作。即使在现在，单边监管模式也是跨境监管的基础，双边和多边监管模式不过是对单边监管模式做出的一定程度的妥协安排，而且在行政处罚的强制执行上仍然以单边监管模式为主，因此有必要考察各国国内法对境外机构和跨境交易的监管。

采用单边监管模式进行跨境证券监管具有如下特点。①获取境外信息对跨境监管而言十分重要，如从境外经纪商、银行、电话公司、网络服务商等机构和个人取得信息，缺少这些信息，调查将无从开展。而取得境外机构信息恰恰较为困难。由于主权问题，一国监管机构无法进入他国进行调查并强制要求他国国民提供信息。加之外国银行保密法和"信息封锁法律"的限制，本国监管机构可能难以取得境外机构的信息，而境外机构也可能陷于两难境地，要么违反母国的保密法，要么违反东道国证券监管规定。②跨境监管涉及各国监管主权冲突问题。传统国际法理认为一国公法不具有域外效力，仅在该国地域范围内有效。若一国政府为维护本国市场利益而强行推行域外管辖权，将遭到其他国家的抵制和报复。

监管机构和法院需要权衡各种利益。例如，在某些情况下，美国监管机构和法院要求外国机构提供某些信息，将导致该外国机构违反其本国法律，因此美国监管机构和法院会权衡以下各种利益，以决定是否强制要求外国机构提供信息：①美国国家利益和外国国家利益的重要性对比；②执法行动可能给对方带来的困难的性质和程度；③取证对象的国籍；④证据的重要性。

（二）双边监管模式

由于通过单边监管模式进行跨境监管存在许多困难和冲突，各国逐渐认识到监管协作的必要性，并采用双边协作的方式开展跨境监管。双边监管模式的主要形式包括双边谅解备忘录（memorandum of understanding，MOU）和双边司法互助协定。

1. 双边 MOU

（1）政府间 MOU。各国监管机构自 20 世纪 80 年代开始通过签署双边 MOU 进行跨境监管合作。双边 MOU 涉及的合作范围和程度各不相同，取决于具体监管机构的职权和合作意愿，主要内容通常包括信息交换、协助调查程序和保密要求。双边 MOU 为各国监管机构之间的合作建立了清晰的磋商、合作、信息交换机制，缓和了各国在监管权行使上的冲突。双边 MOU 一般被认为是证券跨境监管合作中最重要、最常用的机制。以美国为例，从 1982 年开始，SEC 陆续与 20 个国家/地区签署了双边 MOU，并在双边 MOU 机制下与外国监管机构合作处理了众多跨境案件。

(2) 自律组织 MOU。为了更好地监管在多个国家开展业务的全球性机构及跨境市场活动，国际上主要的自律监管机构进行合作，建立信息交换机制，合作监控跨境市场滥用行为，对全球性机构进行风险监控。例如，美国金融业监管局与法国金融市场管理局、澳大利亚证券和投资委员会、加拿大投资行业管理组织、加拿大安大略省证监会等政府机构或自律组织签署了合作备忘录。

2. 双边司法互助协定

双边司法互助协定是政府之间签订的一类条约。根据这类条约，一国政府在调查跨境案件时，可以请求另一国政府协助取得证据，请求一般通过各国的司法行政机构发出和执行（如中国为司法部，美国为司法部首席检察官）。双边司法互助协定多涉及刑事案件，也有的涉及民事案件。在跨境证券监管合作方面，相比 MOU，双边司法互助协定的缺点是需要借助司法机构渠道，而无法直接在证券监管机构之间进行，效率较低，但其优点是效力更强。

(三) 多边监管模式

1. 谅解合作备忘录

为了提高监管协作效率，减少各国单独进行双边谈判所需的成本，一些国际组织推动建立多边监管合作机制，最有代表性的是 IOSCO 推动制定的《关于磋商、合作及信息交换多边谅解备忘录》（以下简称《多边备忘录》）。

IOSCO 是一个全球性证券监管国际组织，其成员来自 100 多个国家和地区。IOSCO 的宗旨之一是为国际证券市场设立标准，推动国际证券监管合作。IOSCO 自成立以来，在提高各国证券监管水平、推动国际监管合作方面做了大量工作。

2002年,IOSCO制定了《多边备忘录》,这是全球首个证券监管机构之间的多边信息分享机制。截至2019年,已有124个证券和衍生品监管机构签署了《多边备忘录》。2007年,中国证监会也正式签署《多边备忘录》。该备忘录规定,签署成员为了执行各自的证券法律法规而彼此提供最充分的互助,包括应他方请求提供某些关键信息,允许在民事和行政诉讼中使用该等信息,允许与自律组织和刑事主管机关分享该等信息,以及保密要求等。备忘录也规定了互助的具体规则,包括要求帮助的范围、应该遵守的程序、允许提供的信息、保密性和可以拒绝给予帮助的情形。《多边备忘录》自发布以来,已经帮助多个国家成功地进行国际监管合作和信息交换(见表6-1)。

表6-1 IOSCO多边合作机制下的监管合作情况

年份	根据《多边备忘录》进行的监管合作次数	年份	根据《多边备忘录》进行的监管合作次数
2003	56	2011	2 088
2004	307	2012	2 377
2005	384	2013	2 658
2006	526	2014	3 080
2007	726	2015	3 203
2008	868	2016	3 330
2009	1 262	2017	4 803
2010	1 624	2018	4 064

资料来源:IOSCO.

2008年国际金融危机爆发后,进一步加强跨境金融监管合作的呼声高涨,特别是在技术进步、社会和市场发展后,需要通过强化跨境合作机制来增强威慑、适应变化。正是在这一背景下,IOSCO推出了增强版《多边备忘录》,在承认司法主权的前提下,确保签署方之间相互提供最大限度的帮助,增强跨境调查的效力和执行。其中包括：①在财务报告的审计或审阅方面，调用并共享审计底稿，加强沟通和信息交换；②强迫出庭作证，以确保对不合规行为进行制裁；③应另一签署国的请求冻结资产（如可能），如不可能，就如何冻结资产提供建议或相关信息；④获得并共享网络服务提供商相关信息；⑤获得并共享电话信息。截至 2019 年年末，只有 14 个司法辖区的监管机构签署了增强版《多边备忘录》。

2.《纽约公约》

1958 年，45 个国家在纽约召开的联合国国际商业仲裁会议上签署了《承认及执行外国仲裁裁决公约》（以下简称《纽约公约》），该公约处理的是外国仲裁裁决的承认和仲裁条款的执行问题，其覆盖范围非常广泛，目前有 156 个签署国。对于跨境债券发行，即发行人是除政府机构以外的金融机构或非金融企业，《纽约公约》的适用不存在障碍。

四、中国债券市场跨境监管合作：现状、问题与展望

由于我国债券市场国际化起步晚，相关跨境监管合作问题在很长一段时间之内都没有提上议事日程，当前已成为我国债券市场进一步国际化的短板。

（一）跨境监管合作在债券市场存在短板

在我国参与的跨境金融监管合作方面，最突出的问题在于债券投融资方面的跨境监管合作不够。具体表现在以下几个方面。①跨境金融监管合作侧重于股票市场。例如，通过梳理实践经验可以发现，金融监管跨境合作的执法实践主要集中在股票、基金等领域。②证监会及相关机构是参与 IOSCO 合作的主要机构。例如，中国证监会是 IOSCO 的正式会员；上海证券交易所、深圳证券交易所、中国金融期货交易所、中国证券登记结算有限责任公司、中国证券投资者保护基金有限责任公司、中国证券业协会、中国证券投资基金业协会是 IOSCO 的附属会员；银行间债券市场在中国债券市场中发

挥主板作用，但相关监管部门尚未充分参与到债券市场的跨境金融监管合作中。③自律管理合作明显不够。在债券市场自律管理层面，监管合作机制明显不足，上海证券交易所已与51个国家或地区的境外证券交易所签署备忘录、合作协议，但由于债券市场以场外交易为主，相关跨境自律管理合作对债券市场的涵盖明显不足。

具体而言，在证券交易所市场方面，证监会在双边合作、多边合作中发挥了重要作用。截至2018年年底，中国证监会共与63个国家和地区的证券期货监管机构签署了双边监管合作谅解备忘录。以审计监管为例，中国证监会数据显示，在IOSCO《多边备忘录》等合作框架下，中国证监会已向多家境外监管机构提供23家境外上市公司相关审计工作底稿，其中向SEC和美国公众公司会计监督委员会提供的共计14家；2018年，中国证监会办理境外协查请求28件（不含香港地区数据），为美国、法国、澳大利亚、马来西亚等国监管机构提供了有效协助。此外，2020年8月4日，中方监管部门在积极考虑美方诉求的基础上，向美国公众公司会计监督委员会发送了关于会计师事务所联合检查的第四版方案建议，美国公众公司会计监督委员会确认收到并表示会积极研究。

在银行间债券市场方面，在债券通项目下，银行间债券市场已与香港债券市场建立跨境监管合作机制。2017年，中国人民银行与香港金融管理局签署《"债券通"项目下中国人民银行与香港金融管理局加强监管合作谅解备忘录》，明确"根据两地的法律和各自法定权限，双方建立有效的信息交换与协助执行机制，加强监管合作，共同打击跨境违法违规行为，确保项目有效运作"。

（二）跨境债券监管合作如何补短板

债券市场国际化的一个重要条件是，监管机构和自律组织能够对一个开放的市场进行有效的监管，在推进开放的同时，维护市场的正常运行秩序。结合上面总结的国际经验，我国债券市场监管机构和自律组织需要研究解决的问题包括以下几个。

1. 健全境外机构信息获取机制

从上面提到的国际经验中可以看出，获取境外信息对跨境监管十分重要，而取得境外机构信息恰恰比较困难。因此，监管机构和自律组织要建立健全境外机构信息披露机制，将信息披露要求作为市场准入和维持投资资格的条件之一，监管机构和自律组织要能以这些信息为基础开展监管。

2. 研究建立跨境监管合作机制

通过跨境监管合作机制，本国监管机构可以请求外国监管机构协助提供信息和开展调查，从而突破外国银行保密法等法律的限制，并解决本国监管机构无法对境外机构进行现场调查和强制收集证据的问题，因此对跨境监管具有重要意义。事实上，中国证监会设定的 QFII 资格条件之一就是"其证券监管机构已与中国证监会签订监管合作谅解备忘录，并保持着有效的监管合作关系"。这为中国证监会对 QFII 进行有效的跨境监管提供了便利。鉴于此，银行间债券市场也应加强与境外监管机构合作，签署监管合作备忘录，或者成为 IOSCO《多边备忘录》的签署方，银行间债券市场自律组织也可研究探索与境外自律组织建立自律管理方面的跨境合作机制。

3. 研究针对境外发行人的跨境监管问题

对于境外机构在境内发行债券的制度设计，除了考虑会计标准、评级、税收、外汇管理等问题，对跨境监管问题也需要进行综合考虑，借鉴国际上对外国发行人监管的实践经验，应对信息披露难以核实、难以采取执法和处罚措施等一系列挑战。

4. 探索自律组织对境外机构进行自律管理的具体方式

相关国际经验表明，境外机构管理涉及外交和国际法方面的问题，因此自律组织在针对境外机构的规则制定、管理方法上也应做特殊考虑，并在实施中保留一定的灵活性，配合国家金融外交大局。

第二节　债券市场国际化进程中的全球金融标准制定

金融标准是金融活动的通用语言,是金融治理体系和治理能力现代化的基础性制度。推动金融行业操作惯例、业务流程、制度规则的标准化和规范化,对于提高投融资效率、维护市场秩序、减少监管套利、防范金融风险意义重大。金融标准的差异可能带来套利行为,而套利会带来监管竞次。金融机构的监管套利是导致监管机构之间监管竞争的动因,一国若发现本国证券监管法律较外国更烦冗,则该国一般倾向于降低监管标准(如信息披露标准),这种反应会导致监管竞次,而金融合作和金融标准趋同可以有效防止监管竞次带来的风险。跨境投融资业务的增加和全球金融联系的增强,要求将金融标准的适用范围从国内拓展至国际,从而显著增强了金融标准国际化的动力。特别是随着"一带一路"建设的推进,相关跨境投融资活动的增加必然对金融标准国际化提出更迫切的需求。当前,中国债券市场加速国际化,中国债券市场金融标准化和标准国际化程度不足,给境内外参与机构带来了调整成本和合规成本。在开放环境下,实现金融标准国际化是顺应开放形势的应有之义。

一、中国金融标准国际化的四个层次

近年来,中国金融市场尤其是债券市场呈现出一系列新变化,金融标准化和金融标准国际化工作的紧迫性进一步提升,具体表现在以下几个方面。①债券市场高速发展。与传统银行贷款相比,债券市场良性发展的重点在于信息透明度、定价市场化、中介管理等,金融标准化工作需要尽快适应这一变化。②中国债券市场加速开放。长期以来境内债券市场形成的规则惯例、金融标准,亟待以更加国际化的方式满足境内外参与机构的诉求。③国际金融标准制定日益

活跃。2008 年国际金融危机后,在 G20 框架下,金融稳定理事会及相关机构加快了国际金融监管改革,给中国金融标准国际化工作带来了紧迫性。④中资金融机构"走出去"步伐加快。中国债券市场金融标准化和标准国际化程度不足,给金融机构"走出去"带来了调整成本和合规成本。上述种种不适应,都要求推动中国债券市场金融标准国际化,以应对债券市场发展与开放环境,在债券市场"引进来"和"走出去"中维护自身权益。

尽管金融标准主题较多、内容烦杂,但中国金融标准国际化整体包含四个层次,如图 6-1 所示。

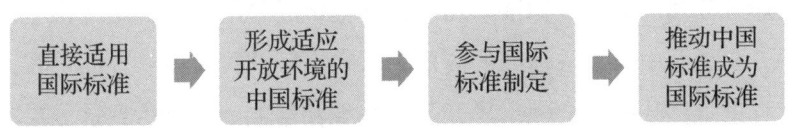

图 6-1 中国金融标准国际化的四个层次

(一) 中国适用国际标准,以解决金融国际化和金融标准相对封闭之间的矛盾

在市场开放环境下,中国和境外机构之间的互动愈加频繁,部分在封闭市场环境中固有的标准协议文本、交易方式和信息处理等方式不能很好地适应国际习惯,影响了跨境金融交易的便利性和可行性。为促进跨境交易行为,中国可以参照国际标准,指导国内跨境金融交易实践,促进与国际金融标准的统一。

(二) 在适用国际标准的过程中,形成适应开放环境的中国标准

金融开放的过程不仅是将国际标准直接"拿来"的过程,还应在"两个结合"的基础上进行适当调整,实现国际标准的"中国化"。一是将国际标准与国内标准相结合,满足国内市场参与者的需求和习惯,满足国内监管部门关于投资者保护的要求;二是将国际标准与金融开放相结合,保证国际标准的中国化能满足多元化境外参与者的需求。

（三）参与国际标准制定，表达中国利益诉求

金融标准国际化必然要反映最广大市场参与者的诉求，而随着金融开放的扩大、境内外金融联系的增强，中国金融市场成为跨境金融交易的重要场所，在国际金融标准制定中，越来越不能缺少新兴市场国家代表。2008年国际金融危机之后，G20从部长级会议上升为政府首脑会议也证实了这一点。参与国际标准制定可以反映中国市场的真实诉求，故实质上也属于中国金融标准国际化范畴。

（四）推动中国标准上升成为国际标准

这一层次也是中国金融标准国际化的更高层次，即不仅制定出适应开放环境的中国标准，还能让其他市场采纳这一金融标准。这一方面说明中国金融标准的高质量获得国际认可，另一方面也在一定程度上反映中国金融市场开放的水平和影响力。但达到这一层次需要长期努力，尤其必须以自身市场发展成熟、实现高水平对外开放、充分参与相关国际机制和国际标准制定为基础，切忌拔苗助长或一蹴而就的简单推动。

二、中国金融标准国际化发展情况

（一）制定开放环境下的全球性金融标准

近年来，中国积极推动金融标准的制定和国际化工作。例如，2009年，交易商协会组织市场成员借鉴国际成熟市场经验，制定并发布《中国银行间市场金融衍生产品交易主协议（2009年版）》，统一了银行间市场金融衍生产品交易文本，此后又修订形成了覆盖利率、汇率、债券、信用、黄金等各类基础品种的交易术语文件。2016年2月，基于IMIX协议标准开发的ISO 20022外汇交易后确认和交易获取的报文正式注册发布。这两组报文是ISO首次发布中国金融领域的相关报文，是中国银行间市场参与国际标准制定的一个重大突破。当前，中国金融标准国际化的发展仍处于初级阶段，各相关部门加紧研究行业标准及规范，推进中国金融标准化与标准

国际化发展进程。中国金融标准国际化大事记如表6-2所示。

表6-2　中国金融标准国际化大事记

时间	事件
1991年7月	第一届全国金融标准化技术委员会（以下简称金标委）成立
2004年7月	中国正式成为ISO/TC68、ISO/TC68/SC2、ISO/TC68/SC4的国家成员体参与成员
2005年6月	金标委组织参加了在阿根廷首都布宜诺斯艾利斯举办的第24届ISO/TC68年会，这是中国首次以成员身份参加ISO/TC68年会
2007年12月	中国正式成为ISO/TC68/SC7、ISO/TC222的国家成员体参与成员
2008年12月	金标委与环球同业银行金融电讯协会联合举办ISO 20022国际标准研讨会，金标委部分委员单位参加了本次会议，这是金融业首次举办ISO 20022国际标准研讨会
2013年5月20日	中国银联成为国际芯片卡标准化组织成员
2016年2月25日	中国外汇交易中心开发的ISO 20022外汇交易后确认和交易获取的报文正式注册发布，填补了ISO 20022标准在外汇交易后相关业务过程中的空白，是我国开发的外汇报文首次通过国际注册
2016年7月2日	我国金融业首个国际标准提案《银行业产品说明书描述规范》通过ISO/TC68投票，正式成为ISO新工作项目

资料来源：金标委官网，http://www.cfstc.org/jinbiaowei/2929448/2929476/index.html。

（二）在全球金融合作框架下参与国际标准制定

从20世纪90年代开始，我国监管部门广泛参与各领域的金融合作与金融标准制定。1995年，中国证监会成为IOSCO成员。1996年，中国人民银行成为BIS正式成员，通过BIS行长例会及加入各工作组，参与银行业、金融基础设施等领域的国际金融合作。2000年，保监会成为国际保险监督官协会成员，推动国际保险监管原则的制定和实施。2007年，中国人民银行等推动反洗钱金融行动特别工作组吸纳中国作为正式成员，并参与反洗钱相关国际规则的制定。

2008年国际金融危机后，我国参与国际金融合作与标准制定工作的步伐进一步加快，合作开始往更高层次、更务实的方向发展。2008年，G20首脑峰会机制正式成立，作为首批成员国之一，我国成为国际金融危机后全球金融标准制定的重要新兴力量。在全球层面，我国已经全方位参与到银行、证券、保险、会计、场外衍生品、信用评级、金融基础设施、宏观审慎监管等各领域的金融合作与标准制定中。此外，我国还通过双边等方式参与其他国际金融标准的制定与实施。

（三）我国金融标准国际化的失衡问题

1. 历史经验缺失造成参与程度不足

金融标准国际化是一个专业性、技术性很强的领域，事实上，由于我国2004年才加入ISO/TC68，参与历史较短且我国对外开放时间不长，因此我国仍处于学习、消化和借鉴国际金融标准的阶段，对于诸多领域金融标准的参与还没达到主导者或引领者的地位。尽管我国开始在国际组织及相关的工作组中承担规则制定的职责，但在具体议题设置、主动引导规则落实、跨境协调等方面，我国的经验和影响力显得不足。

2. 金融标准化集中在银行业

一国的金融标准国际化取决于该国金融标准自身的系统性、科学性和有效性。当前，我国的全国性金融标准主要集中在银行业。2016年，中国人民银行联合国家质量监督检验检疫总局和国家标准化管理委员会发布《银行营业网点服务基本要求》等9项国家金融标准①，其中8项都集中在银行业。在证券跨境发行与投资准入、金融机构破产处置、存款保险机制等金融领域，我国参与国际标准制

---

① 金标委官网，http://www.cfstc.org/jinbiaowei/2929484/2968534/index.html.

定的深度还不够。金融标准化工作应当兼具稳定性和前瞻性，适应金融结构的变化趋势。由于我国债券市场发展历史还不长，相关金融标准仍是短板，国内已有的金融标准主要集中在支付清算结算与银行业[①]，与债券市场相关的规则惯例已经十分丰富，亟待标准化。

3. 金融监管标准国际差异导致域外管辖问题

2008年国际金融危机后，我国尽管广泛参与了各领域监管标准的制定，但仍受到其他国家域外管辖的负面影响。以场外衍生品市场为例，当前，场外衍生品市场监管对各国而言都是新课题，国际上尚未形成类似《巴塞尔协议》的国际监管统一规则，不可避免地会产生域外法权问题。2008年国际金融危机后，欧美等国家和地区加强了对场外衍生品市场的监管。从已出台的相关法案和实施细则来看，美国和欧盟的场外衍生品监管立法带有一定的域外管辖权色彩，对中资机构的业务产生了不利影响。

三、债券市场国际化对中国金融标准国际化的影响

国际化的债券市场需要有国际化的金融标准。在开放形势下，如果出现国外有标准但国内没标准，或者国内外标准不一致的情形，就会对债券市场的开放造成实质性障碍。在一国债券市场范围内，金融标准（如信息披露要求、财务报告编制准则、金融监管指标、合同文本、标准协议等）的形成具有现实基础，易于实现。但在开放环境下，当前境外机构正在加快进入国内市场，国内外规则、标准差异的问题越来越突出。我国债券市场迫切需要形成一套既适应国内参与者，也适应国际参与者的金融标准，以最大限度地减少境外机构的适应成本，提高监管机构的管理水平。

[①] 例如，2016年6月1日起正式实施的9项国家标准就包括8项银行业标准和1项金融租赁标准。

（一）债券市场国际化提升了金融标准国际化的迫切性

1. 为保障我国债券市场国际化的质量和进程，要求金融标准更加国际化

如果我国债券市场金融标准不够国际化，在债券市场开放过程中会形成逆向选择，即合规意识强、全球运营规范统一透明的优质企业，可能在遵守中国标准方面存在实质性困难，甚至放弃参与中国债券市场；资质较低、在海外市场发债困难、愿意接受较高调整成本的企业反而会选择参与中国债券市场，出现"劣币驱逐良币"的现象。

2. 为提高我国金融的国际影响力，要求我国提升金融标准国际化

国家金融与发展实验室发布的《中国金融监管报告2018》，通过统计在国际金融监管标准制定机构中担任高级领导职务人士的国籍，并对比我国与其他国家参与制定金融监管国际标准文件数，认为我国对国际金融监管标准制定的影响力明显不足。我国已发展成为全球第二大债券市场，因此应具备一定的金融标准国际化程度，以保障我国金融利益，维护金融安全。

3. 为提高中资机构的国际竞争力，应推进我国金融标准的国际化

金融机构国际化给传统金融标准囿于境内的情况带来了很大挑战，由于存在潜在的监管重叠和金融标准冲突，跨境运营的中资金融机构对跨国金融标准的趋同提出了强烈的现实要求。从管辖权的竞合与冲突角度来看，金融监管的国际化问题是维护跨国证券市场稳定的需要。

（二）债券市场国际化为金融标准国际化带来了可行性

金融标准的国际化并非"空中楼阁"，不能凭空制定和推广，而是要以问题为导向，在与国际化业务实践的互动中循序推进。在国际化实践中遇到的具体问题，需要有针对性地应对，并在研究应对过程中将试点经验总结为成熟做法，将成熟做法提炼为金融标准，进而在开放条件下实施和推广。

1. 中国债券市场已经积累一定的金融标准国际化经验

第一，债券市场建章立制工作进展显著。例如，银行间债券市场仅自律层面就先后制定了 80 余项制度规范，包括但不限于注册流程、信息披露、中介管理等。第二，在市场创新方面，参照和借鉴国际绿色标准，我国发展了绿色债券等创新品种。第三，在加强投资者保护方面，我国参考国际标准，逐渐形成了标准化较高的投资者保护条款模板。第四，在协议文本方面，我国形成了《中国银行间债券市场金融衍生产品交易主协议（2009 年版）》《中国银行间债券市场债券回购交易主协议（2013 年版）》等标准协议文本。第五，我国债券市场已逐步将制度规则上升为金融标准，形成了《信用增进机构业务规范》《非金融企业债务融资工具承销业务规范》等金融标准。

2. 可以借鉴先进的国际经验，使我国制定的国际化金融标准更具可行性

例如，在后续管理方面，可以学习境外成熟的受托管理人制度、持有人会议召开制度等，制定标准化流程。在二级市场流通方面，可以借鉴境外的做市商制度，扩大做市业务，完善报价品种和期限，以标准化、高效的做市商制度提高我国二级市场流动性。

3. 跨境监管合作日益增强，有利于债券市场标准国际化

如前所言，随着债券市场开放的扩大，跨境资本流动的风险加剧，对我国跨境监管提出了更高的要求。自债券通开通以来，中国人民银行和香港金融管理局就债券通建立了跨境监管合作机制。与境外其他国家和地区的监管部门合作的增强，对制定既适应国内参与者又符合国际操作惯例的标准具有重要意义。

四、中国债券市场金融标准国际化：现实障碍与实现路径

（一）现实障碍

纵观证券市场金融标准国际化历史可以看到，证券市场金融标

准化与一国证券市场发展水平密切相关。美国拥有全球第一大资本市场，其金融机构和货币具有全球影响力，金融市场基础设施具备全球通用性。基于此，美国可以通过 IOSCO 等国际组织制定的国际标准推广其监管理念，并通过国际货币基金组织和世界银行联合推行的金融行业评估规划将其推广至全球。2008 年国际金融危机爆发后，随着新兴市场国家在全球金融体系中的重要性逐步提升，发达成熟市场国家继续主导国际金融标准的问题日益突出，金融标准国际化迈入更加包容发展的阶段。

当前中国债券市场的发展仍存在一些内在缺陷，这些缺陷成为中国债券市场金融标准国际化的重要障碍。中国债券市场标准化工作尚处于起步阶段，其涵盖范围与国际标准存在较大差距。但中国债券市场金融标准制度性安排已经初步形成。[①]。目前，中国债券市场主要在信用增进、债券承销业务等领域正式形成了相应标准，而其他领域虽已形成相对成熟的规则和惯例，但尚未正式上升为金融标准。

中国债券市场金融标准起源于自成体系的制度规则和操作惯例，国内投资者、发行人、中介机构、市场管理部门长期使用并不断适应和强化这套体系。但由于缺少跨境投融资活动实践，这套体系较少考虑境外机构的需求，导致我国相关规则与国际成熟市场规则体系存在差异，或者未将境外参与机构纳入管理框架。随着债券市场开放的推进和跨境投融资的活跃，如何加强国内制度规则、操作惯例与国际接轨，将是我国债券市场标准国际化的关键问题。

在实践中，部分债券市场品种名称复杂、概念不清、分类困难（如城投债），再加上中国债券市场在公私募划分、登记托管安排、信息披露、会计准则等方面与国际市场仍存在较大差异，从而给境外机构参与中国债券市场及中国债券市场标准国际化造成了困难。

---

① 例如，成立了银行间市场业务标准工作组、银行间市场技术标准工作组。

（二）实现路径

1. 在国际化的具体业务实践中识别问题

长期以来，由于市场开放度不够，我国面临的跨境投融资问题并不突出，自下而上的意见反馈机制尚未建立，在国际金融标准制定中不能明确自身利益诉求，甚至难以正确评估国际标准对我国的潜在影响，从而导致我国不能根据自身情况设置议题。

制定或参与制定国际化的金融标准，第一步是识别出应予以规范的问题，以问题为导向，以自身利益诉求为基础，开展后续工作。事实上，应予以规范的问题恰恰存在于债券市场开放的业务实践中，我国需要通过开展债券市场开放的业务实践，识别封闭条件下的规则惯例所不能解决的问题。随着我国债券市场的全面开放，境内外金融标准差异日益显现，实质性地影响了我国债券市场的开放进程。

以会计准则为例，会计准则是编制财务报告的通用语言，是证券发行上市信息披露的基础标准。但在实践中，各国会计准则存在差异，海外发行人通常采用所在国或上市地会计准则编制财务报告，披露的财务报告均适用统一的会计准则。由于重新编制财务报告的成本较高，因此，从融资灵活性和成本考虑，海外发行人希望在本国发行债券时也可以使用其统一编制和使用的会计准则。如果境内外准则差异较大，为实现等效，则可能带来准入障碍。此类问题只有在开放业务实践中才能识别。

2. 在参与国际金融合作中表达利益诉求

针对在债券市场开放业务实践中识别的问题，应结合自身利益诉求，在国际金融标准制定中进行表达，让国际金融标准更加具有包容性和代表性。

随着我国债券市场国际化的步伐加快，在"引进来""走出去"过程中我国金融标准不能适应国际化环境的情况逐渐增多。一方面，对于本国金融标准确实因自身缺陷而不能适应开放环境的，应加强与国际接轨，实现我国金融标准的国际化；另一方面，对于因境内外标准差异而对本国利益产生实质性、重大影响的，应当在国际金融合作中提出，积极反映自身诉求。实践中，在参与国际金融标准制定的初期，我国既要参与G20框架下的金融标准制定，更要以加强双边和区域跨境金融合作为重点，在双边合作中学习跨境金融合作和跨境监管执法经验，提高开放条件下的金融标准制定能力。

3. 在解决具体问题中提高国际化水平

推动债券市场金融标准国际化，根本上还是需要在识别问题、反映诉求的基础上解决问题，在前期探索债券市场国际化业务实践的基础上，进一步提高债券市场国际化水平。

需要解决的问题包括两类。一类是我国债券市场自身的制度性问题。债券市场需要进一步法治化、透明化，尤其是在信息披露、投资者保护、风险分担、违约处置、破产诉讼等方面需要进一步完善相关法律规则。例如，信息披露的时效性和披露质量仍有待提高；在特定行业、特定产品（如资产支持证券）方面，信息披露标准还有待进一步细化。另一类是我国债券市场与国际环境不适应的问题。为适应开放环境，债券市场需要在信息披露、跨境投融资税收、法律适用、争议解决机制、跨境监管与协调、信用评级、衍生品市场发展等方面进行适应性完善。

4. 在国际化中形成中国标准，扩大国际影响

我国在扩大开放中，一方面要主动将对外开放业务中的成熟实践、惯例、规则等标准化，及时制定国内金融标准，形成债券市场开放中的中国标准；另一方面要加大宣贯力度，不断提高中国标准的国际影响力，推动中国标准发展成为国际标准。

此外，即使是国际上最成熟的金融标准，也都是顺应金融市场形势不断发展和完善的。例如，巴塞尔委员会主导发布的《巴塞尔协议》自1988年发布第一个版本以来，目前已发展到《巴塞尔协议

Ⅲ》，成为银行业资本监管领域最权威、最有影响力的国际标准。随着国际国内金融市场形势的变化，我国也应不断完善金融标准，持续保持金融标准的国际竞争力。

五、债券市场金融标准国际化举措

（一）推动债券市场规则惯例上升为金融标准

在过去 20 年的长期发展实践中，中国债券市场在注册发行流程、信息披露、债券承销、簿记发行、信用评级、中介管理、登记托管、交易清算、信用增进、后续管理等方面形成了覆盖面广的制度规则。目前，这些操作惯例和制度规则中上升为金融标准的比例还很低，市场参与各方对金融标准化的意识有待进一步加强。

债券市场金融标准化，一是要契合业务实践，充分考虑直接融资和间接融资的差异，制定有利于提高融资效率、提高透明度、保护投资者权益的金融标准。二是要契合开放环境，充分考虑债券市场"引进来"和"走出去"的需求，听取国际机构意见，制定有利于提高市场国际化和影响力的金融标准。三是要充分认识到债券市场金融标准化发展还取决于金融衍生品、支付清算、信息安全等其他领域，需要其他相关领域金融标准化提供配套支持。

（二）在综合平衡的开放中推动标准国际化

推动债券市场国际化，一是要加强多元化产品、交易方式和制度规则供给。例如，增加结构化融资产品、外国公共机构债、美元债等海外机构比较熟悉的产品，在回购交易、衍生品交易等方面给予便利。二是构建债券市场国际化的定价基准。例如，可探索将外国政府熊猫债纳入货币政策工具抵押品种，形成熊猫债定价基准。三是要积极主动防范债券市场国际化中的各类风险，加强在风险监测、跨境监管协调、外汇管理方面的配套支持。四是要加强市场"软环境"建设，通过规则英文化、扩大宣介等，提高境外机构参与中国市场的意愿和能力。

（三）发挥自律组织和行业协会的优势

银行间债券市场的发展实践表明，自律组织等非官方组织在我国债券市场的自律管理、规则制定、反映市场诉求中发挥了重要作用。从服务市场的角度看，应当发挥这类机构的优势，从研究调研、规则制定、规则英文化、标准制定、宣介推广等方面继续推动金融标准国际化。

与政府层面的推动工作相比，自律组织的非官方参与具备相对优势。一是非官方机构相对更加贴近市场，对市场的理解有助于明确合作议题和标准制定的方向。二是自律组织代表了广大市场机构的利益，通过对国际金融标准研提意见，为市场机构发声，维护市场机构利益。三是在市场化机制下，自律组织的参与可以更好地缓解政府部门的人才和资源约束，有力地支持政府层面金融标准化工作的开展。

（四）利用好现有的双边和区域金融合作机制

债券市场金融标准国际化进程需要循序渐进，形成"双边—区域—国际"的路径。因此，利用好双边、区域金融合作机制，实现金融标准双边和区域化是现阶段的务实之举。当前，我国在债券市场的双边、区域合作方面已经具备一定的基础。双边合作方面，在债券通框架下，中国人民银行已与香港金融管理局建立监管合作机制。中英、中美、中德、中法等财金对话机制也已建成。双边合作协调成本较低，机制灵活，既避免了单边监管冲突，又规避了多边合作的协调成本。在区域合作方面，我国已积极参与到"东盟10＋3"[①] 亚洲债券市场合作框架中。下一步应利用好这一框架，对实践中涉及的信息披露、法律文本、司法仲裁、投资者保护标准进行协调。

（五）加大优势领域的金融标准国际化力度

我国绿色债券市场已成为全球最大的绿色债券市场，潜力巨大，

---

① "东盟10＋3"是指东盟十国（文莱、柬埔寨、印度尼西亚、老挝、马来西亚、缅甸、菲律宾、新加坡、泰国、越南）和中国、日本、韩国三国。

可有力支持"一带一路"建设的绿色、协调、可持续发展。我国资产支持证券市场近年来呈现出快速扩容、稳健运行、创新迭出的良好发展态势，目前市场规模已超越日本、韩国等国，成为亚洲第一大市场。我国应该积极利用好在绿色债券、资产支持证券市场的规模优势，推动绿色债券和资产支持证券市场的开放，积极妥善地处理国内和 ICMA 在绿色产品界定方面的差异，完善资产支持证券底层资产披露，在绿色债券评估认证、信息披露、现金流评估等方面建立和完善金融标准，形成有影响力的国际金融标准。

（六）培养具有国际视野的专业人才

在债券市场开放条件下推动金融标准国际化工作，本质上是在国际范围内提供专业性极强的公共产品。随着我国经济实力的提升，我国在全球金融治理方面的影响力正在增强，但国际金融标准制定是一个技术性很强的领域，兼具专业知识、国际视野和国际主义精神的人才在我国极为缺乏。我国应在政府层面和自律组织层面加强与国际标准制定机构（如 ISO、国际掉期和衍生品协会、英国标准协会等）的合作，及时了解国际金融标准制定工作的重点，在研讨交流、专题培训、经验引入等方面加大合作力度，顺应开放形势，多措并举，做好人才培养工作。

第三节　亚洲债券市场合作路在何方

区域金融合作是各国以一定的法律管辖区为范围开展的合作，这种法律管辖区的分类可以以地理区域作为划分标准，如欧盟合作和东亚合作；也可以以金融市场发展所处阶段作为划分标准，如跨大西洋合作和金砖国家合作。与全球金融合作比，区域金融合作的影响是局部的，其所适用规则的国际影响力有限，但区域金融合作也有其独特的优势。首先是区域金融合作的议题设置更有针对性，讨论也更加深入，参与主体的同质性有助于增强合作收益。区域金融合作参与国的金融市场发展阶段相近，共同利益较多，加之地理位置等优势，使区域合作能克服参与主体单边行为的动机。另外，区域金融合作主体通过联合行动，有利于在全球金融合作平台上表达共同的利益诉求。自1997年亚洲金融危机以来，亚洲国家认识到了加强金融监管合作的重要性，并以"东盟10＋3"国家的合作为基础，在经济与金融监测、金融监管协调、构筑区域金融安全网、建设亚洲共同债券市场方面取得了显著进展。

一、亚洲债券市场合作：起源和愿景

1997年亚洲金融危机爆发后，亚洲国家总结教训，深刻地认识到了债券市场发展与合作的重要性。首先，债券市场发展程度低，过度依赖银行体系，使亚洲国家的高额储蓄向投资的转化效率较低。其次，由于本地债券市场不发达，本国政府和企业依赖海外融资，"双重错配"（主要是指汇率错配和期限错配）使亚洲国家容易遭受国际资本流动的冲击。在此背景下，发展本币债券市场被提升到前所未有的高度，"东盟10＋3"国家还提出要加强亚洲债券市场的发展与合作。

区域债券市场合作是区域金融合作、货币合作、监管合作能够务实落地的着力点，缺少了区域债券市场合作，其他金融领域的合作就缺少了支撑。从欧洲市场经验看，欧洲从发展跨国离岸交易、形成欧洲离岸债券市场、随欧洲一体化发展监管协调机制，到形成"欧盟-成员国"监管体系和欧元区，经历了数百年的漫长发展过程。欧洲离岸美元市场的发展是一个重要的分水岭，它促进了跨越国界、超越本国监管、具备典型国际化市场特征的开放性区域市场的形成。这一区域性市场不仅对欧洲区域内参与主体开放，对区域外参与主体也高度开放。在欧洲离岸美元市场的发展过程中，离岸债券市场起到了支柱作用。

东亚国家的金融市场发展阶段差异较大，既不同于欧洲具有若干发展水平接近且开放程度较高的金融市场，以及经历了百年融合的经验积累，又长期缺乏一个自身经济实力强、金融市场足够发达、开放的主导型市场来引领区域化市场的发展进程。但第二次世界大战结束以后，尤其是 20 世纪 70 年代以来，东亚各国债券市场不断发展，几个相对成熟的市场开放程度提高，亚洲金融危机之后建立了亚洲债券市场倡议（ABMI），对"东盟10＋3"区域债券市场合作与发展进行了产品、机制、规则等方面的协调探索，持续为加强区域市场合作、推动互联互通积累经验。

"一带一路"倡议的实施、中国-东盟经贸合作的加深、《区域全面经济伙伴关系协定》（Regional Comprehensive Economic Partnership，RCEP）的落地实施，将带动亚洲地区基础设施建设、贸易与投资发展，必将使亚洲地区尤其是东亚地区投融资合作更加密切，这将为金融市场的进一步连接、跨境金融交易的增加和跨境人民币市场的发展打下基础。随着中国债券市场的改革开放，中国债券市场将与"东盟10＋3"地区一些相对成熟的、经贸投资合作密切的市场建立更紧密的联通关系。

从远景看，中国债券市场作为世界规模最大、实体经济基础牢固、结构合理、发展潜力大的市场，与区域各国合作，引领"东盟10＋3"区域市场合作发展，最终走向更加一体化的亚洲区域债券市场，建立和完善亚洲债券市场治理模式，并引领区域化、国际化的亚洲债券市场与欧洲债券市场加强互联互通，是可以逐步探索实现的目标。

但从近期看，仍然要立足现实，实事求是地制定可行的目标。可以根据中国债券市场的发展和开放情况，根据"一带一路"倡议和中国-东盟经贸合作在亚洲地区的进展和融资需要，在已有"东盟10＋3"债券市场合作的基础上进行探索。加强中国与区域内主要市场的相互开放，创新支持亚洲国家跨境投融资债券产品，探索形成亚洲区域市场一些好的市场惯例、法律文本、司法和仲裁安排及制度规范，加强跨境监管协调和投资者保护，循序渐进地推动区域债券市场治理模式的创新和发展。

二、亚洲债券市场合作：现状及问题

（一）亚洲债券市场：国别差异和结构性问题

亚洲区域各国债券市场发展差异较大，目前已初步形成几个发展程度相对较高的债券市场，但东亚主要债券市场的结构性问题依然存在。

1. 日本债券市场

虽然日本债券市场规模位居世界第三，仅次于美国和中国，但与其他发达国家成熟的债券市场相比仍有差距，主要表现为债券市场结构不合理、市场发展缺乏后劲、开放程度不足。日本债券市场结构不平衡主要体现为国债占比过高（长期达到90％以上），公司债占比过低（见图6-2）。根据2021年年末的数据，在日本债券市场中，国债占比超过92％，公司债占比不到8％。从开放情况看，日本武士债市场的发展（见图6-3）、本国债券的境外投资者持有占比（见图6-4）均维持在较低水平。

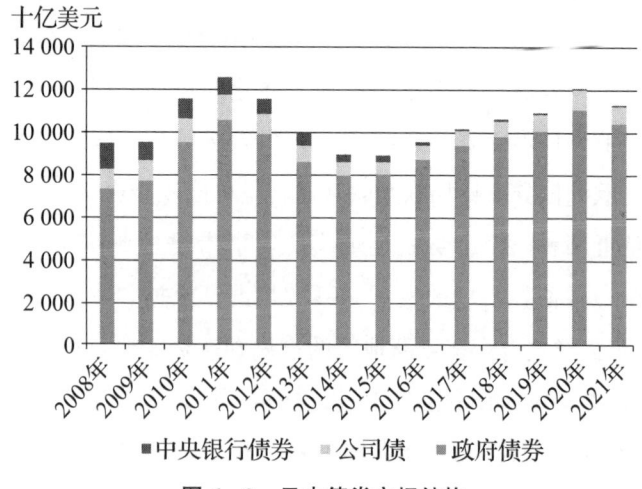

图6-2 日本债券市场结构

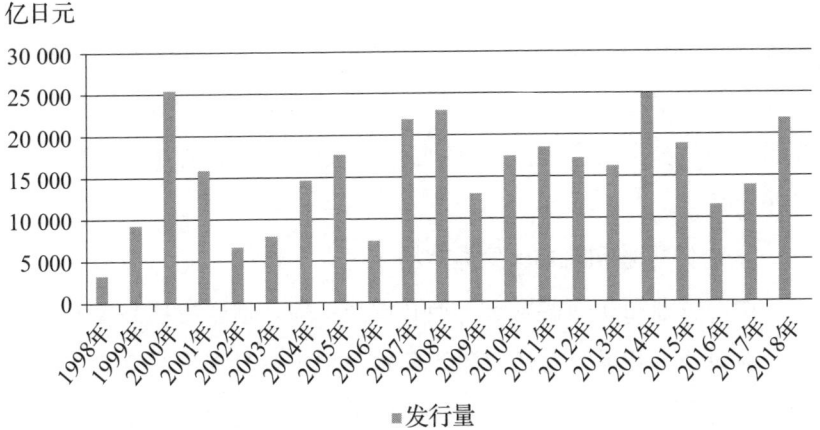

图 6-3　日本武士债的发行规模
资料来源：日本证券业协会。

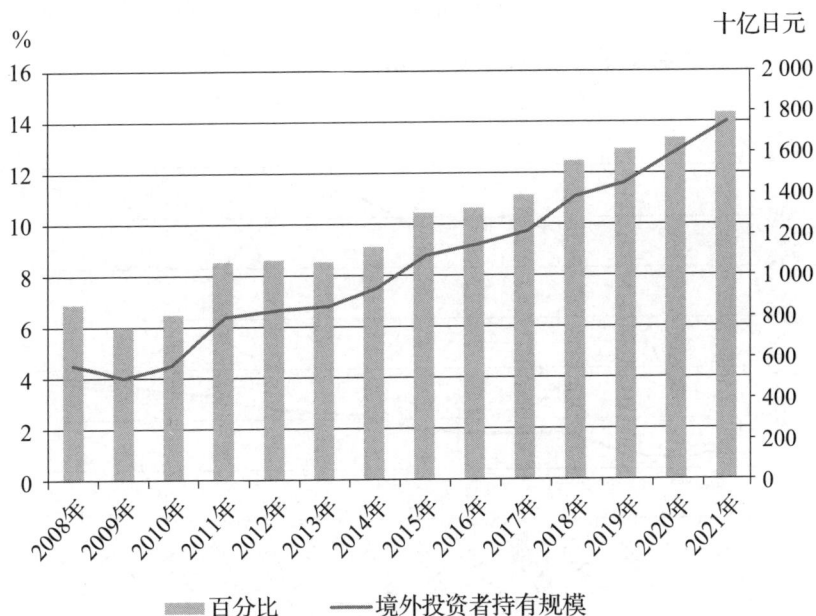

图 6-4　境外投资者持有日本政府债券的规模和比例
资料来源：Asian Bond Online.

2. 韩国债券市场

韩国债券市场规模超过 2 万亿美元，在除中国外的亚洲新兴市场中处于领先地位，但对外开放程度并不理想。阿里郎债市场规模始终没有做大。阿里郎债诞生后的前 10 年（1995—2005 年），每年的发行数量均未超过 10 只，并且从发行人地区和背景来看，发行人范围集中于美国和印度尼西亚发行，大多是韩国公司的海外子公司。

3. 中国香港和新加坡债券市场

中国香港和新加坡属于小型开放经济体，债券市场高度开放自由，对投资者几乎没有任何限制和报告要求，呈现出完全离岸债券市场的特点。由于自身缺乏实体经济的支撑，两地债券市场发展始终缺少深度和广度，债券市场规模、流动性等各方面相比其股票市场也有欠缺。

境外机构持有亚洲各国政府债券占比和 2021 年亚洲各区域债券市场规模分别如图 6-5 和图 6-6 所示。

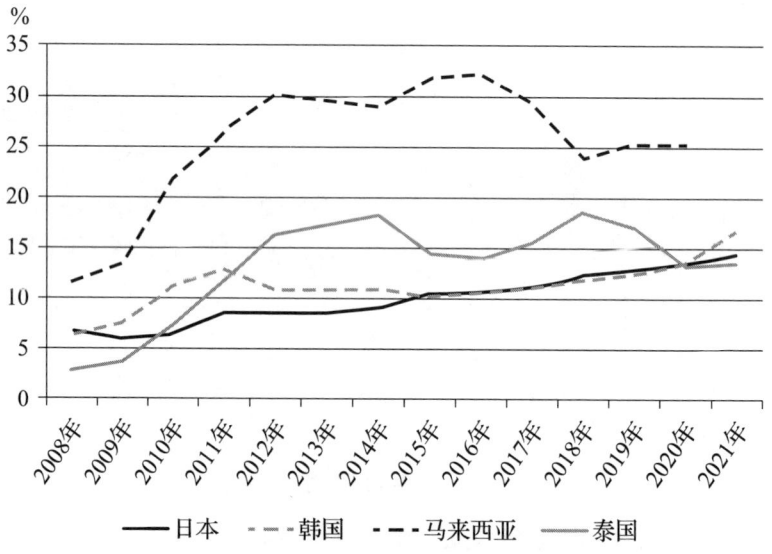

图 6-5 境外机构持有亚洲各国政府债券占比

资料来源：Asian Bond Online.

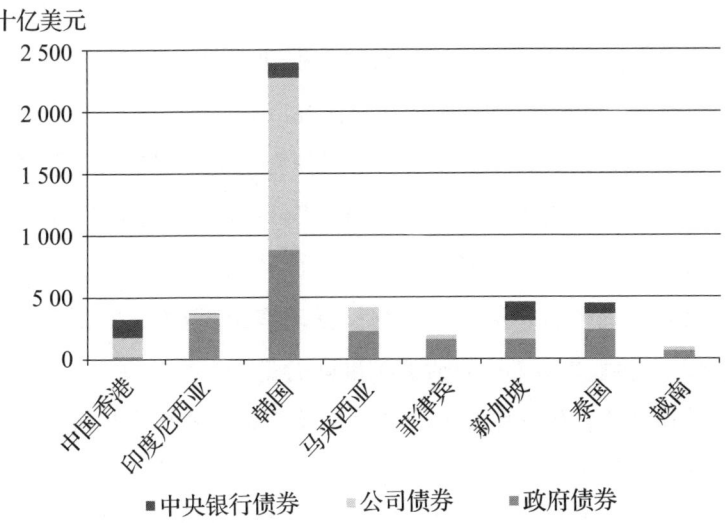

图 6-6　2021 年亚洲各区域债券市场规模

资料来源：Asian Bond Online.

（二）亚洲债券市场合作现状

1. 亚债基金

亚洲金融合作始于 1997 年东盟五国的货币互换合作安排。到 2000 年，相关货币互换网络已覆盖"东盟 10＋3"国家，各国共同签署了建立区域性货币互换网络的协议，即《清迈协议》。2003 年，作为《清迈协议》的进一步延伸，亚债基金一期（ABF1）10 亿美元正式建立，旨在利用亚洲充足的外汇储备发展亚洲债券市场。ABF1 由 EMEAP[①]11 国官方储备出资共同建立，主要投资于 EMEAP 成员国（日本、澳大利亚、新西兰除外）发行的一揽子主权债券或准主权债券，以增加该类债券的流动性。2005 年，亚债基金二期（ABF2）启动，金额为 20 亿美元。

---

① EMEAP 即东亚及太平洋地区中央银行行长会议组织（Executive Meeting of East Asia-Pacific Central Banks）。

2. 亚洲本币债券市场发展与合作

"东盟10＋3"国家央行和财政部推动亚洲债券市场合作，取得了一些初步成果。在建设亚洲共同债券市场方面，"东盟10＋3"框架提出了ABMI，宗旨是发展本地区债券市场，促进亚洲储蓄投资于本地区，为本地区经济发展服务。2008年举行的"东盟10＋3"财长会通过了ABMI新路线图，成立了4个新工作组，其中第三工作组负责改进监管框架研究，包括推动实施IOSCO的证券监管原则、促进跨境债券交易的债券标准融合等内容，在债券共同发行、区域信用评级合作（评级标准融合）及信息格式标准化等方面开展研究。

2010年，"东盟10＋3"财长会批准第三工作组建立10＋3债券市场论坛（ABMF）。ABMF是由亚洲开发银行牵头，在"东盟10＋3"合作框架下，以亚洲各国财政部、中央银行及债券市场专业人士为参与主体的国际性论坛，探讨在跨境债券交易方面促进债券标准融合等相关问题，同时为各国政府官员和私营机构提供交流平台。ABMF做了一些市场层面的具体探索，包括探索跨境融资产品、探索跨境交易的便利化、研究基础设施互联方案、探索监管规则和标准的协调、比对各国规则、探索债券发行信息披露的标准统一。

推动建立采用标准化债券发行流程的亚洲多币种债券发行框架（Asian Multi-currency Bond Issuance Framework，AMBIF）是ABMF的核心工作目标之一。AMBIF的宗旨是在亚洲建立仅面向合格机构投资者的跨区域债券市场，发行人可在参加该项目的任一经济体内按标准化的发行文本和信息披露要求发行债券，投资者限于合格机构投资者，此类投资者可跨境买卖此类债券，即使该债券没有在发行/买卖的经济体完成注册/审批。该计划的主要突破在于，债券只要在一国完成发行审批手续，即可自动在其他参加国进行发行和交易，而无须得到当地的发行/销售许可。该计划的目的在于便利跨境债券发行和投资，促进地区债券市场发展，使亚洲国家的资金更多地投资于本地区债券市场。

2015年9月，根据AMBIF相关机制试点发行的第一只债券由日本瑞穗银行在泰国市场正式发行，发行总额为30亿泰铢，期限3年，票面利率2.33%。在该案例中，泰国财政部和泰国证券交易委员会批准发行人使用单一提交表格作为非居民发行泰铢债券。该债券发行成功后，在东京证券交易所的专业投资者债券市场上市。

（三）亚洲债券市场合作的障碍与转机

1. 亚洲债券市场合作的障碍

（1）缺乏有力的牵头国。目前，亚洲债券市场合作由日本和亚洲开发银行主导，但是，日本债券市场的商业融资能力和开放水平相当有限，相关经验的可复制推广性仍存在疑问。从AMBIF的试点案例中也可以看出，所谓多币种债券的跨市场发行具有试点性质，缺乏实际融资功能，对亚洲本币债券市场发展的实际作用有限。长期以来，中国债券市场发展和开放的水平有限，更多地专注自身发展，但近年来情况已经有所变化，而这一变化也可能给亚洲债券市场合作带来转机。

（2）区域内经贸投资的支撑力度仍然不够。亚洲不可能单纯为加强债券市场合作而加强合作，必须以经贸、投融资的实际需求作为支撑。就目前来看，中国-东盟自由贸易区已经建成，但其经贸投资联系在规模和层次上与欧盟还有较大差距。值得注意的是，近年来，东盟经贸投资的合作形式也在往积极的方向发展。RCEP已经正式签署，东盟十国已全部与中国签订共建"一带一路"合作文件，共建"一带一路"将从基础设施建设、经贸合作等角度，从中长期为亚洲债券市场合作提供不断增长的实际支撑。

（3）目标不够明确，方法、路径存在问题。目前已有的亚洲债券市场合作机制，其目标不够清晰。例如，究竟是动员债券市场比较成熟的国家带动债券市场落后的国家发展，还是推动债券市场比较成熟的国家扩大开放、加强互联互通，抑或是促进本地区债券市场规则标准协调统一和区域市场一体化，等等，关于这些目标中哪些在现阶段具有现实性和紧迫性，都不够清晰。

在方法和路径上，第一，当前阶段一味推动区域债券市场规则协调化可能存在现实障碍。障碍主要来自协调动力的明晰，当前需要明确区域内主要国家债券市场互相开放、跨境投融资的需求，规则差异对现实需求构成了哪些阻碍，只有这样才能推动规则的统一，否则亚洲债券市场的规则协调工作如同空中楼阁。第二，从推动区域内跨市场投融资工具创新和发展来看，亚洲开发银行既不是监管部门，离市场需求也相对有一定的距离，让其有效挖掘市场实际需求，寻找有效案例，推动真正创新并解决市场问题是有困难的。AMBIF 试点项目更多的是纯粹的象征意义，市场实际价值和可推广性不高。同时，亚洲债券市场合作过多地注重政治平衡，设计"东盟 10＋3"交易基础设施联通方案难以根据市场客观发展程度循序推进，而是把整个"东盟 10＋3"各国进行理想化的联通设计，具体落地存在困难。第三，在发行规则标准协调方面，亚洲开发银行更多地强调引入欧美标准，按照欧美市场披露惯例进行统一的跨市场披露，结果即便是在日本专业投资者债券市场，AMBIF 试点案例也只能名义上市，缺乏投资者活跃地参与认购交易。

2. 亚洲债券市场合作的转机

中国债券市场的发展与开放为亚洲债券市场合作提供了新的机遇。亚洲债券市场合作也应遵循服务实需、务实推进的原则，在各国市场差异较大的情况下，抓住中国债券市场开放、共建"一带一路"提供的机遇，循序、积极地推动跨市场投融资实践，在实践需求中协调区域市场的规则、惯例和最佳市场实践，顺应形势探索建立区域债券市场的协调机制，逐步形成区域债券市场治理模式。

三、推动亚洲债券市场合作走得更远

(一) 以实需为基础，不拘一格探索跨市场投融资实践

中国债券市场的改革和开放，需要探索更多的跨市场投融资实践，这些探索可以促进亚洲债券市场合作。

第一，利用中国债券市场"引进来"政策，吸引亚洲多元化参与者在中国债券市场进行债券投融资。首先，进一步扩大与"一带一路"项目相关的亚洲发行人通过发行人民币或外币计价债券融资。"东盟10＋3"地区已经有中国香港、日本、新加坡、马来西亚、菲律宾等地发行人发行与"一带一路"项目相关的熊猫债，泰国、印度尼西亚、老挝、韩国等国家的政府、金融机构、企业发行人也存在发行需求，亚洲基础设施投资银行、亚洲开发银行等本地区国际开发机构也已完成人民币债券发行。还有"东盟10＋3"发行主体希望发行与"一带一路"项目、绿色发展等相关的债券。其次，境外主体在中国市场发行债券时，通过各类境外投资者参与渠道，多方吸引"东盟10＋3"地区投资者参与"一带一路"债券投资。截至2020年7月14日，通过债券通进入银行间债券市场投资的561家机构中，已经有70%以上来自"东盟10＋3"及港澳地区。在这方面，从积极宣介、继续解决政策和机制问题到软环境建设都有很多工作可做。在人民币债券已加入三大国际主流债券指数的基础上，进一步增加在三大国际主流债券指数中的权重，无疑是吸引境外投资者进入中国市场的重点工作。

第二，充分利用我国香港债券市场的国际离岸债券市场优势，鼓励金融机构和企业在香港市场探索债券投融资创新，以熟悉国际市场规则，为未来债券市场监管规则的跨境适用打好基础。

第三，探索"东盟10＋3"地区跨境投融资产品和交易模式创新。可考虑在特定投资者范围内（如境内成熟投资者＋境外投资者），允许发行人采用国内和国际投资者都能接受的信息披露文件注

册，同时对境内外机构投资者发售。例如，发行人或其关系密切的子公司在注册额度内选择同时在中国香港、新加坡或其他"东盟10＋3"专业投资者市场发行债券，本国监管机构不再单独进行审批或备案，只做正常资金出入境管理和外债登记。实际上，中资发行人在境内一级市场同时面向境内外投资者发售，或者在国内发债时同时向国家发展改革委备案并在香港发行债券都是既有实践。上述建议只是向前走出一小步，给了发行人更大的选择融资市场和投资者群体的灵活性，同时积累在"东盟10＋3"地区的跨市场融资经验。

（二）循序加强与亚洲国家债券市场监管和市场规则协调

当越来越多"东盟10＋3"地区主体参与跨市场融资实践时，可积累经验，根据实践中出现的问题，与相关国家或地区金融监管机构加强监管合作和协调，对实践中涉及的信息披露标准、法律文本标准、争议司法裁决和仲裁机制、投资者保护条款和相关机制标准进行协调，尤其是针对跨境融资涉及的规则和标准加强协调，提出一些符合市场实际需要的标准或规则协调范例提交"东盟10＋3"政府部门相关机制，在本地区塑造跨市场投融资推动亚洲债券市场协调发展的良好案例，并进行复制推广。

（三）顺应形势创新和完善"东盟10＋3"地区金融合作的治理结构

"东盟10＋3"地区债券市场合作，目前已经从机制上建立一套区域债券治理架构，包括"东盟10＋3"地区政府首脑会议、部长级会议、ABMI、ABMF等，但由于缺乏市场实践和规则协调的积累，架构偏务虚，实际支撑不足。经过本地区实体经济和金融市场的进一步紧密联结，在这一过程中可以顺势逐步改造、充实、完善区域债券市场的治理结构。从议事和决策机制上应该更多地考虑本地区债券市场发展和开放的现实，根据本地区经济，联系实需设置议题并协调推动解决问题，中国将在新一轮治理结构优化中发挥更大作用。

（四）中国债券市场有望发展成为联通欧亚债券市场的枢纽

中国债券市场可以成为亚洲和欧洲两个区域债券市场的联通枢纽，并在跨区域债券市场协调和治理中发挥重要作用。在内地与香港开通债券通后，有欧洲国家表现出与我国债券市场建立债券通机制的积极意愿。欧洲实际上是一个联通程度很高的国际市场，而目前中国是"东盟10+3"地区中唯一一个主要的债券市场，如果能成功与欧洲国家探索出债券通机制，将有助于中国债券市场与欧洲债券市场的联通。

特别是随着"一带一路"建设的发展，东亚和欧洲作为"一带一路"沿线的两端，在多元化融资领域将日益密切联系。以中国为枢纽，促进亚洲和欧洲两个区域债券市场的联通和协调，探索亚洲债券市场的治理合作模式，既顺应中国在国际金融治理中日益发挥重要作用的趋势，也是"一带一路"项目建立多元化融资体系、发展金融市场互联互通的必然要求。

| 第七章 |

道阻且长：
穿越债券市场国际化的荆棘

债券市场国际化之路绝非坦途。尤其是作为一个超大规模的债券市场，要实现从封闭走向开放、从低水平国际化走向高水平国际化，必然会遇到重重困难。在不同的阶段，每往前一步都可能遇到不一样的阻力。债券市场国际化在"从0到1"的试点阶段，会遇到各种问题。例如，如何增加海外主体对中国经济和债券市场的了解、市场国际化的顺序问题（如先"走出去"还是先"引进来"、先机构还是先产品、先融资还是先投资、先本币还是先外币）等。总体来讲，这一阶段债券市场国际化的特点是步伐较小、规模控制、主体优质，需要的是形成共识，有敢于迈出那一步的魄力。进入"从1到N"的高水平国际化阶段后，债券市场将面临如何建章立制、如何防范风险、如何应对外部环境变化、如何与其他改革开放政策相统一等复杂问题。我国需要有明确的国际化目标和系统性、全局性的国际化举措，穿越荆棘，实现债券市场的高水平国际化。

第一节 债券市场国际化之路道阻且长

我国债券市场国际化面临的诸多困难和问题，既源于超大的市场规模，又与当前国际格局正在经历的深度变革密切相关。作为一个超大规模的债券市场，境外机构持有比例每变化1个百分点，就意味着有超过1万亿元的跨境资金净流入或净流出，这对我国金融体系、人民币汇率带来的影响将十分显著。另外，国际格局也在深度调整，在"逆全球化"回潮、国际冲突加剧的背景下，跨境贸易和投资受到影响，债券市场国际化也难免受到负面影响。

一、大国债券市场国际化的目标多元、任务艰巨

对于小国市场或离岸债券市场，其债券市场国际化就是金融自由化政策的组成部分，在享受债券市场资本自由流动红利的同时，也放弃了一部分货币政策或汇率政策的独立自主权。但我国债券市场是一个大国市场，市场国际化不能局限于"两个市场、两种资源"带来的帕累托改进，还要有更高层次的追求和更高水平的开放，维护我国核心利益的同时，在全球范围内提供公共品。

债券市场国际化要求我国在维护金融稳定的前提下，实现三个层次的目标：①微观层面，要吸引更多不同类型的境外要素参与本国债券市场，除了要吸引海外的资金，还要吸引海外的机构（包括海外投融资机构、金融服务商等），以及具有国际视野的专业人才；②中观层面，以开放促改革，提高金融市场运行效率，增强金融市场自身的功能，服务于金融业的整体发展和开放；③宏观层面，参与全球金融治理，提高金融话语权和国际影响力，服务于整个开放型经济的发展，并在全球范围内提供公共品。

实际上,上述三个层次的目标需要同步推进和兼顾,但每一层次目标的实现都不轻松,不同层次目标之间的冲突也需要调和。①微观上,吸引海外机构和资本参与我国债券市场,需要克服强大的投融资本国偏好,打破路径依赖,因此"硬实力"和"软环境"二者缺一不可。当前海外机构参与国内市场存在的各类显性和隐性障碍,都亟待破除。②中观上,如何选择一条"于我有利"的债券市场国际化路径,如何让开放与发展相互促进而不是相互消耗,如何协调国际化目标和国家发展战略,都是债券市场国际化需要解决的难题。③宏观上,在全球经贸冲突加剧的背景下,如何以债券市场国际化为突破口,加强国际监管合作、参与规则制定也是阻力重重。

不同目标之间的冲突进一步增加了债券市场国际化的困难。例如,吸引海外机构和资金进入我国债券市场,与吸引外资有显著差别。前者与实体经济关联度更低,历史上出现的很多跨境套利问题也源于此。因此,如果债券市场国际化步伐太快、太猛,可能会使国内金融市场的竞争业态恶化,产生热钱流入和潜在资本外流的压力,甚至可能侵蚀金融主权。又如,与美元国际化带来的"特里芬难题"类似,债券市场开放也存在悖论:作为本国的债券市场,应该着力维护内部均衡,尤其在跨境资本大幅流动的环境下,应对跨境投融资加强管理;而作为世界的债券市场,又应该规范金融监管的纪律和尺度,给国际机构形成稳定的预期。上述目标冲突将伴随我国债券市场国际化的始终。

二、债券市场国际化面临内外部环境的约束

在债券市场国际化初期,内外部环境的约束相对较小,这主要是因为规模量级还没上来,内外部竞争环境还算温和。从国际化的规模量级来看,债券市场国际化初期以业务试点为主,这一阶段最大的特点就是参与机构少、业务规模小。因此,在制度规则不健全

的情况下，很多问题以"一事一议"的方式加以解决，加之试点机构都比较优质、规模不大，风险防范问题、跨境资本流动管理问题、汇率问题等都不需要予以过度关注，市场国际化工作相对容易开展。从内外部竞争环境看，债券市场国际化的业务试点对国内市场和国际市场的影响都十分有限，尚不会对市场竞争格局产生较大影响，因而不会遇到监管困难和外部阻力。但是，我国债券市场国际化已经逐步迈过初级阶段，受到的内外部环境约束越来越多，叠加当前国际格局的深刻变革，使我国债券市场国际化之路更加复杂，充满不确定性。

（一）内部环境约束

在内部环境约束上，我国债券市场过去基本处于封闭状态，国际化必将打破这一状态，这实际上会带来一些潜在问题。

首先，市场竞争格局会发生显著变化，境外发行人将与境内发行人就融资资源进行竞争，境外资产管理机构也会与境内机构就有限的金融资源展开竞争。而债券市场国际化之后，境外中介机构也将加入国内本就已经非常激烈的竞争"红海"中。适度地引入竞争有助于提高效率和服务质量，给国内债券市场带来帕累托改进，但如何防止债券市场国际化带来恶性竞争、低费率竞争等，需要在市场国际化进程中慎重考虑，毕竟开放的大门一旦打开，就很难再关上。

其次，如何防止国内监管主权旁落的问题。封闭条件下并不存在这类问题，但债券市场一旦开放，监管主权就存在失控的可能性。例如，国际信用评级机构获准进入国内市场开展业务后，即便受到国内监管部门的监管，也需要合理分析和评估其较大的国际话语权、金融定价权将对国内主权政府、地方政府、金融机构和非金融企业造成的影响。历史上就曾发生过国内银行被三大评级机构下调评级从而造成负面影响，因此需要对国际信用评级机构的长远影响进行评估和应对。又如，跨境投融资活动必然催生跨境监管，跨境监管必然意味着监管主权与境外监管部门的让渡，对于监管主权的让渡，如何让渡、让渡多少其实都是在跨境监管合作中需要慎重考虑的。

最后，债券市场国际化与国内经济金融环境密切相关，但实际上，一个国家的经济发展和金融体系存在周期性，经济金融发展会有反复的过程，这也使得债券市场国际化进程并非一帆风顺。特别是在经济发展形势好、金融体系稳定的阶段，需着力解决债券市场国际化的动力问题；而当形势逆转、经济金融环境不利时，债券市场国际化通常被提上议事日程，此时需要解决的问题是如何防止风险的恶化和传染。

（二）外部环境约束

在外部环境约束上，债券市场国际化可能面临更大的阻力。相比内部环境，外部环境更加复杂和不可控。我国债券市场国际化面临的外部环境总体比较有利，从市场容量、拓展新的融资渠道、扩大投资群体、资产相关性、人民币投融资活跃性等角度考察，都是非常有竞争优势的。但是，国际环境瞬息万变，尤其当前我国债券市场国际化水平加速提升，面临的外部环境也会变化。

首先，美国、日本等国在金融市场基本已经完全开放，新加坡、卢森堡等市场也完全开放。总体上，各国都在积极推动本国金融市场的国际化，我国债券市场国际化面临的任务，是从这些国际化水平很高的成熟市场中脱颖而出，其难度是显而易见的。受制于路径依赖，境外机构投资者已经熟悉海外市场的规则和流程，除非有显著的收益，并且不对他们的投融资流程有较大改动，否则难以充分激发他们参与我国债券市场的动力。尤其是境外大型金融机构主要在欧美市场，这些市场在法律适用、语言等方面均有先发优势。

其次，当前正处于全球深度变革期，国际形势复杂严峻，世界格局和国际体系面临全新的变化和挑战，地缘政治冲突、经贸冲突屡见不鲜，"逆全球化"思潮有所蔓延，新的科学技术层出不穷，科技组合式创新正在重塑全球金融生态和商业生态,这种复杂且充满挑战的外部环境也给债券市场国际化设置了障碍。例如,美国部分议员就明确反对美国联邦养老金投资中国金融市场。此外,在新技术蓬勃发展的当下,如何运用新技术为债券市场国际化赋能,也是我国金融管理部门需要重点考虑的问题。

三、债券市场国际化向高水平迈进面临更多障碍

作为大国债券市场,需要的是高水平的国际化。当前我国债券市场国际化已从试点发展阶段进入常态化发展阶段,这一新阶段应当是高水平发展阶段,这样才能实现市场国际化的多重目标。在此背景下,越来越多的障碍逐渐凸显出来。

(一)债券市场迈向高水平国际化过程中深层工作推进困难

债券市场向高水平国际化迈进,意味着前期"低垂的果实"已摘完,即债券市场国际化最容易的部分基本完成,深层次、高水平的部分成为"难啃的骨头"。"行百里者半九十",债券市场国际化越往高水平发展,所要兼顾的利益就越多,阻力也越大。例如,对债券市场国际化的认识,是随着国际化水平的提高而不断深入的,越往前推进,内涵越丰富,所涉及的国家、市场、监管部门、利益主体也越多,推进难度自然也越大。尽管初期工作主要是引入境外机构,但实践表明,只是将境外机构引入境内债券市场开展跨境投融资业务并不算实现了国际化。这些工作还需要一系列的配套支持,包括基础设施互联互通、完善债券市场自身制度、丰富境外中介机构、提供风险防范工具等,提升人民币的吸引力也可以列为配套工作。同时,在境内市场引入境外机构后,如何充分用好国际资源,使之与国家一系列发展战略相适应、相互促进,也是"难啃的骨头"之一。因为在当前复杂的国际形势下,债券市场国际化不应单独行动,而应当作为我国金融市场国际化、经济发展全球化的重要组成部分,其节奏、方向应服务于国家总体战略。

(二)债券市场国际化"准入后"管理的难度要大于"准入前"管理

在试点发展阶段,一般采用的是"一事一议"的"准入前"管理,遴选比较优质的境外主体试点参与债券市场国际化业务。这种管理方式相对简单,因为在市场国际化初期,优质的境外主体可选择范围较大,而且既然是试点,很多工作都是在摸索中总结经验,因此可以没有一个十分明确、具体、量化的准入标准,加之参与主体集中在头部群体,"准入后"管理可以在最大限度上弱化。但进入常态化发展阶段后,"一事一议"必须让位于"建章立制",过去存在的自由裁量空间要被制度规范起来,压缩到极小。尤其是要想推动债券市场国际化往更高水平发展,准入标准不仅需要明确,还需要大幅降低,最好可以实行"准入前国民待遇""负面清单"原则。准入标准的明确和降低,意味着监管部门的管理必须从"前端"转向"后端",从"准入前"转向"准入后"。毫无疑问,相较"准入前"管理,"准入后"的管理难度更大,不仅是因为"准入后"的存续期间长,更是因为准入门槛降低后,进入我国债券市场的境外主体资质将变得参差不齐,合规经营者有之,投机套利者有之,长期主义者有之,机会主义者也有之。这些多元化的境外机构在全球开展业务,也受到不同监管部门的监管,很多信息都不透明,这对本国监管部门提出了巨大的挑战。如果监管部门的监管过于宽松,必然会给本国市场造成混乱和损害,既容易引发关于超国民待遇的质疑,也会引发他国监管竞次的问题。反之,如果监管部门的监管过于严格,又会造成逆向选择问题,即优质境外主体由于内部合规意识强,无法参与监管严格的本国市场,而那些不合规的境外主体凭借物理距离、信息不对称等反而更愿意参与本国市场。

(三)高水平债券市场国际化要求从机构层面的国际化转向产品、制度和市场层面的国际化

从机构层面看,债券市场国际化是指引入境外机构,主要工作是研究以多快的速度引入哪些机构。但机构"引进来"只是第一步，债券市场国际化的困难恰恰来自机构"引进来"之后，这就涉及产品、制度和市场。

从产品层面看，需要考虑境外机构进入我国债券市场后，可以投资交易哪些产品、发行哪些产品，以及参与投融资的额度应该多大等。值得特别注意的是，境外机构在国内开展业务，很难真正做到完全的国民待遇，因为境外机构在国内分支机构数量少，如果遵循国民待遇原则，以海外机构国内分支机构的数量来评价，那么境外机构很多业务都开展不了；而如果以其海外总部来评价，由于实际开展业务的主体和被评价主体不相同，就违反了国民待遇原则，对国内同业有失公允。因此，这实际上给市场管理部门提出了更高的要求，既要考虑国民待遇的公平性原则，又要考虑境外机构的特殊性。

从制度层面看，高水平债券市场国际化对国内制度的包容性提出了更高的要求。任何一项国内制度规则，在酝酿和制定阶段都必须考虑"国际化"这一因素，考虑跨境交易是否可行，考虑跨境风险扩散问题，考虑形成双语版并征求境外机构意见。

从市场层面看，仅仅允许境外机构开展业务还远远不够，高水平的国际化对市场流动性、市场交易更活跃提出了高标准、高要求，如何内生性地吸引境外机构参与交易、活跃交易，打破境内交易和跨境交易的阻隔，打破国内市场和国际市场的边界，都是极具挑战性的问题。

第二节　债券市场国际化带来的潜在风险

债券市场国际化会带来一些新的风险类别，如金融外交层面的政治风险、跨境资本流动风险、跨市场风险扩散风险、跨境仲裁执行效力风险等。在国际化形势下，传统风险也会表现出新特征。例如，信用风险需要更多地关注国别风险、地缘政治等因素，跨境投融资中的法律风险和汇率风险更加突出等。特别是债券市场国际化使在岸债券市场对离岸债券市场更加敏感，境外市场的利率波动、汇率波动和信用风险可以更快、更显著地传导至境内。债券市场国际化还使得在操作层面识别风险、防范风险变得更加困难，由于地理位置、语言、文化差异，境内外主体之间信息不对称问题加剧，争议解决过程中的沟通协调成本也更加高昂。撇开金融风险谈债券市场国际化，推动形成的必然是"跛脚的国际化"，难以行稳致远。正如习近平总书记在中共中央政治局第十三次集体学习中所言，"要提高金融业全球竞争能力，扩大金融高水平双向开放，提高开放条件下经济金融管理能力和防控风险能力，提高参与国际金融治理能力"[①]。为畅通债券市场国际化之路，我国需要科学识别并主动应对债券市场国际化中的风险。

一、债券市场国际化带来新的风险类型

(一) 跨境资本流动风险

近年来，随着我国金融市场的开放，证券投资成为影响我国国际收支的重要因素之一。特别自 2017 年以来，债券市场国际化通过引入国际资源，在平衡国际收支、稳定人民币汇率方面发挥了积极作用，成为跨境资本流动中令人无法忽视的组成部分。截至 2020 年 6 月末，我国债券市场共吸引了超过 1.68 万亿元的增量海外资本。

但与经常项目、FDI 等项下的开放不同，债券市场国际化的本质特征是短期资本流动。历史经验表明，债券市场国际化所带来的跨境资本流动可能会带来潜在风险，无论是资本大幅度流入带来

---

① 习近平：深化金融供给侧结构性改革 增强金融服务实体经济能力. 人民日报，2019-02-24.

"热钱",还是资本大规模流出,都会给本国汇率和资产价格带来一定的波动,冲击本国金融体系。从国际经验看,开放条件下的金融危机通常都始于资金流入。例如,20世纪90年代,泰国、马来西亚等国家都曾积极开放本国金融市场,建设区域金融中心,但因为相应的监管和风险防范机制缺失,资本大量外流,并导致了货币危机和金融危机。总之,与债券市场国际化相关的潜在风险值得关注,在资金流入时期就要为未来的资金流出做好前瞻性准备。开放条件和封闭条件差异较大,顺周期、波动性的风险也很大,境外参与者信息不对称问题更加严重,更容易引发恐慌,稳定市场的措施也更难奏效。

在 IMF 判定资本账户开放的 40 个项目中,有 8 个子项与人民币债券市场国际化直接相关,有 4 个子项与人民币债券市场国际化间接相关,债券市场国际化必然意味着资本账户管理方式更加灵活。在我国债券市场引入境外发行人和允许本国投资者在海外开展债券投资,给本国投资者增加了新类型、多样化的债券投资产品,会导致本国资本流出;在我国债券市场引入境外投资者和允许本国投资者境外债券融资,会带来资本流入。跨境资本流动的确有利于提高资源配置效率,但也会通过金融机构和金融活动传导一定的风险,如流动性风险、债务违约风险、汇率风险、资产价格波动,甚至引发系统性风险。

(二)主权债务风险

新冠肺炎疫情的全球蔓延、经济衰退、市场震荡、大规模财政货币刺激、能源问题、粮食问题等多重因素叠加,显著加剧了主权信用风险(见表 7-1),少数国家已出现违约情况。近年来我国扩大金融开放,境内外金融联系增强,主权信用风险不仅对进入我国的熊猫债发行人有直接影响,也对银行间债券市场面向投资者和中介机构开放产生衍生效应,将直接影响国内金融市场的国际化策略。

表 7-1　2020 年第二季度两周内的信用评级调整情况（4 月 1—14 日）

评级机构	日期	被调整国家	级别调整	展望
穆迪	4月1日	毛里求斯	维持 Baa1	稳定调整至负面
	4月3日	阿根廷	Caa2 下调至 Ca	负面
	4月3日	赞比亚	Caa2 下调至 Ca	负面调整至稳定
	4月3日	厄瓜多尔	Caa1 下调至 Caa3	稳定调整至负面
	4月9日	巴哈马	Baa3，列入降级观察名单	—
	4月14日	苏里南	B2 下调至 B3	稳定调整至负面
标普	4月1日	苏里南	B 下调至 CCC+	负面
	4月6日	巴西	维持 BB−	正面调整至稳定
	4月7日	阿根廷	CCC− 下调至 SD	负面
	4月8日	刚果（布）	维持 B−	稳定调整至负面
	4月10日	埃塞俄比亚	维持 B	稳定调整至负面
	4月10日	喀麦隆	B 下调至 B−	负面调整至稳定
	4月13日	泰国	维持 BBB+	正面调整至稳定
	4月13日	厄瓜多尔	CCC− 下调至 SD	—
惠誉	4月1日	哥伦比亚	下调至 BBB−	负面
	4月3日	南非	下调至 BB	负面
	4月3日	比利时	维持 AA−	稳定调整至负面
	4月6日	尼日利亚	下调至 B	负面
	4月6日	阿根廷	CC 下调至 RD	—
	4月8日	越南	维持 BB	正面调整至稳定
	4月8日	阿鲁巴岛	BBB− 下调至 BB	负面
	4月9日	马来西亚	维持 A−	正面调整至稳定
	4月9日	贝宁	维持 B	正面调整至稳定
	4月9日	厄瓜多尔	CC 下调至 C	—
	4月10日	牙买加	维持 B+	正面调整至稳定
	4月10日	阿塞拜疆	维持 BB+	稳定调整至负面
	4月10日	拉脱维亚	维持 A−	稳定调整至负面

主权信用是一国金融资产定价的基准,是其他资产定价的"锚",主权一旦陷入信用危机,会由此衍生出企业违约、银行业危机、货币危机等,并通过贸易、资本渠道跨境扩散。这在拉美债务危机、亚洲金融危机、欧洲主权债务危机中已被反复验证。

当前,主权债务风险已发展为全球性问题,新冠肺炎疫情的蔓延使这一情况进一步恶化。在疫情的冲击下,全球经济增速放缓。2020年,欧元区公共债务总额攀升至11.1万亿欧元,占GDP比重为97.3%,欧元区财政赤字也大幅攀升至7.2%。其中,希腊、意大利、法国、西班牙、葡萄牙等国家债务问题尤为严重。各国普遍推出财政刺激措施,未来,这些刺激措施带来的负面效应也将以主权债务风险形式逐渐显现。

事实上,海外主权债务风险已经开始暴露。2020年第一季度,新兴市场国家经历了较大规模的资本外流,普遍出现货币贬值,其中墨西哥、南非、俄罗斯、巴西等国货币贬值达到20%。各国主权信用违约互换利差大幅波动并显著上升。截至2020年4月16日,共有38个国家的主权信用评级或展望被三大国际评级机构下调。自2020年3月下旬以来,黎巴嫩宣布停止偿付其欧洲美元债券,阿根廷宣布外币债券延期兑付,厄瓜多尔也要求政府债券利息延期兑付。

境外机构既是我国金融市场的参与者,也是跨境风险的传播者。随着我国金融开放水平的提高,前所未有的国际环境巨变将对国内金融改革开放产生深刻影响。

首先,主权信用违约风险值得高度关注。目前,波兰、匈牙利、菲律宾、葡萄牙、奥地利5个国家在银行间债券市场注册发行了熊猫债。尽管这5个国家信用评级尚未下调,但鉴于新冠肺炎疫情的严重性,主权熊猫债风险值得高度关注。

其次,投资端资本外流风险值得警惕。主权信用违约会影响全球投资者的风险偏好和流动性。截至2019年年末,我国股票市场和债券市场共引入境外资金4.36万亿元,如果主权信用风险加剧,需警惕流动性紧张和资产偏好逆转对境外机构投资行为的影响。

最后，需要防范我国海外投融资风险的传导。主权信用风险也会加剧中资企业"走出去"风险。截至2019年年末，我国对外直接投资存量规模已接近2.2万亿美元，覆盖188个国家。仅2020年一年，中资机构在海外发行美元债规模就达到2 086亿美元，在共建"一带一路"背景下，主权信用风险的上升将增加中资企业"走出去"的难度，并将风险传导至境内。

（三）风险之间的相互关联和转化

债券市场国际化带来的风险不是单一的，各类风险之间高度关联并且相互转化，特别是跨境资本流动风险和主权债务风险之间有很强的正相关性。从国际经验看，当国际范围内的流动性危机事件发生时，投资者会倾向于购买高等级主权国家债券而抛售低等级主权国家债券，对低等级主权国家债券市场产生严重的流动性冲击。亚洲金融危机爆发后，国际投资者纷纷"追求质量"，购买G7国债，新兴市场国家债券与美国等发达国家政府债券之间的利差逐渐拉大。

俄罗斯债务违约就是一个很典型的国际化进程中风险转化的案例。1991年苏联解体后，俄罗斯开始了一系列自由市场改革。但自20世纪90年代开始，俄罗斯的GDP大幅缩减，税收有限，政府不得不为财政赤字融资，开放债券市场并允许境外投资者持有和交易短期债券。亚洲金融危机爆发前，俄罗斯还能发行本币债券融资。亚洲金融危机后，俄罗斯受到不利影响，不得不发行以美元计价的欧洲债券。但随着境外投资者的撤资，1998年第二季度俄罗斯的资产价格急剧下降，卢布贬值压力进一步加大。1998年7月，俄罗斯无法兑现一年内到期的国库券，尽管IMF同意为其提供一揽子金融支持，但俄罗斯仍然难以偿付，不得不于1998年8月宣布400亿美元的短期债务违约，关闭国债交易，并放弃维持卢布汇率。

资金的大进大出还可能引发系统性风险。微观主体趋同性的资产负债转换行为是产生系统性风险的基础。在外部冲击下，微观主体对汇率、境内资产价格、经济增速等的预期会趋同，有可能产生集中、单方向的汇兑或本外币资产转换行为，出现资本单方向的流入或流出。而且外汇市场和金融市场具有自我强化特征，如果不对这种情况进行外部干预，大量持续的资本单向流动有可能造成本币汇率和金融市场资产价格的连锁上升或下降，资本流出使外汇市场本币贬值，市场参与者贬值预期会增强，再加上市场非理性预期的扩散，从而引发更多本币抛盘和资本流出，导致金融资产价格下跌，出现金融市场的"流动性黑洞"，而非线性地加速货币贬值或外汇储备减少。2015 年，人民币不断贬值及贬值预期加剧，非金融企业加快偿还外币负债，包括住户部门在内的境内主体纷纷增持外币存款或资产，虽然我国金融资产价格并未出现大幅下跌，但我国外汇储备停止上涨势头，由 3.99 万亿美元一度降至 3.33 万亿美元。

二、债券市场国际化使既有风险更加复杂

（一）金融风险

债券市场国际化和跨境资本流动将在一定程度上加强在岸和离岸债券市场在汇率、利率、信用等方面的联动关系。随着债券市场国际化程度不断加深，离岸债券市场对在岸债券市场的风险传导渠道更多，影响更大，在国际化过程中需防范离岸债券市场的风险扩散。

1. 利率风险的跨境传导

在债券市场实现国际化的情况下，如果在岸债券市场与离岸债券市场存在利差，跨市场套利行为将使利率波动在在岸债券市场和离岸债券市场之间传导。例如，若离岸人民币利率显著高于在岸人民币利率，则海外资产吸引力增强，境内债券市场不仅面临资金外流压力，还面临债券供给压力；反之，则可能造成"热钱"流入，以及输入性通货膨胀的压力。在岸和离岸债券市场的利率缺口可能带来跨境资本流动，市场的一致性预期将使正常的跨境资本流动形成"超调"，扩大单向波动，不利于市场出清，同时也会引起恐慌情

绪，甚至造成更大范围的金融市场震荡。

2. 汇率风险的跨境传导

债券市场国际化后，在岸和离岸债券市场之间的汇率风险传导更加显著。例如，如果离岸人民币较在岸便宜，从投资端看，境外投资者倾向于卖出境内持有的债券，将人民币通过在岸债券市场互换为外币，并将外币汇出后在离岸债券市场兑换为更多人民币，以此进行套利；从融资端看，境外发行人倾向于在境内发行人民币债券进行融资，并将募集资金互换为外币，在海外兑换更多人民币，以此进行套利。上述套利机制一方面会使在岸人民币汇率产生波动，另一方面也会对在岸债券市场产生影响。总之，开放条件下的在岸和离岸人民币汇率同向波动更明显，在岸人民币汇率对离岸人民币汇率更加敏感。

3. 信用风险的跨境传导

随着境内企业赴离岸债券市场发行债券的增多，微观层面的信用风险将从以下三个渠道向境内传导。

（1）通过交叉违约条款传导风险。实践中，境外发行的高息低评级债券普遍设置交叉违约条款，一只债券的违约将引发一系列连锁效应。由于部分中资企业在境内外发债均设置交叉违约条款，如果其境外债券违约，将触发境内债券交叉违约。

（2）信用评级下调引起的连锁反应。赴离岸债券市场发行债券的境内国有企业（包括城投企业）数量日益增加，从境外评级机构的评级方法和模型来看，对国有企业的海外评级通常隐含地方政府信用。一旦企业海外债发生信用事件，会导致评级机构质疑其所在地方政府的财政状况，下调该地方政府评级，波及该地区其他企业或金融机构的境内外融资。

（3）信用风险和跨境资本流动风险交织。在离岸债券市场发债的中资企业募集的资金大多用于境内实体经营，在境外没有经营性资金来源，偿还境外债券的资金以来自在离岸债券市场续发债券居多，此类发行人在境外面临再融资压力。一旦海外债务接续不上，或者执行提前赎回，就需要用境内资金偿还海外债务。集中的资金外流可能加剧汇率波动，带来跨境资本流动风险。

(二) 法律风险

在一个国际化的债券市场中，法律风险主要涉及以下三个方面。

1. 跨境投融资中的后续管理问题

在跨境投融资活动中，投资者面临如何对发行人的信用风险行使有效的监控与预警的问题，这涉及对发行人进行持续的信息披露与后续管理要求。目前，我国债券市场已经针对境内发行人提出较为完善的后续管理要求，后续管理方法包括动态监测、重点关注池、风险排查和压力测试，以上方法都建立在发行人准确、及时和完整的信息披露的基础上。如果动态监测发现发行人主要经营财务指标出现不利变化，或者内部管理架构或高管人员出现重大变动等情况，应将发行人纳入重点关注池。但是，在实际工作中，主承销商对境外发行人的经营和财务等状况难以及时发现上述问题，也难以保证境外发行人所披露信息的真实性。执行后续管理规定面临的主要困难有信息披露核实困难、处罚执行困难，以及由此引发的内幕交易、市场操纵的防范等。

2. 跨境投融资中的债权人权利行使问题

在跨境投融资活动中，发行人出现违约或潜在违约的情形后，关于如何保证投资者及时、有效地行使债权人权利，保护债权人地位，主要解决方案是持有人会议机制。目前，银行间债券市场要求以主承销商或发行人专门指定的监督行主要承担召集持有人会议的功能，而国外法律在保护债券持有人方面主要是通过公司债受托人制度的构建来进行的，持有人会议可由专门的受托管理人召集。对于跨境发行的债券（如熊猫债）持有人会议，可能存在以下三个挑战。

(1) 募集说明书中对持有人会议中出席的人数均有要求，但是实践中持有人参与度不高的问题确实存在。如果某一熊猫债还存在境外持有人，且境外持有份额达到一定比例，则更难以达到出席比例的要求。虽然参会人员所持表决权比例达到做出有效决议的标准并非持有人会议召开的前提条件，但可能存在因表决权不足而无法做出有效决议的情况。

（2）采用多数人决定方式达成持有人会议决议，将不可避免地对少数债券持有人的权益产生一定的损害，因此应赋予少数群体利益诉讼权。例如，意大利法律规定异议持有人可通过后续诉讼撤销决议或确认其无效。在涉及境外持有人时，由于其对会议召集信息的获取较为滞后，可考虑予以特别保护。在某些引入集体行动条款的主权熊猫债中，如果以发行人全球发行的债券为基数来计算所有债券持有人（包括其在中国发行的熊猫债的持有人）的投票权，则熊猫债持有人的投票权很可能被大幅摊薄，甚至出现对投票结果没有任何控制力的局面，只能被动接受按照多数投票权做出的决议。

（3）参会费用可能会成为阻碍持有人参会的一个现实因素。如果涉及境外持有人的话，来华参加持有人会议的费用可能导致境外投资者降低参会意愿。

3. 跨境投融资中的争议解决问题

在跨境投融资活动中，发行人违约后，如何通过法律手段进行救济，使投资者最大限度地获得偿付方面的问题，主要通过启动跨境争议解决机制来解决。

在跨境投融资实践中，通常采用仲裁方式解决债券争议。如果境外发行人出现违约，则持有人应向募集说明书中约定的仲裁机构提起仲裁申请，获得仲裁裁决。由于境外发行人所在国家或地区一般是《纽约公约》成员，我国仲裁裁决可以根据《纽约公约》获得当地法院的承认与执行。一般而言，成员不予执行我国仲裁机构做出的涉外仲裁裁决的理由，仅限定于程序性事项，不包括对裁决实体内容的审查（除非涉及公共利益例外原则）。

虽然理论上债券违约后有成熟的争议解决机制，但当涉及跨境发行人时，仍然存在以下两个主要挑战。

（1）债券持有人即使在仲裁程序中获得胜诉裁决，也面临跨境执行难的问题。由于发行人不在中国境内，其直接持有的中国境内资产也可能很有限，如何成功执行胜诉裁决仍然是一个难题。理论上持有人有权向发行人所在国家或地区的法院申请承认与执行中国仲裁裁决，但由此涉及的跨境司法程序和费用对单个持有人而言，确实可能产生很大的现实阻碍效果。

（2）如果境外发行人涉及侵权问题（如因虚假陈述、内幕交易、操纵市场等违法行为导致的侵权纠纷），给一方当事人带来损失，募集说明书或定向工具发行协议中的仲裁条款是否能够被解释为当事方对这些侵权纠纷也达成了仲裁协议，还存在一定的不确定性。

三、正确看待对外开放、对内改革和风险防范的关系

债券市场国际化增强了跨境金融联系，政策溢出效应增大，本国金融体系对外部冲击将更加敏感。从亚洲和拉美等国的开放经验看，金融开放所造成的套利行为、汇率波动、银行业危机、债务危机等并不少见。但各国实践也表明，并没有哪个国家因为外部冲击而关闭国门、中止开放进程。恰恰相反，外部冲击让这些国家认识到本国的经济结构、金融体系、汇率机制和监管制度存在脆弱性，金融开放只是使国内的问题显现并放大。亚洲金融危机后，马来西亚、韩国、印度尼西亚、中国香港等亚洲市场加大了对内改革力度，推动债券市场实现更高水平的开放就是例证。

事实上，推动债券市场开放、促进国内改革、应对外部冲击三者之间存在以下互动机制：国内制度存在缺陷—以开放促改革—应对外部冲击—进一步暴露制度问题—对内改革化解风险—扩大债

市场开放。传统观点认为，债券市场开放应在良好稳定的经济金融环境下推进，但在实践中，稳定的经济金融环境反而会削弱债券市场开放动力。从日本、韩国、马来西亚的开发经验看，债券市场开放的原始动力，无一不是因为本国经济金融发展存在问题，需要以开放促改革。但在开放过程中，一些东南亚国家开放步伐过快，过度依赖短期债务，结果在外部冲击下，国内问题暴露并放大，发生风险乃至危机。危机后，这些国家认识到自身的制度缺陷和金融风险集聚，并加快推动国内改革、化解风险，在此基础上继续扩大债券市场开放。

反观国内，当前我国正处于金融风险防范的关键时期，在国内重大金融风险尚未化解之前，过快地开放本国市场可能会遭受外部冲击，国内金融体系的问题和风险可能会被放大。但从国际经验看，一旦风险被化解，债券市场加速开放将迎来难得的时间窗口。当前，我国可积极开展试点，解决制度障碍，搭建管理框架，为国内风险化解以后加快债券市场国际化做好基础性工作。

总之，债券市场国际化必然伴随着金融风险，适度的风险暴露实际上有利于制度健全，让债券市场走向成熟，但也要权衡利弊、把握节奏，确保风险在可认识、可防控、可化解、可承担的范围内，否则风险带来的成本就会超出收益。

第三节　规则惯例的适用矛盾："尊重国内"与"接轨国际"

在过去 30 多年的发展中，我国债券市场探索形成了一套自成体系的制度规则和操作惯例，与国际成熟市场规则体系存在差异，体现在债券市场国际化实践中，表现为境内外信息披露制度差异、会计审计制度差异、信用评级制度差异、税收制度差异、法律制度差异、衍生品制度差异等。在债券市场国际化过程中，完全采用国内制度或全盘适用海外制度的"一刀切"做法，必然会给市场造成较大的调整成本和习惯障碍。随着债券市场国际化的推进和跨境投融资的活跃，如何加强国内制度规则、操作惯例与国际接轨，如何制定"境外主体能适应、境内主体可接受"的制度，成为决定我国债券市场国际化水平和国际化效果的关键。

一、信息披露差异影响微观主体的参与动力

（一）信息披露标准需要适应国际化环境

1. 信息披露国际化对企业跨境融资意义重大

一些优质跨国企业在全球多个市场上市、融资，由于在上市地受到良好的监管，其内部合规意识较强，不完全按照国内规则开展信息披露并非因为相关信息存在瑕疵，而是长期以来形成的内部制度和惯例。这些企业融资渠道多元，为了在中国市场上融资而改变其在全球披露一致性原则存在困难。在此背景下，信息披露标准国际化对企业跨境融资意义重大。

2. 信息披露国际化是金融机构跨境投资的重要基础

如果全球不同市场对于企业发行债券信息披露存在较大差异，则开展跨境投资的机构面临较高的学习成本，尤其是在一国债券市场国际化初期，很多中小型或投资风格偏交易型的投资者可能会选择放弃进入这一市场。

在稳定运行的金融市场中，信息披露的核心功能是为市场参与主体提供信息。为实现这一功能，降低投资者信息收集的成本，增强债券市场信息的可比性，同时降低发行人的信息披露成本和发行成本，债券市场需要制定标准的信息披露规则。此外，在构建国际化债券市场背景下，信息披露标准也需要与国际接轨，在保护境内和境外参与机构利益的前提下，使境外机构更便利地参与我国市场。

（二）信息披露境内外差异问题较为突出

从信息披露的实质要求来看，境内外的法律制度均强调了信息披露的重大性、真实性、公允性等内容（见表7-2）。但境内外在信息披露的内容、频率、语言等方面也存在诸多差异，这些差异给境外机构参与我国债券市场造成障碍。

表7-2 不同国家和地区对信息披露要求对比

国家或地区	募集说明书总体信息披露要求
IOSCO	发行人应披露所有会对投资者做出投资决定产生重大影响的信息，且应确保所披露信息完整和准确
美国	募集说明书不应包含任何对重要事实的不真实表述，或者遗漏对做出投资决定有关的重要事实，应保证不存在误导
欧盟	募集说明书应当包含所有相关信息，使投资者可以在完全信息的基础上做出关于证券发行人资产负债、财务状况、利润损失、发行人和担保人前景及隐含权利的评定
中国香港专业投资者市场	信息披露应当确保一个理性的投资者可以据此形成关于证券和发行人在发行时财务状况的有效合理的意见
中国香港主板市场	信息披露应当确保一个理性的投资者可以据此形成关于证券和发行人在发行时财务状况的有效合理的意见
韩国	发行人应保证所披露信息的完整性和准确性，应披露所有会对投资者做出投资决定产生影响的重要信息
新加坡（东盟披露标准，含伊斯兰债券）	要求披露对投资者及其专业顾问评估该发行人的财务状况、业绩和前景来说有必要且合理的所有信息
中国银行间债券市场	企业及其全体董事或具有同等职责的人员，应当保证所披露的信息真实、准确、完整、及时，承诺其中不存在虚假记载、误导性陈述或重大遗漏，并承担个别和连带法律责任

1. 信息披露内容的差异

境内外债券市场对信息披露要求存在差异，导致境外机构难以满足境内的披露要求。以母公司报表披露要求为例，我国债券市场要求企业发行债券时除应披露合并报表外，还应当一并披露发行人的母公司报表。而美国、欧盟、新加坡等大部分成熟市场都不要求企业披露母公司报表。目前众多优质跨国企业通常不在任何一个市场公开披露母公司报表。又如，境外机构熟悉的一些条款如违约定义、宽限期设置等，与我国市场也不完全相同。如果要求境外发行人完全适用我国的信息披露标准，则可能造成较大的调整成本和习惯障碍。

2. 信息披露频率的差异

在信息披露的频率方面也存在较大差异。我国债券市场要求企业发行债券应当定期披露季报，但主要国际市场通常不要求披露季报，发行人只需定期披露年报和半年度报告即可。即使有少数国家或地区要求本国发行人披露季报，一般也不要求外国发行人披露季报。如果强制要求境外机构披露季报，存在诸多成本，包括编制成本、翻译成本、境内外披露一致性要求导致的合规成本等，这些成本给境外发行人造成了较大障碍。

3. 信息披露语言的差异

我国在引入境外发行人和投资者的过程中还面临信息披露的语言差异问题。境外发行人在海外市场习惯用英文进行信息披露，境外投资者也相对更加习惯以英文形式阅读披露信息。但是我国债券市场的投资者主要以境内投资者为主。如何权衡利弊，既能减少境外机构参与我国债券市场的成本，又能更好地保护境内投资者，这也是我国在债券市场国际化中需要考虑的。站在投资者和发行人的立场，如果对公开发行和定向发行、发行环节和存续期环节、首次发行和多次发行进行差异化信息披露安排，他们会更加易于接受。

二、司法体系影响投资者保护制度建设

（一）法律适用是一个值得长期关注的问题

国际上，在岸债券市场的公开发行一般要求适用发行地法律，私募发行一般允许自由约定；离岸债券市场一般允许自由约定适用

法律。目前在实践中,对于熊猫债的公开发行和定向发行均要求适用我国法律。但是,债券市场国际化本身就是一个打破市场边界的过程,随着国际化水平的提高,在岸债券市场和离岸债券市场的边界可能不再那么清晰,在岸债券市场和离岸债券市场都要为了服务于市场需求而展开制度竞争。

从国际范围看,在岸债券市场与离岸债券市场的实践存在差异。对于在岸债券市场的债券发行(即本国或外国发行人在本国市场发行本币债券),又进一步分为公开发行和非公开发行。公开发行普遍要求适用发行地法律,如美国扬基债适用法律为纽约法律、日本武士债适用法律为日本法律。非公开发行(面向机构投资者)则允许自由约定适用法律,如美国144A市场和日本专业投资者债券市场。

对于离岸债券市场的债券发行(即外国发行人在本国市场发行外币债券),则通常对适用法律没有强制要求,市场惯例普遍选择适用纽约法律或英国法律。原因是纽约法律和英国法律均属于英美法系,以成文法为法律渊源的大陆法系和以判例法为法律渊源的英美法系代表了两种不同的司法理念。从目前国际社会看,除欧洲大陆(德国、法国等)、日本、中国外,其他国家均以英美法系为主导。在英美法系下,"遵循先例"赋予了当事人对法律的安全感,造成了其对成文法的不信赖。伦敦和纽约两地作为传统金融中心,存在大量判例可作为依据,有较强的可预见性。另外,一些债券标准条款模板也是基于英国法律和纽约法律形成的。例如,ICMA编制的关于集体行动权条款和同权条款模板只有英国法律和纽约法律两个版本。离岸债券市场的典型如欧洲美元债券市场和香港点心债市场,均可自由约定适用法律。

在我国,熊猫债市场属于在岸债券市场,因此公开发行熊猫债适用我国法律符合国际惯例。在熊猫债市场发展初期,考虑到境内投资者对境外法律了解程度较低,处理跨境法律纠纷的能力和经验均有限,从保护投资者的角度出发,定向发行实践中都适用我国法律。但随着市场国际化程度的进一步提高和境内投资者成熟度的提高，尤其是境外投资者的深度参与，需要考虑是否及如何在定向发行中自由约定适用法律的问题。特别是近年来市场对于在自贸试验区建立"准离岸债券市场"的呼声上涨，未来如何灵活设置法律适用要求、满足国际机构诉求，值得在长期内持续关注。

（二）债券市场国际化对争议解决方式提出了更高的要求

与适用法律的情况类似，国际上，在岸债券市场公开发行的争议一般在发行地法院或仲裁机构解决；私募发行一般可自由约定争议解决地点和方式；离岸债券市场一般可自由约定争议解决地点和方式。实践中，争议解决主要包括诉讼和仲裁，两者各有优势。

诉讼的优势有：①法庭的权力比仲裁庭大，如法庭可强制证人出庭、采取财产保全和证据保全等措施；②审判层级上有二审甚至再审机会，公正性能够受到更好的监督，而仲裁为一裁终局。但跨境诉讼面临的问题是，法院判决通常只能在本国执行，除非本国与相关国家签订了相互执行法院判决的司法互助协议。由于目前和中国签订司法互助协议的国家和地区数量有限，中国法院判决在未签署协议的国家和地区被执行存在极大的不确定性。

仲裁的优势有：①充分体现当事人意思自治，如当事人可选择仲裁机构、仲裁程序规则、仲裁员、仲裁语言等；②"一裁终局"，效率较高；③保密性好，仲裁裁决不必公开；④仲裁跨境执行比较容易，目前已有156个国家和地区签署《纽约公约》，使仲裁裁决可以在大多数国家和地区得到承认和执行。

考虑到裁决跨境执行的问题，熊猫债普遍选择仲裁的方式。考虑到市场国际化初期对境内投资者保护的需要，熊猫债实践中均在境内解决纠纷。随着债券市场国际化的推进，境外发行人的诉求更加多元。例如，境外主体希望能够选择在境外仲裁（如在中国香港仲裁）；如果在境内仲裁，希望适用境外的仲裁规则；等等。境外发行人提出上述诉求的原因主要是其对国内仲裁机构和程序缺乏了解和信任，国际主流仲裁机构和仲裁规则（如联合国国际贸易法委员会规则、国际商会仲裁院规则、斯德哥尔摩商会仲裁院规则）具有长期形成的信誉，而我国的国际仲裁起步较晚，有待进一步被国际主体充分了解和信任。

近年来，上海在推动国际金融中心建设过程中，着力探索国际化的争议解决机制。2018年，上海金融法院成立，致力于解决各类涉外因素的跨境金融纠纷。此外，上海近年来也在打造面向亚太地区的国际仲裁中心，香港国际仲裁中心、新加坡国际仲裁中心、国际商会仲裁院纷纷宣布在上海自贸区成立代表处，瑞典的斯德哥尔摩商会仲裁院也有意向在上海自贸区设立代表处。

（三）受托管理人机制需要实现国际国内衔接

债券受托管理制度是保护投资者的重要机制，在国际债券市场的应用已经成熟。通过签署受托契约，债券受托管理人代表投资者参与债券存续期管理事宜，债券违约后代表投资者维护权益。在受托管理架构下，债券受托管理人作为发行人单一对手方，能够更好地代表数量众多、力量分散的持有人利益，为债券存续期管理提供便捷性和灵活性。

但是，债券受托管理制度有赖于一套成熟的法律框架，在我国债券市场国际化中，境外发行人和投资者都对运用受托管理制度、保障合法权益提出了需求，债券受托管理制度的适用性矛盾也凸显出来。

海外市场的受托管理人一般是基于信托法律关系，受托管理人是债券的名义持有人，具有原告资格。但我国的受托管理人是基于委托代理关系还是基于信托关系存在争议。在境外法院看来，我国受托管理人可能无权以自己的名义在境外法院起诉要求承认和执行仲裁裁决（或参与破产程序）。例如，英国法律和我国香港地区法律下，受托管理人是债券的名义所有人，因此可作为原告，但我国内地的受托管理人不是债券的名义所有人，法院可能不受理受托管理人提起的法律程序。

《中华人民共和国民事诉讼法》没有赋予受托管理人原告资格，目前仅通过最高人民法院会议纪要允许法院受理受托管理人起诉。在境外法院看来，若由受托管理人代表债券持有人参与仲裁，该仲裁裁决的程序合法性可能会受到质疑，进而可能导致裁决不被承认和执行。

如果由受托管理人以自己的名义在境内提起仲裁，之后再由债券持有人向境外法院申请承认执行，可能被认为没有申请资格（因为境内仲裁的当事方是受托管理人和发行人）。在这种情况下，如果债券持有人直接在境外法院就实体问题起诉发行人，境外法院可能因募集说明书已约定仲裁，拒绝受理诉讼。如果由主承销商担任受托管理人，其在境外法院起诉要求承认执行仲裁裁决或参与破产程序，可能会被境外法院认为存在利益冲突而不适合代表投资者参与相关程序。

总之，由于我国法律对受托管理人的法律关系还没有明确定性，司法实践也没有发展起来，受托管理人这一角色能否获得海外发行人所在国家或地区的法律或法院的认可存在不确定性。

三、信用评级掣肘债券市场高水平国际化

信用评级行业通过减少信息不对称、为债券提供定价参考等助力债券市场对外开放。评级机构是服务于资本市场的中介机构，主要通过专业化的信息收集和分析，帮助投资者解决与发行主体之间的信息不对称问题。在债券市场国际化过程中，信用评级更应发挥其功能和优势，保护投资者权益，实现信用评级发展与债券市场发展开放的"双赢"局面。

我国信用评级行业诞生于20世纪80年代后期，伴随着债券市场尤其是信用债市场的发展而成长。2005年短期融资券推出之后，我国信用债市场规模迅速扩大，品种日益丰富，评级行业步入快速

发展通道。2017年7月，中国人民银行正式发布公告，对境外评级机构在境内独立执业放松限制，标志着信用评级行业进入对外开放的新阶段。在国内债券市场快速扩容的带动下，近年来评级行业取得了较大成绩。但与此同时，长期以来存在的信用风险揭示不足的问题依然存在，对债券市场高水平国际化形成制约，对评级行业公信力的质疑也随着违约风险的逐步释放而有所上升。信用级别的虚高问题导致评级行业整体公信力较低，评级在解决市场信息不对称问题、揭示信用风险方面的作用没有充分发挥出来，外部投资者尤其是境外投资者对国内信用评级信心不足，这已成为制约我国债券市场国际化的因素。

1. 国内债券市场评级结果等级虚高、级别区分度不足等问题比较突出，难以获得境外投资者的认同

目前，国内债券市场评级结果分布以 AA 级为中枢，呈现出"一头大一头小"的分布特征，而且高等级的企业占比明显偏高。以 2020 年信用债发行为例，AA＋级以上等级的信用债在全部有评级的债券中占比高达 83%。对比来看，美国等发达债券市场的投资级以 BBB 级为中枢，投机级以 B 级为中枢，高级别的企业分布比例非常低。纵向来看，我国债券市场信用评级虚高问题在过去 5 年中持续存在。

2. 国内外评级体系标准的差异可能会给债券市场投资者带来混淆，甚至带来套利空间

国际评级机构一般在全球开展业务，主要采用全球评级体系，在不同国家或地区映射成为区域性评级体系和国别评级体系。而国内现有评级机构主要在境内开展业务，主要采用国别评级体系。欧美传统发达债券市场的发展和开放进程相对同步，伴随债券市场的发展而产生的信用评级行业一开始就是在国际化的背景下发展起来的，故其天然形成了以全球为主的评级体系。后来随着业务向发展中国家扩展，逐步建立和完善了国别/区域评级体系。而以中国为代

表的新兴经济体则经历了一个债券市场"先发展再开放"的历程，在债券市场的开放前就形成了一个具有一定规模、相对成熟的国内债券市场。与之相适应，新兴经济体本土评级机构往往优先建立了国别评级体系。

随着债券市场走向国际化，评级机构开始面临国别评级体系如何与全球评级对接、过渡等问题。在此背景下，对于同一发债企业，境内外机构可能给予不同的级别。随着国内外债券市场的进一步接轨，国内现有国别评级体系与境外投资者基于全球标准建立的风控体系难以建立对应关系，上述评级差异将给债券市场投资者带来较大困扰，进而对其进入中国债券市场形成一定阻碍。例如，在国内部分评级机构的对应关系中，全球体系下AAA至BBB－的10个子级均映射至国内AAA级，全球体系下AAA至B－的16个子级仅映射至国内AAA至AA－的4个子级，导致国际发行人发行熊猫债时给出的国内级别区分度不足，无法有效满足投资者风险甄别的需求。同时，伴随着金融市场的国际化进程，将有越来越多的境内投资者"走出去"，在全球范围内进行资产配置，这对评级结果在全球范围内可比提出了更高的要求。境外投资者"走进来"与境内投资者"走出去"均对本土评级机构建设和完善全球评级体系提出了迫切的现实需求。

3. 本土评级机构在评级技术体系和数据积累等方面有待加强

信用评级行业是知识和技术密集型行业，需要评级机构踏实做研究、做技术，不断完善数据库，加强人才储备和自身实力积累。国际信用评级机构经过百年历史积累，在信用评级模型选择、方法使用、数据库建设、风险度量等方面具有比较系统的认识和发展，已建立起比较成熟和完善的评级系统。

相比之下，我国评级机构仍存在一定差距，如评级数据库建设相对滞后、评级技术存在改进空间、服务水平有待提升等。在过往债券市场违约案例稀缺的背景下，我国债券市场正处于有序打破刚兑的阶段，违约债券数量样本很少，评级结果的质量无法通过违约率进行有效检验，评级机构判断的准确度与公信力难以区分，导致境外机构投资者对本土评级机构的公信力存在质疑，这是其对国内信用债有所顾虑的原因之一。为了增强境外投资者的信任，本土评级机构需要不断完善评级技术体系，加强数据积累和数据库建设，同时把握当前债券市场违约风险事件逐渐显露所带来的机遇，完善评级技术体系和信用评级质量检验方法，加强对风险事件的跟踪，及时、准确地向市场传达风险信息，提高市场声誉和行业公信力，逐步减少境外投资者机构的顾虑，进一步促进债券市场国际化。

2021年8月，中国人民银行等五部委发布《关于促进债券市场信用评级行业健康发展的通知》，明确要求"加强评级方法体系建设，提升评级质量和区分度"，并对完善公司治理、加强信息披露、强化市场约束、营造公平市场环境等提出了要求。信用评级行业的规范发展、公信力的提升，将推动债券市场国际化迈向更高水平。

四、基础设施有待持续优化升级、走向国际

（一）金融基础设施跨境互联互通

金融基础设施是境外机构通往我国债券市场的桥梁，基础设施联通性越高，境外机构就能越便利地参与我国债券市场。在债券市场国际化形势下，各项金融要素从境内走向跨境，金融基础设施建设必然要适应这一变化。债券市场跨境投融资必然面临跨境登记托管、跨境交易结算、跨境支付清算、跨境信息传递等，因此，金融基础设施的互联互通是债券市场国际化的重要特征和实现环节，是降低交易成本的重要实现方式，也是实现跨境监管的重要基础。债券市场国际化的基础设施体系应具备高效性和联通性，让境外机构以更高的效率、最熟悉的方式参与我国债券市场。基础设施主要包括债券交易、结算清算、登记托管、支付等设施。基础设施体系管理既应着眼于基础设施的有效性，又要加强基础设施的互联互通。

在推动基础设施联通时，需要充分考虑境内外规则的差异，在法律框架兼容的范围内做好境内外操作流程的衔接。

债券市场金融基础设施不仅涉及簿记建档、登记托管、结算清算、交易、支付等内容，还包括收益率曲线、定价估值、身份识别、证券分类、安全密钥等方面。通过推动上述金融基础设施的标准化和国际化，可实现穿透式监管、透明化运作、安全性交易、反洗钱监测和反恐怖融资等。当下，金融基础设施对债券市场国际化的支持还存在不足，如国内一级托管模式难以适应全球多级托管的惯例，境内外基础设施互联互通范围和程度不够，收益率曲线尚未发挥市场定价基准作用等。

（二）税收政策有待改进从而对债券市场国际化形成支撑

从投资端看，境外机构投资境内债券的交易定价、利润计算、产品销售等相关活动，都与税收政策相关。如果税收政策不明确，就会带来较大的不确定性，影响境外投资者参与境内债券市场的积极性。境外投资机构担心如果将来要回溯补缴税款，将涉及调整报表等复杂问题。境外机构尤其希望相关部门能明确相关税收政策，确保税制的清晰透明和公平统一，不希望出现当前没征收、日后再追溯的情形。

从融资端看，熊猫债发行资金借贷给境内子公司时，借贷利息收入被征收预提税、增值税及其他附加税。境内企业需缴纳的预提税为借贷利息收入的10%左右，增值税为借贷利息收入的6%左右。例如，境外母公司发行熊猫债票面利率为3%，母公司以相同的利率借贷给境内子公司，则境内子公司需代替境外母公司缴纳3%×（10%＋6%）即0.48%的税收，相当于在票面利率的基础上增加了48个点的成本。如果企业因为外债额度豁免等问题先将资金借贷给境内一级子公司，再借贷给二级子公司，则上述税费将会成倍增加。

（三）会计准则和审计监管差异对债券市场国际化的影响

会计准则和审计监管的等效性问题是我国在引入境外发行人方

面面临的关键问题。境外发行人通常采用境外会计准则编制财务报告，并聘请所在地会计师对财务报告进行审计，其在国际市场发行债券时，披露的财务报告均适用统一的会计准则和审计准则。由于重新编制财务报告和重新审计的成本较高，因此，从融资灵活性和成本考虑，境外发行人希望在我国境内发行债券时，也可以使用其境外统一编制和使用的会计准则，并由其所在地会计师对财务报告进行审计。

由于境外机构通常按照境外市场的会计准则编制财务报告并由所在地会计师进行审计，对于境外机构在境内发行熊猫债，如果完全要求境外发行人按照我国会计准则编制财务报告并由我国会计师事务所进行审计，会显著增加境外发行人的发行成本，并对境外发行人造成实质性障碍，尤其是在全球融资较为便利的优质发行人，更难以为了进入新市场发行债券而承担过高的额外成本，因此不利于我国债券市场高质量地开放。但是，如果允许境外发行人直接使用与我国会计准则不等效的会计准则编制报表，而且发行人的审计机构所在地未与我国签署审计监管等效协议，则不利于维护我国会计主权，也可能不利于有效切实保护我国债券市场的投资者。

从成熟市场经验看，在会计准则方面，美国、日本、欧盟等国家和地区对于企业公开发行债券，均允许直接使用美国一般公认会计原则、国际财务报告准则等欧美跨国企业常用的会计准则。而对于面向机构投资者的私募发行，这些成熟市场通常对企业使用的会计准则不做强制性要求，由发行人和投资者自行约定。在审计监管方面，美国、欧盟、日本等国际市场要求，企业公开发行证券的，其会计师事务所需要在当地监管机构注册或备案，以便利监管机构对境外会计师事务所的监管，但对合格投资者的发行（私募发行）无相关注册或备案要求。

以美国为例，在国际市场面对专业/机构投资者群体发行债券，如果是外国金融机构和非金融企业向符合美国证券法规则"合格机构投资者"定义的专业/机构投资者发行债券，一般由发行人在债券募集说明书中披露其所采用的会计准则与美国会计准则的重要差异；如果是在美国境外向专业/机构投资者发行债券，则无此要求。而且，面对专业/机构投资者群体发行债券，无论是在美国境内还是境外，均不要求发行人提供按债券发行市场会计准则调节的差异调节表。

　　近年来，我国积极推进国内的企业会计准则与国际财务报告准则的趋同。但是，我国目前仅认可欧盟和我国香港的会计准则与我国内地等效，并仅认可香港审计监管与内地等效。此外，2017年，中、日两国监管部门就审计监管合作事宜进行换函。2018年，中国和马来西亚签署《中华人民共和国财政部与马来西亚证券监督委员会跨境会计审计执法合作备忘录》。2018年，中国人民银行和财政部联合发布的《全国银行间债券市场境外机构债券发行管理暂行办法》区分了公开发行和定向发行，对会计准则予以规定，并明确审计监管备案要求，一定程度上为债券市场国际化提供了便利，但银行间债券市场公开跨境发行仍面临会计准则差异调节成本过高的问题。

| 第八章 |

他山之石：
国际债券市场的经验与教训

过去 20 多年，金融全球化高速发展，欧洲、美国、亚太地区国家对资本管制措施逐步放松，债券市场跨境投融资活跃并维持高位，推动债券市场国际化向更高水平发展。在此过程中，美国、日本、欧洲、亚洲中小市场的债券市场国际化之路的经验教训值得我国借鉴。此外，拉美债务危机也能带来诸多启示。

第一节　日本债券市场：从封闭走向开放

一、日本债券市场国际化的借鉴意义

（一）中日金融体系具有相似性

中、日两国金融体系在发展初期，总体情况较为相似。一是融资方式以银行为主导。在日本资本市场开放初期，银行贷款占企业总融资规模的比例为 50%～70%，与我国目前的情况较为一致。二是日本资本市场从封闭市场起步，在发展过程中逐步开放。与欧美市场与生俱来的国际化特征不同，日本在 20 世纪 60 年代之前对跨境融资实行严格管控，此后逐步国际化，这与我国金融市场国际化初期的情况类似。

（二）日本债券市场国际化水平相对较高

自 20 世纪 60 年代起，日本逐步开放金融市场，债券市场从最初的封闭状态，发展成为各层次国际化水平较高的市场。从发行端来看，日本武士债①和欧洲日元债②市场已发展成规模稳定、规则清晰的成熟市场。从投资端来看，日本政府对日本机构赴海外证券投资和境外投资者参与日本债券市场已不设任何管制。

（三）日本债券市场国际化取得了良好效果

一是促进本国债券市场发展和制度完善。在日本债券市场国际化初期，国内债券市场尚未发展成熟，欧洲日元债市场的建立吸引了大量发行人，对在岸债券市场业务产生了挤出效应。在此情况下，日本政府逐步改革国内债券市场，推动了国内市场效率的提升。二

---

① 武士债是指日本境外发行人在日本发行的以日元计价的债券。
② 欧洲日元债是指全球发行人在欧洲离岸债券市场发行的以日元计价的债券。

是推动日元国际化。日本债券市场国际化和日元国际化相互推动、相互促进。债券市场国际化扩大了日元计价资产的使用，推动了本国货币的输出和日元的跨境使用，进而推动日元国际化。三是助力东京成为国际金融中心。债券市场是一国金融体系的重要组成部分。日本的资本市场在不断自由化的过程中逐渐变得透明、自由和全球化，助力东京成为国际金融中心。

二、日本债券市场国际化路径

（一）国际化起步阶段（1970—1983 年）

第二次世界大战后，在布雷顿森林体系下，全球主要经济体的跨境投融资活动非常有限。从 20 世纪 60 年代开始，日本正式启动国债发行，并推动经常项目、直接投资项目的自由化。这一阶段日本债券市场的发展和经常项目的开放，为日本债券市场国际化奠定了基础。进入 20 世纪 70 年代，日本债券市场国际化取得实质进展，具体如下。

1. 引入境外发行人

第二次世界大战后日本经常账户顺差不断扩大，日元面临较大的升值压力。由于日本是亚洲开发银行的主要出资国，日本有意借助亚洲开发银行在日本发行债券并将发债资金用于境外，以缓解日元升值压力，并于 1970 年批准亚洲开发银行发行首只武士债。但此后 10 年仅有很少国际开发机构、主权政府、企业发行武士债。

2. 推动本国机构赴海外进行证券投资

1970 年，在日元升值压力下，日本开始放松对海外证券投资的管制，允许证券机构投资海外证券。受第一次石油危机的影响，日本出现经常项目逆差、经济负增长。在此形势下，日本加强资本项目管制，武士债市场和对外证券投资渠道在此期间短暂关闭。1975 年，日本经济逐渐从危机中恢复，武士债和对外证券投资恢复。20 世纪 80 年代初期，在美国"里根新政"的影响下，美元较为强势，日本再度面临资金流出压力,但这次冲击相对较小,日本并未收紧对海外证券投资的限制,反而在政策上有所放松。

3. 允许日本企业在离岸债券市场进行跨境融资

第一次石油危机发生后,为刺激经济,日本实施了扩张性财政政策。政府大规模发行国债对企业融资产生了挤出效应,显著影响了日本企业的融资空间,导致日本企业融资能力受限。在这种宏观环境下,日本政府从1974年开始逐渐允许日本企业在离岸债券市场进行外币融资(如发行瑞士法郎债、美元债)。

4. 引入境外投资者

1972年之前,日本的《证券交易法》不允许外国证券公司在日本设立分公司,境外机构必须通过日本的证券公司来投资日本债券产品,但境外机构委托一家没有业务往来的日本证券公司较为困难,所以投资规模处于低位。1972年,日本颁布《外国证券公司法》,允许外国证券公司在日本开设分公司,境外投资者开始更多地参与日本债券市场。

(二)加速国际化阶段(1984—1999年)

自20世纪70年代以来,日本和美国的贸易摩擦不断升级。美国认为日本政府通过资本项目管制来压低日元。另外,西方国家放松管制和金融自由化浪潮为日本开放本国金融市场带来了示范效应。在此背景下,日本政府出台了一系列政策,促进了债券市场国际化进程,具体如下。

1. 放松对欧洲离岸债券市场的管制

日本逐渐放松对欧洲离岸债券市场的管制,一系列规则的修改为日本国内外企业在离岸债券市场发行欧洲日元债券提供了便利。例如,鼓励境外机构和日本机构在离岸债券市场发行欧洲日元债券,允许国外证券公司作为欧洲日元债券发行的主承销商,离岸存款不必参加存款保险和缴纳存款保证金,免除利息税等。欧洲日元债券市场发行规模逐渐扩大(见图8-1)。

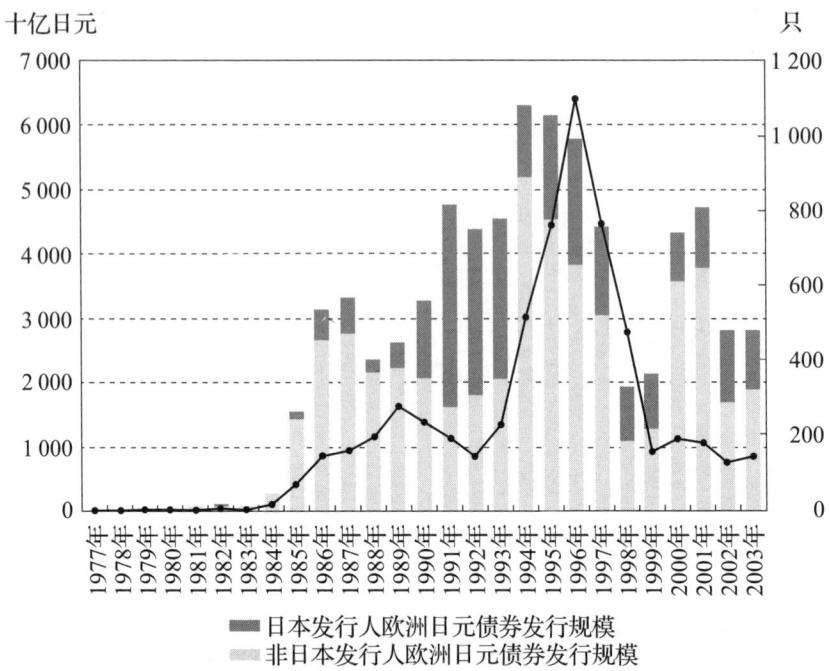

图 8-1　欧洲日元债务发行规模

资料来源：Fumiaki Nishi, Alexander Vergus. Asian Bond Issues in Tokyo: History, Structure and Prospects. BIS Papers, 2007, No. 30.

2. 放松本国债券市场（包括武士债）发债标准

欧洲日元债券市场于 1984 年放开后，大批国内外发行人选择在欧洲离岸债券市场发行债券。为防止国内债券市场空心化，日本对本国债券市场采取了一系列监管放松措施，如逐渐引入评级标准，允许多家国内外评级机构开展业务[①]，逐渐废除发债标准等一揽子举措。1997 年亚洲金融危机的爆发也给武士债市场的发展带来了一定的负面影响，特别是 1998 年武士债市场发生两起违约事件，给市场造成了短期冲击。但与第一次石油危机不同，此次金融危机对日本

---

① 1985 年，日本评级机构正式独立运营。同年，日本信用评级机构（Japan Credit Rating Agency, JCR）和日本投资者服务公司（Nippon Investors Service, NIS）相继成立，日本公社债研究所（Japan Bonds Research Institute, JBRI）公司化运营，穆迪和标普也于这一年在东京设立了办事处。

的冲击相对较小，加之武士债市场发展已经常态化，日本并未对债券市场开放采取限制措施。自 2000 年开始，武士债市场发行规模逐步恢复（见图 8-2）。

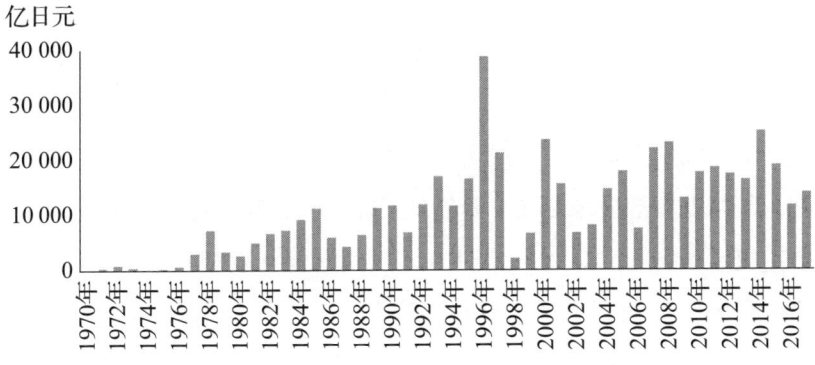

图 8-2　武士债发行规模

资料来源：Fumiaki Nishi，Alexander Vergus. Asian Bond Issues in Tokyo：History，Structure and Prospects. BIS Papers，2007，No. 30.

3. 继续推进海外证券投资

20 世纪 80 年代是日本对外证券投资发展最快的一段时间，原因主要有三个：①经济的高速发展推升了日本资本寻求海外证券投资机会的动力；②20 世纪 80 年代中期以后，日本国内资产价格泡沫严重；③日本于 1980 年修订的《外汇及外贸管理法》为日本机构赴海外开展证券投资提供了便利。

4. 引入境外投资者

从已有数据看，整个 20 世纪 80 年代日本债券市场引入境外投资者的规模一直比较稳定，基本维持在 4%～7%。20 世纪 90 年代日本经济泡沫破灭，随着资本回报率的下降，本国债券市场对境外机构的吸引力有所削弱，境外机构持有本国国债的比例也趋于下降。在此形势下，日本通过改革，不断降低境外机构参与成本。例如，对非居民进行短期贴现国债和短期政府债券交易实施免税，实行政府短期发行公开招标制度等。虽然这些改革措施在当时并没有显著提高境外机构持有日本国债的比例,但为以后引入境外投资者夯实了政策基础。

(三)国际化稳步发展阶段(2000年至今)

自金融大爆炸后,日本金融市场已经发展成为一个自由、成熟的市场,市场规则方面并未出现太大修改,各子市场发展趋于平稳。欧洲日元债券市场平均每年的发行量为6万亿~7万亿日元,相当于武士债市场的3倍左右。武士债市场自2000年至今处于平稳发展时期,年均发行规模维持在2万亿日元左右。在吸引境外投资者方面,日本政府于1999—2004年提出了多项针对境外投资者的税收优惠举措。截至2020年9月末,非居民持有日本国债的比例为12.6%。

为进一步提高日本债券市场的全球吸引力,扩大日本债券市场规模,2011年5月,东京证券交易所建立了专业投资者债券市场。专业投资者债券市场使用的披露语言、格式和会计准则更加灵活,披露次数为一年一次,为日本和国际发行人、投资者的参与带来了一定程度的便利,很快就吸引了来自全世界的各类发行人和更加多元化的投资者。

三、日本债券市场国际化的特点

(一)债券市场国际化的进程比较稳健

日本债券市场国际化历时30年,整个进程循序渐进,在国际化进程中没有产生较大的风险,具体表现在以下三个方面:①有序推进债券市场国际化,尽管开放速度时有变化,但并未出现长时间停滞的情况。②日本债券市场国际化较为平衡,既有对境外机构的"引进来",也有本国机构的"走出去"。开放总体较为平衡,但在特殊阶段也有一定的导向性,如在日元升值压力较大的情况下,日本更倾向于鼓励资本流出的国际化。③当债券市场国际化达到一定水平后,会进入一个相对平稳期,内外部环境的变化只会短期影响国际化进程,而难以从根本上影响国际化水平。

（二）影响债券市场国际化的因素错综复杂

债券市场国际化受到多重因素的影响。首先是本国宏观经济与政策因素，包括经济增长、财政政策、货币及外汇政策、经常项目、资产价格等。例如，在国际化形势下，本国市场资产价格泡沫的形成和破灭，会对本国债券市场的吸引力产生较大的冲击。其次是国际环境因素，如自由化浪潮、外国施加压力等。这些因素相互影响，最终共同作用于债券市场开放。最后是外部冲击。从日本经验看，外部冲击对债券市场国际化的影响分为两个层次：当受到的外部负面冲击较为严重时，日本非对称性国际化更加明显；当受到的外部负面冲击较小时，日本并未出台限制债券市场国际化的政策。

（三）债券市场国际化和货币国际化相互促进

日元国际化既影响了日本债券市场国际化的动力，也影响了日本债券市场国际化的进程和效果。从国际化动力看，直到1984年日本开始积极推动日元国际化，日本债券市场国际化的动力才得以提升。从国际化进程看，日元国际化和日本债券市场国际化相互影响。20世纪80年代中期至90年代末是日本加快推动日元国际化的时期，也是日本债券市场国际化步伐最快的时期。从国际化效果看，日元目前已经发展成为一种国际化程度较高的货币，日元国际化的推进增强了日元计价债券的吸引力，有效地提升了日本债券市场国际化水平。

（四）以开放促改革

以开放促改革是日本债券市场国际化的典型特征。尽管日本公司债发展起步早于国债，但在20世纪80年代中期以前，日本公司债市场发展极其缓慢。20世纪80年代中期，欧洲日元债券市场快速发展，为在岸债券市场的改革带来了良好的示范效应，也提升了在岸债券市场改革的紧迫性。日本政府为提升日本在岸债券市场的吸引力，实施了一揽子改革措施。随着改革的深化，日本在岸债券市场逐渐发展成一个成熟的市场。

(五) 在把握债券市场国际化的节奏和方向上存在不足

从 20 世纪 80 年代开始，日本通过修改《外汇及外贸管理法》、提高对外证券投资比例，不断放松对资本流出的开放。在此期间，日本的海外证券投资大幅上涨，资本大量外流。在此背景下，日本没有对资本外流采取限制性措施，而是通过实施宽松的货币政策应对经济下行的压力，最终导致 20 世纪 90 年代初出现了严重的资产价格泡沫和日本经济"失去的 20 年"。此外，神奈川大学教授吉川元忠认为："如果武士债市场从 20 世纪 70 年代起就大胆地放宽限制，并完善基础设施条件，从而实现迅速发展的话，就不难将丰富的日元债券放到日本投资者的面前。因而在 20 世纪 80 年代的对美投资大潮中，就会分散其投资从而发挥制动作用。至少那些已经转向日元资产的资金可以逃脱汇率的损失。"①

第二节 美国债券市场：大国债券市场的高水平国际化之路

一、大国债券市场的国际化之路值得借鉴

(一) 美国债券市场是成熟在岸债券市场的典型代表

美国拥有全球规模最大、流动性最强、创新活跃的在岸债券市场，市场总规模在 2017 年首次突破 40 万亿美元，达到 41 万亿美元，年均发行规模稳定在 7 万亿美元，日均交易规模超过 7 600 亿美元，债券类型包括国债、市政债、公司债、结构化融资品种等。截至 2016 年年末，在美国非金融企业债务融资中，有 80% 来自债券融资（相关数据见图 8-3）。此外，美国债券市场制度规则、监管框架

---

① 吉川元忠. 金融战败：发自经济大国受挫后的诤言. 孙晓燕，袁英华，译. 北京：中国青年出版社，2000.

均较成熟。研究美国经验对同为在岸债券市场的中国启发更大。

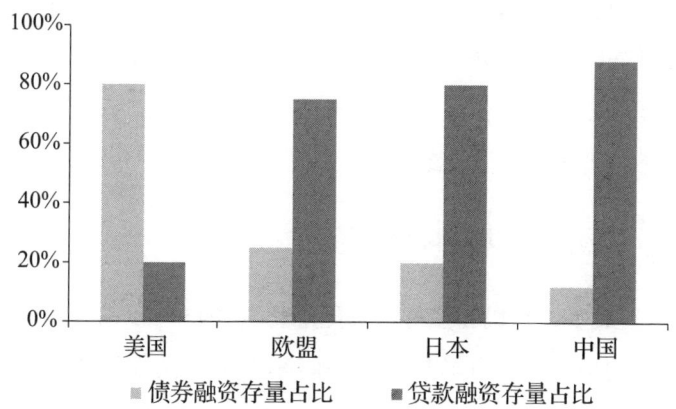

图8-3 非金融企业债务融资中债券融资占比的国际比较（2016年）
资料来源：SIFMA，中国人民银行。

（二）美国债券市场国际化程度很高

一方面，美国债券市场国际化历史悠久。美国债券市场的开放史就是其发展史，可以追溯至美国成立之时，美国债券市场在美国成立之时便已出现国际投融资者。另一方面，美国债券市场国际化程度颇高。Dealogic数据显示，2017年，外国非金融企业在美国发行扬基债3 382亿美元，外国金融机构发行扬基债2 935亿美元，两者占2017年美国公司债发行总量的39.6%。2017年年末，美国国债的境外机构持有占比达到38.4%。

（三）以债券市场国际化服务于国家整体利益

一是促进本国债券市场的发展，服务于经济繁荣。美国债券市场的发展壮大与国际化相伴相生，大量国债的跨境发行为美国筹集了战争经费。其后大规模发行的市政债则推动了美国早期基础设施的建设，是美国经济逐渐繁荣的重要推动力。

二是巩固美元国际货币的地位。美国债券市场国际化很大程度上得益于美元国际货币地位的形成。与此同时，扬基债大量发行，吸引境外机构持有美国国债，也进一步扩大了以美元计价资产的使用，巩固了美元国际货币的地位。

三是构成美国国际金融中心不可或缺的组成部分。美国纽约作为世界领先的国际金融中心，国际化的债券市场是必不可少的，其发展与开放的路径不但极大地影响了美国的金融市场，对全球市场和境外参与者也产生了深刻影响。

二、美国债券市场国际化路径

（一）战争、危机和债券市场国际化（1945年以前）

美国的早期债券市场与美国一同诞生于独立战争期间，大量国债以筹集战争经费的名义被发行出来。随着美利坚合众国正式成立，美国的债券市场逐步形成并发展起来。美国债券市场的开放很早就显现出来了，早期的美国债券市场中不乏外国投资者的身影，一些政府债券和企业债券甚至直接向外国投资者发行。相关统计资料显示，早在1853年，外国投资者持有美国证券的金额就达到2.22亿美元，占美国发行的各类证券总额的18%。

第一次世界大战前，美国因向欧洲举借大量债务而成为一个大型债务国，美国债券市场并未成为海外主体融资的场所。但第一次世界大战后，美国已从大型债务国转变为全球最大债权国，这个时期美国经济进入"柯立芝繁荣期"，其他国家逐渐进入美国市场融资。但经济的快速发展滋生了华尔街投机的氛围，巨大的风险孕育其中，证券市场舞弊和不当操作常有发生。1929年10月，美国爆发股市大崩盘。很多扬基债发行人在第二次世界大战中出现违约，如玻利维亚、古巴、捷克斯洛伐克、华沙市、波兰等。第二次世界大战期间，扬基债市场受战争影响，极度不活跃。

为了让投资者重拾信心，规范证券交易，1933年美国国会通过了影响深远的《1993年证券法》，这是美国第一个关于证券买卖的联邦法案。1934年美国国会通过了《证券交易法》。这些新规提出了信息披露的理念，明确要求发行人向投资者准确披露足够的信息，投资与否由投资者通过发行人披露的信息自行决定、风险自担。发行人、各中介机构对文件中所陈述的任何内容担责。SEC 于 1934 年依据《证券交易法》设立，成为除联邦政府债券以外其他债券发行的主管机关，美国债券的公开发行需要在 SEC 注册，SEC 对债券发行和交易进行统一协调监管。相继出台的监管法律在为世界各国提供法律范例的同时，也规范了扬基债的发行与交易渠道，美国债券市场国际化变得规范有序。

（二）美元国际化助力美国债券市场国际化（1945—1963 年）

第二次世界大战后，美国奠定了其世界经济强国的地位，再次成为世界上最重要的债权国。一方面，1944 年召开的布雷顿森林会议确立了美元在世界货币中的核心地位，国际上对美元债券融资的实际需求上涨，带动了扬基债市场的发展。另一方面，两次世界大战后，西欧国家的基础设施遭到重创，为了恢复经济，各国进口大量美国物资，但又无力以出口换取美元进行偿付，造成这些国家国际收支赤字不断增长，形成大量美元债务，国际金融领域一度出现"美元荒"。因此，美国债券市场成为外国政府、企业筹资的重要场所。

在此背景下，美国政府提出了欧洲复兴计划（"马歇尔计划"），为欧洲重建提出了大型财政经济支持计划，有意鼓励美元外流。美国资本市场作为美元融资的本土市场，在 1946—1963 年，美国债券市场成为外国发行人对美元借款最主要的非银行来源，共计发行了 140 亿外国美元债券，发行人基本上都是公共部门，包括澳大利亚、比利时、丹麦、欧洲煤钢共同体及法国、意大利等。1962 年，在美国市场发行的扬基债为 12 亿美元，而 1963 年上半年这一数字就已经超过 15 亿美元。这些债券本来主要面向美国境内投资者销售，但扬基债发行规模与美国主流的国内债券发行量相比太小，而且美国境内投资者不如欧洲投资者对发行人的资质更熟悉，这些债券较大一部分被欧洲投资者持有。

（三）资本管制下的美国债券市场国际化（1963—1974年）

在"马歇尔计划"等因素的影响下，美元外流规模增长迅速，奠定了欧洲美元债券市场的基础。但从20世纪50年代末开始，美国经常项目逆差显著增长，资本外流压力较大，黄金储备1958—1960年下降了50亿美元。由于对资本外流的担忧日益增加，为维护国际收支平衡，肯尼迪政府提出了一系列解决措施。其中，美国于1963年推出了平息税，美国居民购买外国机构发行的债券应缴纳利息平衡税，其税率为2.75%~15%，意图让外国人在美国获取资金的成本增加。扬基债的融资成本被提高，与发行人在其他市场融资相比存在成本劣势，大幅降低了外国发行人进入扬基债市场的意愿。而且，1965—1974年，美国实施《自愿限制对外信用计划》，限制了美国金融机构对外国发行人发行的证券进行组合投资的意愿。上述措施使美国扬基债市场的发展受阻。

与美国债券市场国际化受阻相对的，则是欧洲债券市场的兴起。美国逆差的持续积累使美国境外的美元持续增加，众多美元持有人开始青睐无须缴纳法定存款准备金的欧洲债券市场；利息平衡税法则限制了境外发行人在美国债券市场的筹资活动，但各国发行主体可以自由进入欧洲市场发行欧洲美元债券融资。于是，20世纪60年代出现的欧洲离岸债券市场以其低成本和高自由度的特征吸引了大量参与者，发行规模很快超越美国扬基债市场。

（四）技术性障碍逐步消除，美国债券市场在竞争中开放（1974—2002年）

1. 扬基债的发行

1974年，里根政府解除资本管制措施，取消平息税，美国扬基债市场得以恢复发展。欧洲投资银行在扬基债市场发行的一只1亿美元债券标志着美国重启债券市场国际化。政策的放宽打消了境外发行人的顾虑，自此扬基债市场迎来全新发展。1974年，扬基债的发行总量为33亿美元；1975年有17只债券发行，约65亿美元；

1976年有28只债券发行,约105亿美元;1977年达到阶段性高峰,当年共发行29只债券。

20世纪80年代初,扬基债发行呈逐渐下滑态势(见图8-4),1980年仅成功发行8只,外国发行人发行的扬基债总额仅为10.85亿美元,占当年美国公募债券发行总额415.98亿美元的2.6%,远低于欧洲市场发行的国际债券规模。扬基债市场显著下滑的原因,一是欧洲离岸债券市场日益发展壮大,二是SEC严格的证券监管和披露要求。欧洲离岸债券市场发展迅速,机制不断完善,市场流动性不断提高,与美国债券市场相比发行更加便利。

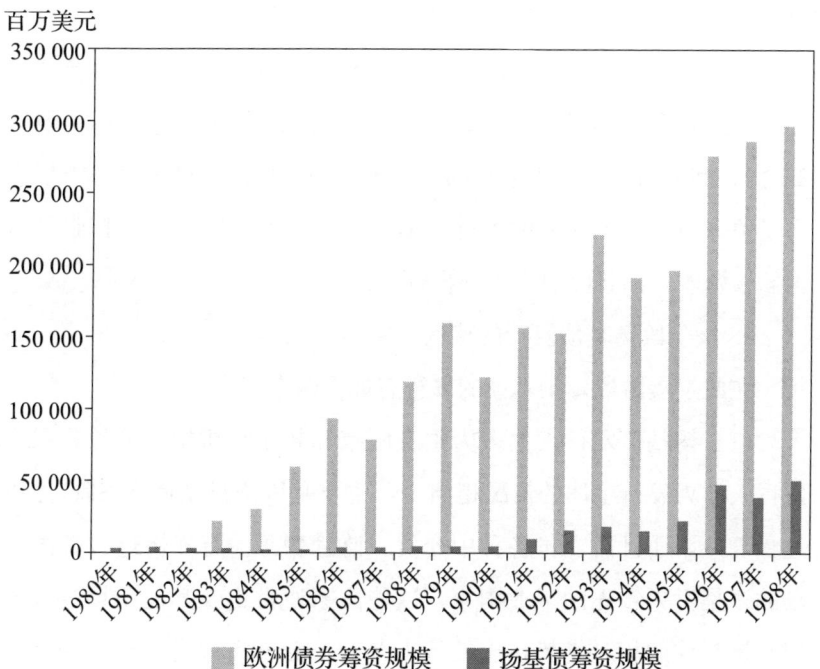

图8-4 扬基债与欧洲债券的筹资规模对比
注:不包括美国发行人和超主权发行人。
资料来源:Miller, Darius P., and John J. Puthenpurackal. The costs, wealth effects, and determinants of international capital raising: evidence from public Yankee bonds. Journal of Financial Intermediation, 2002 (11): 455-485.

20世纪80年代初,全球债券市场波动加剧,对发行人而言,要想在资本市场上获得融资，发行速度至关重要，主权或超主权发行人在欧洲债券市场上可以在几小时内完成发行，而美国 SEC 的注册要求使发行人在美国筹资效率偏低。而且，美国扬基债市场和欧洲离岸债券市场存在融资成本差异问题。① 1984 年，里根总统签署《赤字削减法案》(Deficit Reduction Act)，取消了对非居民支付利息和股利应缴纳 30% 预提税的规定。在此之前，几乎所有投资美国证券的外国投资者都需要支付这一税项，只有部分债券的发行可以豁免预提税。这一税项的取消促进了境外投资者投资美国债券市场。

之后，一方面，里根政府为促进经济活力推出新自由主义经济政策，解除了资本管制措施；另一方面，美国进入降息周期，显著降低了扬基债的融资成本，扬基债市场发展迅猛，1999 年发行量为 1 649 亿美元，达到历史峰值。美国银行储蓄存款利息不再受限于 2.5%，利率市场迈出市场化的第一步。扬基债的引进为利率市场引入竞争，也带来了利率的提升，不仅吸引了境内投资者，扩张了本国储蓄资本，而且吸引了国外投资。

2. 该阶段扬基债发行的特点

在此发展阶段，扬基债的发行有如下两个特点。

(1) 扬基债发行人大多为主权国家和超主权机构。境外公司类发行人作为发行主体的情况相当少，主要是因为扬基债在 SEC 注册过程复杂，而且需支付各种中介费、监管费等。有资格进入美国市场的多是世界领先的工业国家，这些国家通常也在其他市场进行融资。扬基债的相对优势在于发行人背后一般都有政府支撑，有着强大的信用。这些政府通常在美国拥有足够的资产，在紧急情况下（即将出现违约时）还可以通过向世界银行或 IMF 贷款来防止违约，

---

① 世界银行的美元融资主管肯尼斯·莱曾评论道："在美国扬基债市场上发行一只债券一两个月后，在欧洲离岸债券市场上以同等期限相近票息发行的另一只债券，即便调整了利息支付频率，两只债券的交易价差也有 50 个基点。""在 1985 年和 1986 年，我们即便付了高额成本在扬基债市场融资，投资者也并不多元化。"

有能力在债务违约之前采取一系列补救措施。同时，为了吸引更多投资者，扬基债通常比境内债券有更高的票面利率。

发行人资质好，加之可观的外国溢价刺激投资需求，促进了扬基债市场的发展。在20世纪80年代，扬基债市场一直被高级别（AAA级和AA级）的政府债券、地方债券和国际机构债券垄断。外国发行人需要由一两家独立的信用评级机构进行评级，美国投资者依靠评级情况来进行投资决策，较好的评级结果对其在美国市场成功发行扬基债至关重要；如果没有获得评级，几乎不可能在美国市场筹集资金。而且，投资者对扬基债的投资偏好源自相当可观的外国溢价。20世纪80年代的外国主权借款人会在相应到期的国库券上支付多达100个基点，而拥有AAA评级的国内工业借款人只需多支付40个基点，这60个基点的差异代表了所谓的外国溢价，外国发行人需额外支付利息以吸引美国的机构投资者。投资者一方面可以在投资组合中获得AAA级债券的安全配置，另一方面也可以获得显著高于国内债券投资的收益。

（2）扬基债面临的基本技术问题逐步得到解决。SEC对扬基债发行人信息披露的要求进行了简化。之前SEC要求的S1表格内容过于烦琐，境外发行人通常不愿意将过于详细的信息透露给外界从而让竞争对手得到过多关于本公司的信息，于是SEC对扬基债进行了制度改革和简化。1982年，SEC对世界级公司取消了审计披露中的分部财务报告要求。世界级公司可以采用简化版募集说明书。SEC表示，一个具有规模的债券市场要比一个具备严格监管制度的债券市场对美国投资者的意义更大。

针对美国大型机构投资者参与跨境投资的问题，SEC批准了144A条例，该条例对于合格机构投资者购买的私募发行证券予以注册豁免，对未在SEC注册证券的销售提供了可能。也就是说，如果外国人仅向合格的专业机构而不向零售投资者销售私募证券，可不受《1933年证券法》有关注册条款的制约，并可销售给出售者认可的机构投资者。144A 条例是一项重大突破，开辟了一条低成本的融资渠道，让美国成为对国际资本流动极具吸引力的场所。从 1990 年开始，全球众多发行人按照 144A 条例在美国发行债券，提高了在美国机构投资者中的知名度并成功融资。

1991 年，美国与加拿大签署跨司法区披露系统（multi-jurisdictional disclosure system，MJDS）。MJDS 允许加拿大公司在满足本国披露的条件下在美国发行债券，因此加拿大公司也成为扬基债的主要发行人之一。1993 年，SEC 提出接受对境外公司现金流报表使用国际会计准则的提议。与此同时，SEC 对境外公司采取了储架发行制度。通过储架发行，发行人可以提前对将来计划发行的债券进行登记。与过去直接登记发行一般需要 4 周左右走完 SEC 流程不同，之前储架发行过的公司只需要补充所需材料，用一周左右的时间就可实现发行。

（五）美国债券市场国际化走向成熟规范（2002 年至今）

2002 年，安然公司宣布破产，该公司长期存在严重的财务造假，涉嫌严重证券欺诈行为。紧接着美国最大的移动通信公司世通倒闭，公司财务报表也出现了类似的问题。这些问题促使美国政府颁布《萨班斯-奥克斯利法案》（SOX 法案）。SOX 法案建立了更加严格的披露和审计制度，144A 条例下的债券发行因不在 SEC 注册而不受 SOX 法案约束，这些制度使大部分扬基债发行人开始选择 144A 市场和欧洲离岸美元债券市场发债。扬基债市场发行量大幅回落。然而，扬基债市场此时已发展成为一个成熟的市场，具备自己的特点和优势。

2007 年，SEC 迈出重要一步，正式取消了在美国发行债券的公司必须符合美国一般公认会计原则的规定，公司可以用符合国际会计准则的财务报表完成申报，此举增强了扬基债的吸引力（见图 8-5）。

扬基债市场至今仍是全球最重要的外国债券市场之一，其市场容量大，管制相对宽松，发行费用较低。扬基债的发行以投资级别

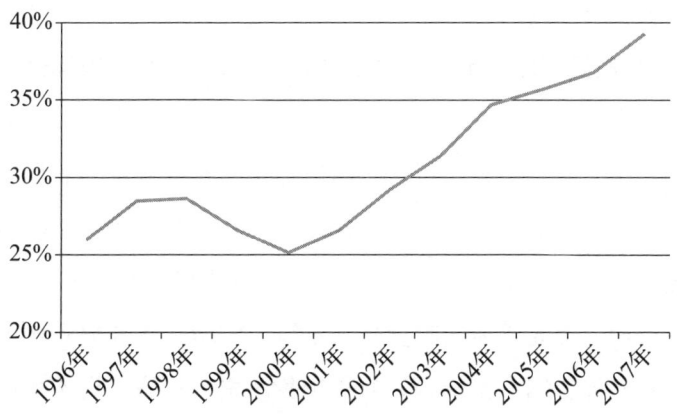

图 8-5　美国国债的境外投资者持有占比

债券为主,超过 90% 以上的扬基债信用评级都在 BBB 级以上。此外,扬基债的品种比较多样,包括含权、永续等多种类别,且发行期限以长期限为主。扬基债市场相对成熟,投资者主要为人寿保险公司、银行等机构。

三、美国债券市场国际化的特点

美国债券市场作为成熟在岸大国债券市场的典型代表,其国际化特点融合了美国的历史、政治与经济特点,并受到各时期世界经济环境的重要影响。

(一) 美国债券市场拥有与生俱来的开放性

美国债券市场源于为战争筹资的国债的发展,甚至在美国成立前,债券便已在北美殖民地出现,与美国一同诞生的债券市场因美国的独特历史背景而具有天生的开放特点。美国在成立之前便处于一种"国际化"状态,与此一同产生的债券市场自然也更加"国际化"。

可以认为,美国债券市场与生俱来的开放特性与其国家历史和经济制度有极其重要的关系。各个国家诞生、演变的历史不同,自然会影响其当今政治经济生态的表现,因此各国资本市场的变革与开放也都具有不同的特点。

（二）美元国际货币的地位促进了美国债券市场的国际化

第二次世界大战后至 20 世纪 70 年代是美国资本主义发展的黄金时期，国家财富不断积累，美国债券市场也受到世界各国投资者的青睐。而这与战后以美元为中心的国际货币体系的建立密切相关，美元国际货币的地位极大地促进了美国债券市场的国际化。

一方面，美元成为国际贸易与结算、跨境投资与筹资中的第一选择，在世界各国广泛流通，对美国投融资者而言，资本的跨境流动将承担更小的汇率风险；另一方面，美元国际货币的地位极大地提升了美元对国际金融市场的影响力，美国的资本市场在国际金融市场中具有举足轻重的地位，身处美国市场便意味着登上了国际舞台，美国在国际经济金融秩序中的话语权日益增强，其资本市场的开放度也随之提高。这是远远超越境外投融资者占比的"国际化软实力"，而这种软实力即使在布雷顿森林体系解体后也被保留了下来。

（三）美国债券市场国际化受外部环境与政府调控的共同影响

扬基债市场并非生而繁荣，在 20 世纪 60 年代，扬基债曾因一系列内外部因素而发展延缓，其中有政府政策的权衡与调控，也有国际竞争的出现与争夺。

首先，美国政府在 20 世纪 60 年代初执行的一系列以《1963 年利息平衡税法》为代表的限制措施，是影响美国债券市场开放的重要内部因素。利息平衡税限制了美国私人对外证券投资，扬基债的发展也曾因此而有所回落。其次，20 世纪 60 年代是欧洲债券市场兴起的时期，美国债券市场开放遭遇了强有力的竞争和挑战。多种因素的综合促进了欧洲离岸债券市场的大发展，并迅速超越美国扬基债市场规模，以其低成本和高自由度的特征持续吸引着众多的市场参与者。

第三节　欧洲债券市场：国际化是离岸债券市场的本质特征

一、高水平国际化造就强大的离岸债券市场

（一）离岸债券市场引领全球债券市场的国际化

欧洲债券市场发展历史悠久，从中世纪的意大利城邦为了筹集战争经费而发行债券，到投资者在商贾云集的荷兰发行、交易政府和公司债券，债券市场融资都跨越了国家边界的藩篱，发行人和投资者可以在国际市场进行投融资交易。欧洲债券市场也因两次世界大战的爆发和国际货币体系的变迁几经起伏，在过去的半个多世纪里，不断打破市场藩篱、突破监管掣肘、创新产品结构、完善自律规则，促进债券市场的互联互通，实现了高水平的国际化。从美国和日本的经验也可以看出，在岸债券市场的国际化很大程度上受到离岸债券市场竞争的影响，离岸债券市场的创新举措逐步被运用于在岸债券市场的国际化实践。

（二）欧洲债券市场国际化取得了良好的效果

欧洲债券市场国际化取得了良好的效果。一些欧洲国家（如德国、法国等）的融资方式一直以银行为主导，银行贷款和银团贷款是社会融资的重要渠道，债券市场相对并不发达，债券市场结构也主要以利率债为主。欧洲债券市场国际化促进了债券融资市场的发展和制度完善。欧洲国家或经济体相对规模较小，国际贸易往来非常密切，债券市场开放对债券市场发展的影响较为显著。而且，欧洲债券市场的发展巩固并提高了欧元的货币地位。欧元诞生初期，在货币市场遇冷，但在国际债券市场受到国际投资者的追捧，成为国际债券市场重要的发行币种。欧元整合了欧洲原主要货币（如德

国马克、法国法郎等货币）的优势，改变了国际货币体系格局。

二、欧洲债券市场发展路径

（一）初创阶段（20世纪60—80年代）

欧洲美元市场的形成与快速发展是多方面因素综合导致的。从美元供给看，19世纪五六十年代，美国通货膨胀高企，但Q条例为存款利率设置了上限，因此出现了套利资金的外流。同时，在冷战时期，社会主义国家担心其在美国境内的美元账户遭到冻结，纷纷将美元转移出美国，转存至欧洲国家。加之中东国家积累了大量石油美元、美国经常项目持续逆差等，美国境外的美元持续增加。从美元需求看，各国发行主体可以自由进入欧洲市场发行欧洲美元债券融资。而且由于没有主权国家征税，不缴纳法定存款准备金，欧洲美元市场的低成本吸引了大批国际发行人。

从发行人的分布看，早期的欧洲离岸债券市场已经呈现多样化的趋势。欧洲美元的产生为欧洲离岸债券市场的发展奠定了基础，但美元债券并非早期欧洲离岸债券市场唯一的主角。早期离岸德国马克业务增长较快，德国马克离岸债券是在德国马克外国债券的基础上产生的。第一只荷兰盾离岸债券发行于1965年。第一只法国法郎离岸债券发行于1967年。1977年，英镑离岸市场开始兴起，欧洲煤钢联营发行了第一只英镑离岸债券。1977年，欧洲投资银行推出的一只100亿日元债券广受市场欢迎，开启了日元离岸市场的大幕。离岸债券市场的发展既是债券市场国际化的结果，也是债券市场创新与发展的结果。

早期欧洲离岸债券市场发展的另一大成绩是成立了自律组织——国际债券交易商协会。欧洲离岸债券市场的发行和认购活动具有跨国界的性质，虽受到某些国家监管当局的监管要求影响，但是并未形成统一的行业规范。出于促进行业可持续发展的考虑，1969年2月，国际债券交易商协会正式成立，共有19个会员单位，并成立了两个子委员会——发行机构联络委员会和市场实践标准委员会,其中后者起草了首个交易规则,并编制了首个成员注册表。1969 年 12 月,该协会成员已经有来自 14 个国家的 165 家机构。行业自律机构的设立为国际离岸债券市场的发展奠定了良好的制度基础,源于市场的最佳实践不断成为行业自律的规范。1992 年国际债券交易商协会更名为国际证券市场协会,2005 年国际证券市场协会与国际一级市场协会合并成为今天的 ICMA。

(二)拓展阶段(20 世纪 80 年代至 1999 年)

20 世纪 80 年代是现代国际证券市场史上最自由、监管最宽松的时期。债券市场的明文监管条例相对粗糙,对投资者保护的关注不足。从发行量的增长、货币的多元化、产品模式和借款人的转变及创新来讲,这一时期的欧洲债券市场取得了巨大的发展,在制度机制上为市场的后续发展做了积极的准备。

20 世纪 90 年代是欧洲一体化的 10 年。1990 年,以德国的统一为起点,欧洲一体化的步伐加快。《马斯特里赫特条约》规定,货币联盟的成立时间不晚于 1999 年 1 月 1 日,同时规定了建立欧元区的三个阶段,并最终建立了单一货币——欧元。1993 年年底,欧盟内部的资本流动彻底放开。1999 年年底,希望采用欧元的成员国必须满足一系列旨在协调统一这些国家的经济政策的一体化标准。20 世纪 90 年代以后,随着国际政治和经济格局的变化,欧洲离岸债券市场得到了长足的发展。

这一阶段的欧洲离岸债券市场在"去监管化"和持续金融创新的影响下,焕发出巨大的活力。其货币选择性强、交易自由度高、交易更加透明、成本低、市场反应灵敏等特点,对发行人和投资者都极具吸引力。

1. 放松金融监管

受金融自由化思潮影响,各国纷纷放松了金融监管。美国里根政府正在推行减税、减少政府开支及减少管制。1984 年,日本放松了对非居民发行日元债券的限制,日元离岸债券的发行规模迅速增加。1985年4月,日本放松了日元离岸证券发行的准入要求。联邦德国也对德国马克市场进行了自由化改革。同年年底,其中央银行允许外国银行通过它们在联邦德国的分支机构来主承销德国马克离岸债券。

2. 实施税收优惠

1984年,里根总统签署《赤字削减法案》,取消了向非居民预提的30%利息和红利税。同年,联邦德国政府取消了对外国投资者持有本国证券征收25%利息税的规定。从此,德国马克的国外债券市场主要被德国马克离岸债券占据。1985年,日本废除了向非居民投资于日本债券征收20%预提税的规定,之后以日元计价的欧洲离岸债券发行额占整个市场的份额从1983年的0.5%上升至1985年的5%,1987年上升至13.5%。

3. 推动金融产品和承销机制创新

20世纪80年代,欧洲债券市场涌现出很多新的债券品种,如货币掉期、浮息债券、储架发行式中期票据、零息债券、双币种债券和浮动利率票据。部分创新金融产品最开始是量身定做的,没有二级市场交易,但随着配套衍生品的形成、标准化合同和流程的逐步完善,这些产品也实现了在全市场的复制推广。

在承销机制方面,欧洲债券市场的主承销商对投资者信息一直保密。迫于发行人的压力,主承销商一般都会向发行人披露债券配售投资者的类型和地区占比分布。集中配售机制[①]对传统的欧元离岸债券市场的承销方法产生了颠覆性影响。这种机制要求那些愿意将

---

① 集中配售机制是在美国市场上发展起来的,其兴盛时期是20世纪90年代,欧洲发行人在发行扬基债的过程中曾多次使用该机制,但该机制最初引入欧元离岸债券市场时引发了轰动。在集中配售机制下,所有或部分新发行债券被放到集中配售池中统一配售给投资者。这个集中配售池由一个或多个簿记主承销商管理。其他承销团成员为该配售池贡献订单,但他们并不能控制将债券最终配售给谁。这就给了簿记主承销商更多的权力来管理和分配债券,进而预防新发行债券在二级市场上表现欠佳。

订单放到集中配售池中的承销团成员公开投资者的真实信息。显然，这是对原本一直主导欧元债券市场 30 多年的投资者匿名原则的挑战。这也意味着联席主承销商必须披露他们的真实分销能力。经过一段时间的磨合，欧洲承销商发现这种承销方式不仅可以提高发行效率、提高透明度，还可以发现新的潜在投资者。

（三）高速发展阶段（1999 年至今）

从 1999 年 1 月开始，欧元区国家发行的债券均须以欧元计价，当时投资者对流动性极强的基准发行的政府债券的需求不断增加，政府将其存量债券转换为以欧元计价的债券。欧洲各国的本土市场融资活动明显减弱，离岸债券市场的规模呈现几何级增长态势。

由于离岸债券市场的效率和深度，加之欧洲一体化进程，离岸债券市场取代了绝大多数欧洲国家的国内债券市场甚至外国债券市场。通过离岸债券市场，有机会实现全球分销。由于某些国家的境内资本市场受限于外汇管制和产品结构，离岸债券市场为债券产品提供了延展性和创新的结构设计，以满足发行人和投资者的个性化需求。

在税收优惠方面，财政改革使一些主要经合组织国家（如美国和德国）取消了预提税；而在那些保留预提税的国家，通常会向一些投资者根据双重征税协议返还税款。在簿记系统方面，国际一级市场协会通过投标方式开发了一个跨市场簿记系统。但是，大型承销商已经投入大量资金建设各自的系统，也不打算放弃自己的系统，因此新的跨市场簿记系统需要在不同的自有簿记系统之间实现对接，提高簿记系统效率。在结算清算方面，随着机构投资者数量日益增加，债券是否记名不再像以前那么重要。通过两个结算系统（Clearstream 和 Euroclear）结算已不再是欧洲债券交易的显著特征。大量国内债券，特别是政府债券，现在也以同样的方式结算。全球债券可以在不同的托管机构之间转换，这使得欧洲离岸债券市场和其他各国市场之间的整合得到了加强。欧洲的 Clearstream 和 Euroclear 及美国的 Fedwire 都被连接起来。

目前，欧洲离岸债券市场不再是唯一具有国际特色的债券市场。通信技术的改善和外汇管制的放松使很多国内债券市场可以接纳更多的国际投资者。国内债券市场、外国债券市场和欧洲债券市场的界限日益模糊。

三、欧洲离岸债券市场相对在岸债券市场的特点

总结成熟市场经验，尽管在岸债券市场的起步通常领先于离岸债券市场，但离岸债券市场一旦起步，就凭借其独特的优势吸引了大批境外发行人，并对在岸债券市场形成竞争和超越。离岸债券市场的优势与特点主要反映在以下三个方面。

（一）监管宽松、发行灵活

如表8-1所示，与扬基债市场不同，欧洲美元市场不受美国SEC的监管，而主要通过市场自律管理，因此欧洲美元债券发行的注册时间短，发行效率高。欧洲美元债券的发行还可以灵活选择不同的市场，如伦敦、法兰克福、巴黎、东京、新加坡等都是监管宽松、发展成熟的欧洲美元市场，而扬基债的发行被限定为美国市场。两者发行监管的对比如表8-1所示。由于离岸债券市场的参与者均为十分熟悉国际债券业务的机构，因此在弱化监管的同时并不会显著增加系统性风险。

表8-1 欧洲美元债券与扬基债发行监管的对比

比较项目	欧洲美元债券	扬基债
监管框架	不受美国SEC监管，主要通过签署国际性自律组织制定的最佳行为准则接受市场自律管理	受美国SEC的行政监管和金融业监管局的自律管理
注册发行	向欧盟国家的相关主管机关注册，通常采用公募发行方式，发行后可申请在某一证券交易所上市	公募发行管理比较严格，需要向证券主管机构注册登记，发行后可申请在证券交易所上市；私募发行无须注册登记，但不能上市挂牌交易

续表

比较项目	欧洲美元债券	扬基债
信息披露	根据欧盟《募集说明书指令》进行信息披露	根据不同情况严格遵守表格F-1、F-3或20-F进行信息披露

(二) 更具成本优势

由于欧洲美元市场在税收、存款准备金、流动性储备、存款保险金等法律和制度方面的规定相对宽松，一般而言，欧洲美元市场的融资成本比在岸美元市场低（见表8-2）。

表8-2 欧洲美元市场与在岸美元市场的法律及政策规定对比

比较项目	欧洲美元市场	在岸美元市场
税收	通常不向公司和个人征收所得税、资本利得税、股息预扣税等	债券投资收益全额征税（合格退休计划的投资除外）；征收30%预提税（1984年取消）
存款准备金率	无	累进法定准备金率，最高10%
流动性储备	无	有流动性储备要求
存款保险金	无	存款总额的0.833%
其他政策	匿名交易、保密性好	交易信息向监管机构报告、非匿名交易

(三) 参与主体多元

从发行人结构看，以国别为例，美国扬基债市场1971—1990年期间发行的65只债券中，有41只的发行主体来自加拿大，而欧洲美元市场上发行主体的国别很分散。从投资者结构看，在扬基债市场发展初期，美国很多国内投资者因受制于利息平衡税而转向离岸债券市场，增强了欧洲美元市场的投资者基础。事实上，欧洲美元市场主要由机构投资者组成，大规模的资金交易有助于降低交易成本。加之存在市场流动性强、发行无记名债券、产品种类丰富、税收优惠、无资本管制等诸多优势，即使在利息平衡税取消多年后的今天，欧洲美元债券市场的投资者也较扬基债市场更成熟、更多元。

随着离岸债券市场逐渐取代扬基债市场成为美国境外发行人美元融资的主要来源，20世纪80年代中期以后，美国简化了扬基债的发行流程，并通过了针对证券交易法的修正案，扬基债市场的竞争力有所提升。

第四节　亚洲中小型债券市场：在危机中孕育的国际化

一、危机引导型的国际化经验值得借鉴

（一）危机期间的债券市场国际化策略带来的启示

在亚洲，除中国和日本外，一些中小型经济体（包括韩国、印度尼西亚、马来西亚、新加坡、泰国、菲律宾、越南等）也认识到债券市场发展和国际化的重要性，尤其是在亚洲金融危机爆发后，亚洲中小型经济体更是通过发展和开放本币债券市场，提升自身抵御外部冲击的能力。

在亚洲金融危机期间，不同亚洲中小型经济体受到的冲击不一样，其债券市场开放策略也不一样。在当前外部不确定性较大、经济金融风险累积的环境下，不同亚洲中小型经济体的债券市场国际化策略值得我国借鉴和学习。

（二）各个市场都有各自的特点

亚洲中小型经济体主要以银行贷款为主要融资来源，与我国融资结构类似。这些中小型经济体的国际化历程存在差异，国际化的节奏、措施也不同，呈现出不同的国际化特点，既有经验又有教训，一些成功的做法值得我国学习，失败的做法也值得我国反思。

（三）市场国际化取得了一定成绩

近年来，亚洲中小型经济体的市场国际化取得了不错的成绩。以本国国债的境外投资者占比为例（见图8-6），从国际对比来看，

这些国家的国际化水平总体要比我国高，而且境外机构参与者的结构也比较合理，相关规则的国际化水平较高，值得我国借鉴。

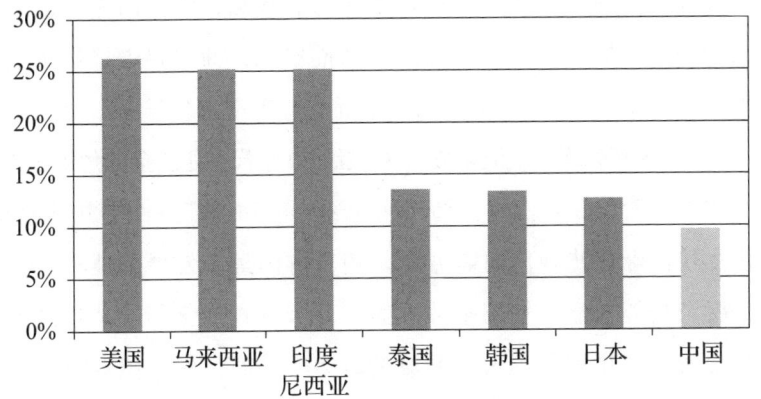

图 8-6 本国国债的境外机构持有占比（2020 年年末）
注：日本、韩国数据截至 2020 年第三季度末。
资料来源：Asian Bonds Online，Wind.

二、亚洲中小型债券市场国际化路径

（一）国际化萌芽阶段：逐步放松资本管制（20 世纪 70 年代及以前）

在这一阶段，亚洲各国逐渐实现经常项目可兑换，推动资本项目可兑换，放宽其对本国居民海外投资的限制，逐渐放开外国对本国的直接投资，本国债券市场的国际化处于萌芽阶段。

20 世纪 70 年代，新加坡政府逐步推行外汇改革，最终于 1978 年彻底取消外汇管制，完全开放资本账户。

马来西亚在 1968 年便已成为 IMF 第八条款国，实现经常项目完全可兑换。马来西亚还于 1968 年颁布了《投资促进法案》，于 1975 年颁布了《投资协调法案》等，促进了外国直接投资的开放。1970 年，马来西亚开始逐步放松本国居民短期海外投资限制。

中国香港于 1973 年取消外汇管制，1974 年实行港元汇率自由浮动并开放黄金市场，1975 年首次发行债券集资共 2.5 亿港元，1978

年放宽对外资来港设立机构的严格限制。

韩国政府于 1981 年推出资本市场国际化计划，拟在接下来 10 年内分 4 个阶段先间接后直接，先局部后逐渐扩大，循序渐进地推动韩国资本市场的国际化。但该计划推出后，韩国并未严格按照计划推动资本市场开放，直到 1990 年也没有实现完全开放。

（二）国际化缓慢发展阶段（20 世纪 80 年代至亚洲金融危机之前）

在这一阶段，亚洲中小型市场受到内需和外部条件的共同影响，逐步加快国际化步伐。内需方面，随着本国经济发展的要求，债券市场融资功能凸显。外部条件方面，受金融自由化影响，各国加快推行金融自由化和资本项目开放的政策。同时，各国债券市场国际化程度受制于本国债券市场发展程度。

韩国在这一阶段采取了一系列金融市场国际化举措。本国居民和机构赴境外投资方面，自 1993 年起韩国扩大了本国居民投资境外证券市场的范围，并提高了额度上限。引入境外投资者方面，1994 年韩国政府允许外国投资者购买由韩国政府和政府相关机构新发行的国债和公共债券，同时外国投资者可以直接投资韩国中小企业可转换债券。引入境外发行人方面，1995 年，亚洲开发银行成为首个在韩国发行阿里郎债的境外机构，期限为 7 年。1997 年，欧洲复兴发展银行作为第二个超主权机构发行了两只阿里郎债，但此后这两个超主权机构发行人没有再出现在阿里郎债市场上。这一阶段，在内部动力和外部压力下，韩国债券市场国际化有了比较全面的进展，特别是在经常项目压力缓解的背景下，资金双向流动与债券市场国际化协调发展。其中，允许境外投资者直接投资本国债券市场、允许境外机构发行阿里郎债等一系列举措切实提升了韩国债券市场的国际化水平。

马来西亚从 20 世纪 80 年代中后期开始加快推行金融自由化和资本项目开放的政策。20 世纪 80 年代末期，马来西亚政府有意将吉隆坡建设成为全球金融中心，并设立纳闽联邦直辖区，推动离岸金融中心建设。马来西亚开始逐渐放开证券投资下的流入管制，自1993年开始，马来西亚经济表现良好，且相对美国国债的利差达到3个百分点，加之林吉特的升值预期、股票市场下跌等因素，吸引了大量短期资本流入马来西亚国债券市场，1994年境外机构持有马来西亚国债的比例达到25.8%。

20世纪90年代后，我国香港债券市场迎来了快速发展期，发行量大幅度上升，国际化程度逐渐加深。1990—1995年，香港债券市场总发行额从796.2亿港元上升至2 473亿港元。到1997年，单独港元债券市场总发行额高达4 807亿港元。同期，大型国际金融机构开始在香港发行港元和美元"小龙"债券，并提升了香港债券市场的知名度，拓宽了国际发行人和投资者的范围。

（三）国际化遭遇挫折阶段（亚洲金融危机期间）

亚洲中小型市场受亚洲金融危机影响，国际化进展分别遭遇不同程度的挫折，各国采取了不同的应对措施，取得了不同的结果。

亚洲金融危机爆发后，马来西亚对外汇市场进行干预，特别是宣布对短期资本流出实施严格的管制措施。穆迪下调马来西亚的主权信用评级，进一步冲击了马来西亚债券市场，境外机构持有马来西亚国债的规模和比例下降至1994年以来的最低水平。马来西亚在1999年经济有所恢复后，才开始谨慎地逐步放宽管制，如用撤资税取代强制扣留。到2002年年底，马来西亚基本取消了应对危机时采取的资本管制政策。这一阶段马来西亚债券市场的国际化受政策反复变化的影响，波动较大，时而开放、时而管制成为监管部门制定政策的常态，且市场国际化以推动资金流入为主，资金流出端的开放进展缓慢。

韩国在亚洲金融危机爆发后，在接受IMF金融援助的同时，提出了一系列结构调整建议，包括减少政府部门干预、加快资本项目和外汇交易的自由化、积极开放本国证券市场和企业产权市场等。按照这些建议，韩国在短期内成功克服了金融动荡，稳定了利率和汇率,并使本国金融市场国际化程度更高。尤其是在债券市场方面,外国投资者可投资债券的品种范围、比例和交易方式于1997—1998年迅速扩大。到20世纪90年代末,韩国基本上对外国投资者开放了本国国债和企业债券。

由于此前市场几乎处于封闭状态,新加坡并未像韩国、泰国、马来西亚一样在亚洲金融危机中遭受巨大损失,但此次危机成为新加坡推动债券市场改革和开放的重要转折点。新加坡意识到,过度依赖银行融资会积聚风险,加剧一国金融体系的脆弱性,必须发展本国债券市场。新加坡经济和金融环境的变化也为其债券市场国际化提供了契机。亚洲金融危机过后,新加坡经济的国际化水平更高,参与对外贸易的企业和金融机构对新加坡元及其衍生品的需求日益增长。同时,新加坡国内金融体系也发展得更加成熟,新加坡金融管理局已具备较强的汇率管理能力。1998年,新加坡金融管理局制定公司债券发展规划,包括建立债券收益率曲线、促进二级市场发展及吸引境外发行人和投资者,推动了新加坡债券市场国际化进程。

(四)危机后再次国际化阶段(亚洲金融危机后至今)

在亚洲金融危机结束后,政策准入条件再次被陆续放开,各国采取了一些措施,或加速或稳妥地推动本国市场开放。在这一阶段,宏观经济、利率汇率、货币国际化等市场因素开始成为影响一国债券市场开放的重要因素,各国也取得了不同的开放成果。

2001年,马来西亚证券委员会公布《资本市场总体规划》,拟在2001—2010年分3个阶段逐步落实,并拟分不同阶段、从不同维度推动债券市场发展和开放。在接下来的10年内,马来西亚严格按照《资本市场总体规划》要求,"以开放带开放,以发展促开放,以开放助发展",兼顾"请进来"和"走出去",统筹发行端和投资端,协调普通债券和伊斯兰债券的发展,债券市场国际化实现了较为平衡的发展(见图8-7和图8-8)。

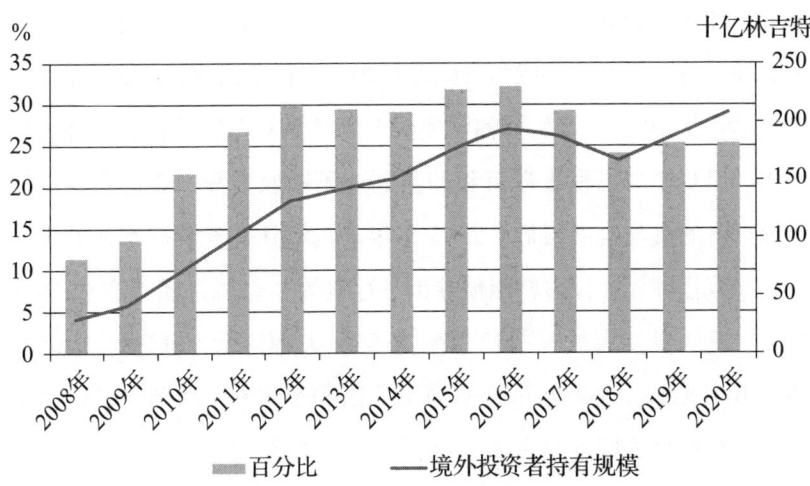

图 8-7　境外投资者持有马来西亚政府债券规模和占比
资料来源：Asian Bonds Online.

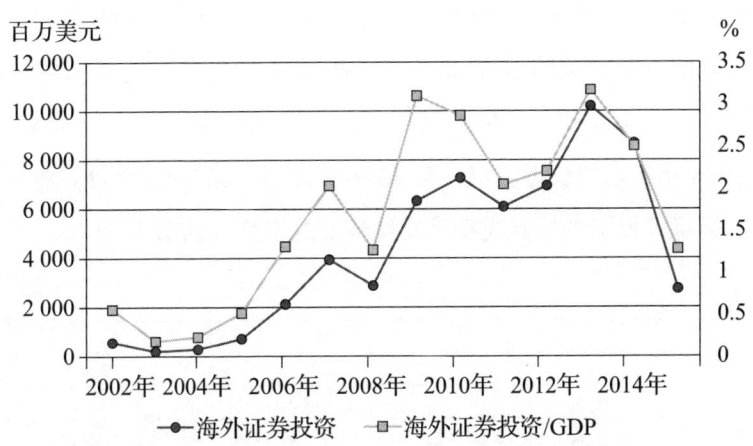

图 8-8　2002—2014 年马来西亚海外证券投资规模
资料来源：IMF.

韩国在 1999 年允许外国企业发行阿里郎债。但阿里郎债市场规模始终没有做大，发展并不理想。阿里郎债诞生的前 10 年（1995—2005 年），每年的发行数量均未超过 10 只。从发行人所处地区和背景来看，阿里郎债市场的发行人集中于美国和印度尼西亚，大多是韩国公司的海外子公司。直到 2004 年渣打银行发行阿里郎债，成为首个非韩国背景的公司发行人。2006年马来西亚SBC公司和美国贝尔斯登发行阿里郎债,成为首批非韩国背景的非商业银行类发行人。

尽管从1998年开始,韩国债券市场已经对境外投资者实现完全开放,但受非居民税收政策和韩美利差不断收窄等因素的影响,境外投资者的参与程度很低。2006年年末,境外投资者持有债券规模为4.6万亿韩元,仅占韩国债券市场存量的0.59%。随着2006年韩国针对境外投资者的预提税税率由25%大幅降低至14%,加之从2007年开始韩国利率水平开始高于美国利率水平,韩国经济强劲的复苏势头提高了国际投资者对韩国债券的配置需求,以及外汇衍生品市场上存在套利机会,境外投资者的投资规模出现大幅增长,对韩国国债的投资规模由2006年年末的3.9万亿韩元增长到2007年年末的25.3万亿韩元,对货币稳定债券(由韩国货币当局发行)的投资规模由2006年年末的0.3万亿韩元增长到2007年年末的12.7万亿韩元,2007年年末境外投资者总投资规模达到38.5万亿韩元,较2006年年末增长近8倍。自2007年开始,除2008年外,韩国债券市场境外投资者持有规模呈现稳步上升态势(见图8-9)。

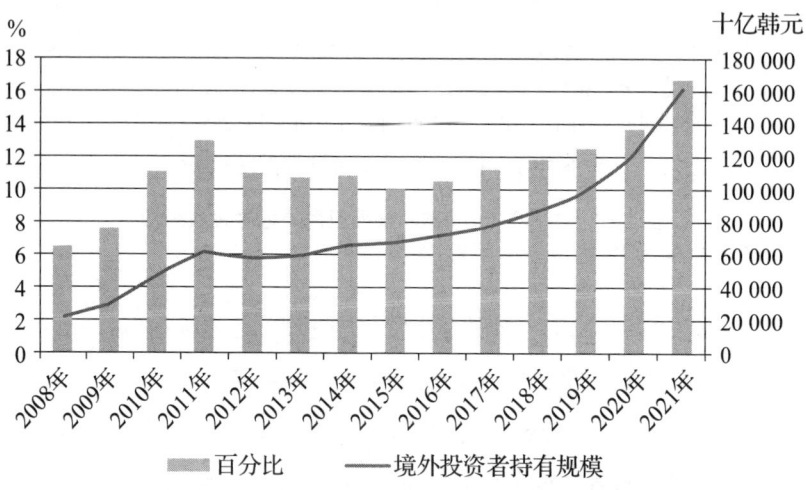

图8-9 境外投资者持有韩国政府债券规模和占比
资料来源:Asian Bonds Online。

新加坡和中国香港在亚洲金融危机后也采取了一系列应对措施，包括税务调整、监管改革、优化市场基础设施和市场环境、加强与境外结算设施的互联互通、加强产品创新、推动与东南亚债券市场和司法管辖区的合作、发展回购和做市业务以提高二级市场流动性、大力发展衍生品对冲工具等，有效地推动了当地债券市场的发展和开放。但在美国次贷危机期间，新加坡和中国香港境外机构发行规模大幅下滑，香港市场从 826.8 亿港元暴跌至 315.6 亿港元。

为便利境外投资者进入，新加坡金融管理局陆续取消投资者准入限制，加大税收优惠力度。新加坡政府债券从 2005 年起陆续被纳入巴克莱资本全球总指数、花旗世界政府债券指数、摩根大通世界政府债券指数、汇丰亚洲地方债券指数等国际债券指数，开始发挥指数效应，新加坡政府债券对境外机构吸引力增强。

大量境外资本流进香港，促进了香港公司债券市场的发展和对外开放，导致公司债券的收益率下降，降低了发行人的举债成本。同时，2012 年后的互换市场环境降低了境外公司类发行人使用港元发债获取美元的成本。

三、亚洲中小型经济体债券市场国际化的特点

（一）不同市场有不同的目标和路径选择

虽然亚洲中小型经济体面临的外部发展环境存在一致性，但由于各经济体发展阶段不同、发展起点不同，市场开放的目标也存在差异。不同的开放目标决定了不同的开放路径。

韩国是一个规模相对较大的经济体，当本国经济发展到一定阶段后，就面临经济转型升级压力，必然对本国债券市场国际化提出长期需求。加之韩国经济发展涉及的利益主体较多，债券市场开放还面临外部压力。尽管面临外部环境的波动，但韩国债券市场开放的方向一直未变，没有反复。而马来西亚在面临危机等外部冲击时对债券市场开放曾在政策上出现一定程度的反复，甚至在特定情况

下出现比较激进的政策，如激进的加强管制和放松管制动作。新加坡则是一个有对外开放传统的市场，因此虽然其在亚洲金融危机中所受负面冲击较小，但也以周边国家和地区为借鉴，积极推动本国债券市场的发展和开放。

（二）亚洲金融危机成为亚洲债券市场发展的重要契机

尽管亚洲金融危机给亚洲各经济体在短期内带来了不利影响，但危机的爆发也让各经济体深刻认识到了发展本币债券市场的重要性。在亚洲金融危机前，亚洲中小型经济体债券市场不发达，离岸本币债券市场发展也不成熟，企业普遍以外币融资。亚洲金融危机爆发后，本币的大幅贬值使亚洲各经济体企业债务负担加重，凸显出本币债券市场发展的重要性。亚洲各经济体也正是从1997年开始加快推动本币债券市场的发展和开放。

（三）政策环境和市场因素是债券市场国际化的两大推动力

在债券市场开放初期，亚洲各经济体通常会在顶层设计的基础上，出台一系列放开准入管制的政策，包括降低准入门槛、提高发行或投资限额、减少外汇管制、放松评级要求等。随着市场开放的推进，亚洲各经济体通常会进一步完善债券市场基础设施，加强外汇和利率衍生品建设，提升规则的国际化水平等。政策上的开放是债券市场开放的基础和前提，但并非全部。债券市场能否开放、开放水平多高，短期内仍取决于利率和汇率等市场化因素，长期内则取决于经济发展水平、金融市场的稳定性和透明度等。

（四）债券市场国际化具有跨市场相互关联性

一方面，不同债券市场国际化之间存在竞争关系。例如，尽管马来西亚一直致力于推动纳闽离岸金融中心的建设，但由于新加坡和我国香港市场的国际化水平较高，马来西亚的市场国际化战略就会因竞争而进展缓慢。

另一方面，不同债券市场之间也是相互促进的，因为本国的境外发行人来自他国，本国的境外投资者也来自他国。在20世纪90

年代以前，一些国家尽管也在积极推动债券市场国际化，但整体水平不高，境外机构参与有限，主要原因之一便是其他国家的国际化水平也有限，其他国家对本国机构参与外国债券市场也有所限制。随着 20 世纪 90 年代金融自由化和国际化的加速，亚洲各经济体债券市场国际化相互促进，不断繁荣。

第五节　拉美国家债券市场：债务危机对市场国际化的影响

一、拉美国家债务危机介绍

20 世纪 70 年代以来，为实现过高的经济发展目标，拉美国家利用全球低利率环境，在国际市场盲目大规模举借外债，试图靠外债维持经济的高速增长。外债规模的不断扩大，加重了拉美各国经济发展的负担。随着第一次石油危机的爆发，以美国为首的发达国家开始实行较为严厉的贸易保护措施，拉美国家出口收入骤减。同时，美国开始实行紧缩的货币政策，引起资本从拉美国家撤离，美元走强更使拉美国家债务负担加重。1982 年 8 月，墨西哥宣布延期偿还 810 亿美元的债务，国际债务危机开始在阿根廷、巴西、秘鲁、委内瑞拉等拉美国家爆发，美国等外国投资者遭受损失。

在危机爆发后，拉美国家和国际社会随即采取了一系列相应的措施应对危机。一方面，通过债务重组安排，拉美国家相继推出贝克计划和布雷迪计划，削减债务本金和利息，延长偿债期，要求 IMF、世界银行和债权国政府为拉美国家提供资金支持等，缓解其债务压力。另一方面，拉美国家推行紧缩的货币政策和财政政策，减少财政赤字；为防止资金外流，开始实行资本管制；调整国内经济结构，鼓励出口限制进口，改善国际收支，增加收入等。

以上这些措施带来了一定的成效，短期内在一定程度上减轻了拉美国家的债务负担，但同时也加剧了拉美国家的经济衰退。目前，拉美各国经济增长依旧缓慢，曾在2015年和2016年连续出现衰退，主要国家主权评级仍未摆脱垃圾级和负面展望。当前，面对美联储再次加息和贸易摩擦的宏观形势，叠加拉美多国自2017年以来的政局不稳定因素，拉美国家整体债务情况仍不乐观。

二、拉美国家债务危机的特点

（一）拉美国家债务危机影响深远、波及广泛

拉美国家在经历主权债务危机后，除了本国政府难以再次在国际市场进行融资，也大大提升了本国企业在国际市场的融资难度。

一方面，本国企业在国际市场上融资成本大幅提升，对本国经济带来了更大的负面影响。例如，阿根廷政府2001年发生主权违约，宣布停止偿还总计约1 020亿美元的外债，在此后长达15年的时间内，阿根廷都未能重返国际资本市场。由于主权信用受损，阿根廷的金融机构和非金融企业在国际资本市场难以融资，阿根廷金融市场也出现了剧烈的波动。

另一方面，主权债务危机迅速向企业传染。例如，巴西在爆发债务危机后，债务情况持续恶化，2015年主权信用评级再次遭遇下调，导致巴西企业在海外债券市场再融资面临困难，大量巴西公司的美元债务出现违约。

（二）外债管理不善与国际环境转向是拉美国家债务危机的直接原因

拉美地区整体债务水平较高且结构失衡。根据IMF的数据，1973年拉美主要国家外债规模总额为269.74亿美元，在随后的10年内，拉美主要国家的债务规模迅速扩张，1982年外债总额达到3 268亿美元，增幅达到近11倍，同时外债占GDP的比重达到50%～65%，相较于1970年增长超过4倍。此外，拉美主要国家的

债务结构也不够合理，大量短期债务集中到期，还款期限集中，外债集中于美元债。

国际形势的恶化是拉美国家债务危机的导火索。两次石油危机的出现使发达国家开始施行紧缩的货币政策，1982年后，国际商业银行大幅减少对新兴市场的贷款，贷款利率甚至高达21%，极大地增加了拉美国家的偿债成本，这些外部因素使拉美国家相继陷入严重的债务危机。

（三）地方政府举债管理混乱加重了债务负担

一些拉美国家的州自治制度使得中央政府无法控制地方政府的举债规模和约束地方政府支出，加重了其债务负担。例如，在巴西的财政体制下，各州举债不受中央政府监管，可以独立在国际资本市场发行债券，使巴西的整体外债规模更加难以控制。在1987—1998年的12年间，巴西各州债务急剧增加，从占GDP的近7%增长到14%以上。

同时，由于对地方债务管理混乱，巴西中央政府多次对地方政府债务进行救助。频繁的救助行为强化了市场对中央政府的兜底预期，进一步恶化了中央对地方软预算约束，不断助长地方财政的挥霍行为，最终加重了债务危机。

（四）外债资金的投向决定了一国的偿债能力

拉美国家在大肆举借外债后，外债投向也存在问题，没有充分利用外债发展本国产业经济，为后续债务危机的爆发埋下了伏笔。一是拉美国家多数采用进口替代工业为主导的经济增长模式，出口商品集中于农产品和矿产等单一初级产品，长期忽视工业产品出口，将外债资金投入生产周期长、缺乏国际竞争力、无法有效产生经济效益的行业。二是利用外债资金进行基础设施建设。例如，墨西哥将外债大规模投入到交通等基础设施项目建设中，而国际通行的做法是使用国际开发机构和政府间的优惠贷款进行基础设施建设。三是将外债资金用于购买奢侈品和非必需品等直接进入消费领域的商品，而非用于生产领域以创造收入。四是一些国家，如委内瑞拉，使用外债来支付价格高昂的军需，无法对本国经济产生任何积极作用。

三、拉美国家债务危机对债券市场国际化的启示

（一）债券市场国际化受到历史禀赋的约束

拉美国家为了推动经济快速发展，迫切需要引入外国资本。但拉美国家受限于自身债券市场发展不够成熟，选择了以本国主权政府、地方政府、国有企业赴海外借贷或发债的开放路径。这使得拉美国家的债务对海外市场利率变动、创汇能力等非常敏感，一旦利率上升、自身贸易项下创汇能力受挫，债务负担就会转变为偿付危机。

（二）防范债券市场国际化中的主权信用风险

在拉美国家债务危机爆发前，美国债券市场为拉美国家主权政府、地方政府、国有企业提供了大量的融资支持，债务危机爆发后，事实上给美国金融机构造成了巨大的冲击，美国九大商业银行面临资本损耗1/3的风险。因此，在债券市场开放中，需要防范主权信用风险，尤其是对于融资币种单一、到期期限集中、融资规模较大的融资，应当审慎准入。另外，应高度关注主权债务违约对该国地方政府、国有企业产生的传导效应和潜在负面影响。

（三）其他启示

一是债券市场国际化需要国内金融与财政改革的配套支持。以巴西为例，巴西由于财政体制改革进展缓慢，地方政府举债得不到约束，导致过度在国际资本市场举债，中央政府频繁对地方政府救助。

二是在债券市场国际化中需要高度关注国际市场环境的变化，欧美货币政策调整、汇率变动、地缘政治等都会给本国债券市场国际化带来显著影响。

三是在债券市场国际化中需要重点关注募集资金的使用情况。要对债权融资募集资金投向进行合理的引导，避免外债资金过度进入不能产生经济效益的行业。

第六节　海外债券市场国际化：总结及启示

一、国际化路径：条条大路通罗马

从国际经验看，不同国家债券市场国际化的路径存在差异。美国作为一个天生开放的国际化市场，在债券市场国际化方面有长期优良的传统。除 20 世纪 60 年代因资本大规模外流而对债券市场国际化予以临时性限制外，其他时期美国对境外机构的参与一直持包容的态度。由于市场国际化的相关政策保持了连续性，境外参与机构预期稳定，为美国债券市场走向高水平国际化创造了条件。

从亚洲国家市场看，亚洲国家普遍经历了债券市场由封闭走向国际化的过程，而且在国际化过程中因目标和环境不同，其国际化路径也存在一些差异。在韩国，尽管面临外部环境的波动变化，但韩国债券市场国际化的方向一直未变，没有出现对外政策的调整。而马来西亚在面临外部冲击时就对债券市场国际化在政策上有所反复，如 1994 年对资本流入进行管制，1997 年则转为对资本流出进行管制。新加坡则在亚洲金融危机后以周边国家为鉴，积极推动本币债券市场的发展和开放。

日本债券市场国际化是一个循序渐进的过程。在初期，日本债券市场国际化步伐迈得较为审慎。随着日本经济实力的提升、国际化动力的增强和外部压力的加大，日本债券市场国际化的步伐有所加快。尽管在面临严重的外部冲击时，日本债券市场国际化步伐放缓，甚至出现短暂的停滞，但总体上看，日本自20世纪70年代以来推动债券市场国际化的方向并未改变。日本债券市场国际化既有对境外投资者和发行人的"引进来"，也有本国发行人和投资者的"走出去"，各方面开放性举措比较平衡，但在特殊阶段也有一定的导向性。例如，在日元升值压力较大的情况下，日本更倾向于鼓励资本流出的国际化（包括发展武士债市场、推动对外证券投资）。

值得一提的是，为解决境内外规则差异问题、吸引境外发行人和投资者参与本国债券市场，日本探索了债券国际化的新路径，针对本国成熟的机构投资者和境外投资者建立专业投资者债券市场。由于参与者专业化和国际化程度高，专业投资者债券市场在监管要求方面进行了大量简化，对信息披露语言和内容、会计准则等方面的要求更加灵活，极大地便利了境外机构的参与。2016年上半年，东京证券交易所加大了对专业投资者债券市场的推广力度，该市场债券发行规模首次超过武士债市场。截至2016年5月底，已经有24个项目在专业投资者债券市场上市，累计发行量约1.7万亿日元，发行人主要为金融机构，区域覆盖亚洲、欧洲、南美洲和北美洲。

总结来说，国际债券市场国际化的对比如表8-3所示。

二、债券市场国际化的效果：服务长远目标和多元目标

一国债券市场提高国际化水平、引入境外投资者的过程也是该国利用全球资源服务本国建设的过程。例如，从直观上看，境外机构持有美国国债规模为7万亿美元，意味着美国通过借贷利用了境外7万亿美元的低成本资金进行国内建设。利用全球资源进行本国建设，这是一国债券市场开放最直接的效果，这一效果直接体现为债券市场国际化水平。

第八章 他山之石：国际债券市场的经验与教训

表 8-3 国际债券市场国际化对比

市场类别	开放目标	影响开放的因素	开放政策	开放路径	开放程度	开放效果
美国债券市场	提高本国金融市场竞争力	1. 跨境资本流动 2. 欧洲离岸债券市场竞争 3. 美元的国际货币地位	1. 废止利息平衡税的政策 2. 明确扬基债发行的相关制度规则	1. 与生俱来的开放性 2. 开放程度主要受市场化因素影响	很高	1. 使美国金融市场成为全球最有竞争力的市场之一 2. 持续夯实美元国际货币的地位
欧洲离岸债券市场	提高欧洲金融市场竞争力	1.《巴塞尔协议》出台 2. 欧元区一体化及欧元的出现 3. 产品创新活跃，市种多元	准入和监管政策最为宽松	1. 与生俱来的开放性 2. 离岸特性决定了全面快速开放的步伐	最高	1. 推动欧洲市场成为创新活跃、市场化程度最高的市场 2. 推动伦敦成为国际金融中心 3. 开放过程中经常伴随区域性金融危机

续表

市场类别	开放目标	影响开放的因素	开放政策	开放路径	开放程度	开放效果
日本债券市场	1. 缓解跨境资本流动和汇率压力 2. 多元化企业融资渠道	1. 经济增长、财政政策、货币及外汇政策、经常项目等 2. 外部因素，如来自美国的压力、第一次石油危机等 3. 税收政策	1. 放松外汇管制限制，包括鼓励离岸债券市场发展 2. 放松武士债准入限制，如发行人类型、信用评级等 3. 建立专业投资者债券市场，在专业投资者范围内推动国内规则与国际接轨	1. 循序渐进地开放 2. 开放的速度和方向随外部环境的变化而调整	较高	1. 通过开放促进了日本国债市场制度的完善 2. 一定程度上促进了日元国际化
亚洲中小型债券市场	1. 发展本币债券市场，防范外部风险冲击 2. 建设区域金融中心	1. 外国或国际机构对债券市场开放的压力 2. 亚洲金融危机 3. 套利因素 4. 境内外规则差异	1. 顶层制度规划 2. 基础设施建设，如登记托管和结算清算、收益率曲线的构建等 3. 放松外汇管制	1. 开放路径有所不同 2. 应对外部冲击的对策有所不同	总体较高，有一定分化	1. 推动了债券市场的发展和开放水平 2. 加强了亚洲债券市场基础设施的互联互通

引入境外投资者还可能对一国国债收益率产生影响。国际货币基金组织专家佩里斯（Peiris）2010年对巴西、捷克、匈牙利、印度尼西亚、墨西哥、马来西亚、韩国、泰国、土耳其、波兰等新兴市场2000—2009年的境外机构持有国债数据进行了实证分析，认为境外机构参与投资新兴市场国债有助于降低长期国债收益率；同时，没有证据表明境外机构参与投资国债会增加新兴市场国家债券收益率的波动性。也有专家认为，当一国存在资产价格泡沫时，引入境外投资者会加剧这一泡沫。

除此之外，日本经验还表明，债券市场国际化有利于本国债券市场的制度完善。尽管日本公司债的发展早于国债，但在20世纪80年代中期以前，日本公司债市场发展极其缓慢，年度发行规模长期处于1万亿~2万亿日元。在此之前，公司债发债标准非常严格，既有严格的准入指标，还有存续期的财务约束指标，并经过发债委员会批准。公司债市场放松发债标准一事一直因不同集团间的利益博弈而被搁置。

20世纪80年代中期，由于监管条件的放松，欧洲日元债券市场快速发展，为在岸债券市场的改革带来了良好的示范效应，也提升了在岸债券市场改革的紧迫性。日本政府为提升日本在岸债券市场的吸引力，实施了一揽子的改革措施，逐步放松过去非常严格的发债准入标准，并在1996年取消了发债委员会，废除了发债标准。这一揽子改革措施有助于债券市场规则的逐步完善、市场化模式的逐步引进和市场运行效率的不断提高。随着改革的深化，日本在岸债券市场逐渐发展成为一个成熟的市场。从日本经验来看，日本通过促进债券市场国际化，打破了日本债券市场30多年来的利益阻隔，完善了本国债券市场的制度规则，提高了市场运行效率，促进了国内债券市场的改革和发展。

三、国际债券市场对中国债券市场国际化的启示

（一）把握机遇，积极稳妥地推动我国债券市场国际化

在全球跨境投融资日益活跃的环境下，各国债券市场国际化都取得了较快的发展，而且国际化举措仍在继续实施。结合各国市场已取得的国际化水平和国际化效果，以及我国债券市场的发展水平，我国债券市场国际化仍有较大潜力，我国应把握当前的良好形势，积极稳妥地推动债券市场实现更高水平的国际化。

与国际市场相比，我国债券市场在市场准入、规则差异、软环境建设、配套风险管理工具等方面仍然存在差距。我国债券市场国际化需补齐制度短板，让境外参与机构形成稳定一致的预期，以市场化、国际化的制度吸引全球机构的参与。

（二）合理预期我国债券市场国际化水平

从国际经验看，债券市场国际化的影响因素非常广泛，一国债券市场的开放水平是各种因素和多方条件综合作用的结果，一国推动债券市场开放的政策举措并不能在短期内迅速吸引境外机构的参与，推动债券市场开放也不是为了短期内资金的跨境流动。

因此，我国对债券市场国际化水平应有合理的预期，短期内不宜做过高的预期，而应将债券市场国际化作为一个过程和趋势，在中长期内从政策上持续稳步推动，为境外机构参与我国债券市场提供便利。从长期看，国际经验表明，由于本国偏好等因素的存在，债券市场的国际化水平存在上限，我国应用动态、发展的眼光看待债券市场国际化的水平问题，同时加强对我国债券市场潜在开放度相关问题的研究。

（三）加强债券市场国际化与其他开放性政策的衔接

从国际经验看，日本债券市场国际化初期主要是配合日元国际化战略共同推动的，东南亚国家债券市场开放则是与本币金融市场发展战略相配套的。我国当前正处于加快构建开放型经济新体制的

时期，并且正在加快"一带一路"建设、自贸港建设、粤港澳大湾区建设等。我国应配合上述开放性政策的实施，积极把握融资特点，通过推动债券市场国际化，服务于国家开放性政策建设。

（四）加强国内外宏观市场监测，切实防范风险

债券市场国际化的过程也是国内外金融联系加强的过程。从国际经验看，随着债券市场国际化水平的提高，外部事件对本国债券市场的影响也会增强，而且本国债券市场面临对境外参与机构的跨境监管问题。因此，在债券市场国际化过程中，应加强对国内外宏观经济及金融市场的监测，持续关注和监测全球信用风险状况，关注外部事件进展及其对市场参与者的风险偏好、投资策略的影响，关注国际债券指数变动对境外投资者投资的影响，切实防范债券市场国际化中的各类风险。此外，在吸引境外资金进入我国债券市场的同时，也要为未来潜在的资金外流做好前瞻性应对。

第九章

行则将至：
中国债券市场国际化的下一站

在中国迈向社会主义现代化强国的道路上，中国债券市场国际化将行至何方？面临怎样的国际、国内形势？需要继续推动哪些变革进而砥砺前行？唯有在实践探索中才能找到这些问题的答案。认清方向，坚守定力，提高能力，增强信心，行则将至。

第一节　在新的国际和开放形势下思考债券市场国际化

一、国际格局深刻变革

当前国际格局和国际体系正在进行深刻的调整，全球治理体系正在经历深刻的变革，国际力量对比正在发生百年来最具革命性的变化。这场变革的核心是发展中国家国际影响力不断增强，国际力量对比更趋均衡，全球治理的话语权由西方发达国家主导逐步向发展中国家倾斜。但这一过程不会一帆风顺，逆全球化和民粹主义抬头，全球和地区的矛盾和冲突加剧。然而，"青山遮不住，毕竟东流去"。世界发展终将更加多元化，全球治理体系终将朝着更加公正合理的方向发展。随着尘埃渐落，世界各国开放包容、多元互鉴将成为主基调。

与国际力量对比深刻变化相伴的是科技变革的加速到来。尽管人类社会还处在两次科技革命之间的高原期，但科技突破的速度不断加快。尤其是对于比较成熟的新兴市场国家，如果能够以更加开放的心态迎接科技变革，就更有可能率先进行管理模式、组织模式和市场模式的变革，而这些变革将成为社会变革的巨大动力。与此同时，新的风险也将涌现，人们需要去适应新模式带来的新挑战，并创造出新的风险防范和应对模式。同时，全球市场和区域市场的组织架构和运行规则也将在较长时期内处于不断自我调整和重新定位的状态。国际格局的深刻变革必然对国际金融市场的格局、规则和管理模式产生重大影响。

首先，国际政治经济格局的演变将推动金融市场重心转移，以中国为代表的成熟新兴市场将加速其金融市场改革发展，并逐步形成适应新的内外部环境的金融市场发展经验，为改革国际金融体系、优化国际金融市场规则做出特殊的贡献。以前新兴市场与发达国家之间"小学生"与"老师"的关系将逐步转变成为互相学习、互相借鉴的关系，中国等国家金融市场的崛起也将为广大发展中国家尤其是"一带一路"沿线资金相通的国家提供新的经验和助力。

其次，科学技术的变革将推动金融市场组织模式、管理模式和交易模式的变革。第一次和第二次工业革命的历史证明，人工智能、大数据、区块链等技术单凭自身并不能在金融市场创造奇迹，但一旦新的组织模式、管理模式和交易模式在科技的助力下生根发芽，将推动金融市场发生革命性变化。而中国等新兴市场既具备新技术应用的基础，其旧市场模式的束缚又相对较少，沉默成本越轻，越易于弯道超车。

再次，新的发展形势将推动国际金融市场治理体系和治理规则的变革。当前国际金融市场治理体系包括第二次世界大战后形成的国际货币体系治理结构（以 IMF、世界银行等为代表）、20 世纪 70 年代中后期形成的金融市场分业治理体系（以巴塞尔委员会、国际证监会组织、国际保险监督官协会为代表）和 21 世纪（包括"9·11"事件和 2008 年国际金融危机两个重大分水岭）以来建立或强化的治理机制（包括金融稳定理事会、反洗钱金融行动特别工作组、IMF 和世界银行的金融部门评估规划等）。同时，国际金融市场的特点决定了其日常发展运作大量由自律组织、行业协会、私营部门等更加市场化的机制推动和管理，因此有大量市场自身形成的法律文本和自律规则构成国际金融市场治理体系的重要组成部分。但新的国际格局和科技变革可能会推动原有机制发生重大改革，甚至催生新型治理机制。其一，当前全球形势很可能会强化区域化的金融市场治理机制发展。其二，跨国自律组织、专业团体等机制可能会创新出更加灵活的市场治理机制，以适应新科技乃至数字货币给金融市场带来的变化。其三，IMF、FSB、巴塞尔委员会、IOSCO 等一系列国际官方和半官方治理机制势必逐步改革其定位和工作模式。其四，国际金融市场治理体系中核心人才将由以法律、金融等背景为主转向科技背景和原有专业背景并重的结构。

最后，国际金融市场风险将发生深刻变化，风险形成与传播方式将改变，非传统风险将加剧。在变革过程中，总是机遇和挑战并存，有多少新机会涌现，就有多少新风险需要面对。其中最大的风险是在变革转型过程中的不确定性，包括国际政治摩擦和冲突的不确定、国际经济格局和规则调整的不确定、科技适用和演变的不确定，以及疫情、恐怖主义等非传统风险冲击的不确定等。与风险来源和发生时间的不确定性相比，风险传播路径的不确定性可能更需要各国监管机构予以重视。历次重大金融危机后，各国监管机构都会加强对风险传播路径的研究分析，虽然"黑天鹅"和"灰犀牛"总是防不胜防，但如果能掌握风险传播路径，就能尽量防患于未然，至少在风险发生时能够迅速采取应对措施。而国际形势和科技等的不确定性将使监测、分析风险传播路径愈发困难。

以上这些可能的变革趋势，要求中长期内我国推动金融市场改革开放时必须不断加以研究并随时准备好应对措施。

二、双循环新发展格局

面对新冠肺炎疫情爆发以来愈发复杂的国际格局，党中央提出，要加快形成以国内大循环为主体、国内国际双循环相互促进的新发展格局。双循环的新发展格局对于金融开放尤其是债券市场开放意味着什么？更多的机遇还是挑战？本书认为，双循环不仅不会降低金融对外开放的重要性，还会为金融开放尤其是资本市场开放提供新的机遇。正如中央财经大学张礼卿教授所说："通过扩大对外开放，特别是金融开放，让更多的外国商品和生产要素参与国内大循环，实现国内循环和国际循环相互促进，那么'双循环'新发展格局就有望比较顺利地形成。"①

首先，双循环需要金融市场更好地发挥资本和资源的配置作用，促进实体经济转型升级，助力国内大循环加速形成和优化。这就需要金融市场深化改革和对外开放，以改革加速开放，以开放促进改革，切实提升金融市场的资本配置效率。债券市场对外开放一直发挥着金融市场开放的基础设施和试验田作用。从债券市场开放经验可以看到，着力吸收优质的海外发行人和国际中长期投资者，有助于提升中国市场的吸引力，扩大中国金融市场的深度和广度，增强中国市场的创新活力，改善中国资本市场结构。而吸引更多优质中介服务机构，包括未来吸引更多法律、会计、支付清算、信息和科技类服务机构进入中国市场，有助于提升中国金融市场规则和标准，并打通吸引全球参与者的"规则接口"。从更本质的角度看，深化改革需要利益格局的调整，而"开闸引鱼"有利于通过调整市场利益主体的构成，改变利益格局的对比，为深化改革创造机遇。

其次，双循环有助于夯实中国金融市场基础，增强金融活力，为更高层次的金融市场对外开放奠定基础。增强内循环有利于扩大国内市场规模，优化市场结构，强化科技创新和消费升级，由此将有利于从资产端、投资端、科技端三个维度促进金融市场尤其是资本市场的发展。唯有国内产业不断升级发展，市场规模不断扩大，才有可能为资本市场提供越来越多的优质资产，为投资者提供长期较高的回报。而国内市场的转型和扩大也会创造出更多的资产和财富管理需求，为资本市场提供更多的资金保障。科技端发展则对金融市场组织模式和效率的深刻变革至关重要。但金融市场的核心科技升级仍然有赖于整体国内经济循环激发科技创新活力，金融市场变革往往要借鉴产业科技创新和组织管理变革的成果。

---

① 张礼卿. 对"双循环"新发展格局的几点认识. (2020-09-19) [2021-10-13]. https://column.caijing.com.cn/20200919/4699731.shtml.

最后，双循环新发展格局将有助于增加国内企业和居民进行海外投资理财的需求，推动我国资本账户和汇率管理制度深化改革，为金融市场高水平的国际化奠定重要基础。一方面，内循环的发展壮大将使我国"走出去"参与国际市场具备更坚实的基础，同时也为我国进一步深入资本账户和汇率管理制度改革提升底气和自信；另一方面，内循环的优化将增加国内产业资本、金融资本和普通居民对外投资的需求，反过来将推动资本账户和汇率管理制度继续向深水区前进，完成大国经济金融改革必须做出的奋力一跃。

三、全球产业链变革

新冠肺炎疫情的冲击使近年来产业链和价值链格局持续调整的趋势更加显性化，一般学者认为：第一，中心国家对产业链布局的考虑将从侧重降低成本转向成本与风险并重，供应链变短、区域化的趋势将上升；第二，区域内减免关税和区域外"强排他性"规则可能会减弱区域间产业链作用；第三，数据跨境自由流动将加速全球产业链的数字化、智能化。

本书认为，上述观点有参考价值，但新冠肺炎疫情冲击下的全球加速变局还未充分展开，科技发展对产业链的影响尚待观察，除以美、中、西欧为焦点的美洲、东亚、西欧、中东欧等区域外，非洲、南亚等区域在大国产业链布局中的影响也需要进一步深入观察研究。总之，全球产业链的历史性演变方向现在断言还为时过早。

尽管如此，我国金融市场的改革开放仍应助力实体经济有效应对全球产业链变革带来的影响。首先，亚洲特别是东亚各经济体加强经贸合作的势头愈发显著。《区域全面经济伙伴关系协定》（RCEP）已完成正式签署，下一步要推动全面实施。从长远看，我国在全球制造业中的地位会不断提升，越南、印度等新兴经济体的地位也会有所提升。在此形势下，我国在促进金融市场国际化的同时，也应顺势加强亚洲地区的金融市场合作。前面提及，东亚债券市场合作已积累多年，但此前本地区缺乏广度、深度足够大的国际性债券市场在区域合作中起到引领作用。随着我国债券市场国际化的不断深化，将在亚洲债券市场区域合作中加强引领作用，推动区域债券市场合作，服务于本区域实体经济合作和区域产业链合作向纵深发展，进而为未来亚欧债券市场、亚非债券市场等在"一带一路"倡议下深化金融互联互通发挥基石作用。

其次，专家普遍提到产业链格局调整与区域内经贸规则标准的提升紧密相关。大国金融市场开放必然要求其金融市场规则、金融服务贸易规则及相关司法和仲裁体系与国际接轨，甚至引领区域规则向更高水平发展。因此，在服务于国家双循环战略、应对全球产业链变革的过程中，必然要求我国包括债券市场在内的金融市场从牌照型开放向制度型开放转变，从重规章改革到重法治建设转变，从着力金融交易准入到着力全面引入、激活金融服务业转变。

最后，大数据流通与产业数据化、智能化是各国、各区域未来在产业链调整中着力竞争的高地。实际上，产业数据化转变需要强大的顶层设计、高度发达的基础设施、强大的科技创新和转化能力，以及相应的生产、管理和市场模式的变革。而金融市场单凭自身是无法实现数据化、智能化变革的，必须依靠实体经济数据化、智能化变革形成的基础依托。未来金融市场开放不仅要考虑主体和制度的开放，还要顺应全球产业数据化、智能化的潮流，探索数据开放、金融科技开放，这样的开放必然深刻影响我国金融市场的规则制定乃至组织模式。

四、人民币国际化的新机遇

大国金融市场能否成为高水平开放的国际化金融市场乃至国际金融中心，与其货币的国际化程度密切相关，美、欧、英、日等莫不如是。讨论我国债券市场对外开放的前进方向，必然要展望人民币国际化前景。近年来，人民币国际化取得了显著进展。2015年，人民币正式被 IMF 纳入 SDR 货币篮子。截至 2019 年年末，中国人民银行共与 39 个国家和地区的中央银行或货币当局签署了双边本币互换协议，覆盖全球主要发达经济体和新兴经济体，以及主要离岸人民币市场所在地，总金额超过 3.7 万亿元。根据 SWIFT 2020 年 11 月发布的数据，人民币在国际清算结算中所占比例为 1.66%，为全球第六大活跃货币。人民币在"一带一路"沿线国家的使用也取得了积极进展。这些都为人民币国际化进程的扎实推进奠定了坚实的基础。但正如余永定教授所指出的："人民币国际化是一个市场化的过程。揠苗助长式的人为推动，不但成本巨大，而且欲速则不达。"① 人民币国际化进程在很大程度上取决于外国政府、投资者和居民是否愿意用人民币作为计价、结算和价值储藏手段，以及进行资本项目下的自由兑换。这一进程虽日益紧迫，但要掌握一个比较好的平衡：既积极有为又不操之过急。言下之意，人民币国际化既需要顺应我国自身经济发展和改革开放的进展，也需要顺应国际环境的变化趋势。国际市场各类主体是否愿意选择人民币资产，既要看我国自身的硬实力，也要看人民币与其他大国货币的相对吸引力。

自 2008 年国际金融危机以来，美、欧等西方经济体陷入对货币宽松政策的依赖，尤其是新冠肺炎疫情的冲击有可能使美国等国在未来若干年内陷入持续货币宽松和债务高企难以自拔。这一趋势正在削弱美元的信用基础，也逐渐削弱了世界对美国金融公信力的信心。与之相对，人民币资产的吸引力持续上升，流入我国国内股票市场和债券市场的资金规模持续扩大。当然，这并不代表人民币已经走上一帆风顺的国际化道路。但是，国际资本对人民币资产相对我国经济发展依然处于低配状态，随着中国金融市场持续深化改革开放，如果国际资本对于分散投资的需求持续上升，像我国这样既

---

① 引自余永定教授为《穿越周期：人民币汇率改革与人民币国际化》（张明. 北京：东方出版社，2020）一书撰写的推荐序。

有回报潜力又有足够深度的低配市场实际上是稀缺资源。

金融市场开放如何顺应人民币国际化大趋势，与人民币国际化相互促进，是关系到我国金融市场能否达到更高水平开放的关键问题，并决定着我国金融市场最终能否发展成为与我国经济实力相匹配的国际金融中心。

首先，在金融市场国际化过程中，金融市场应成为人民币国际化相关改革的试验田。人民币国际化涉及资本账户开放、清算结算等基础设施互联互通、市场主体参与人民币国际化业务的双向开放、为境外机构持有人民币提供更多资产和衍生工具等。中共中央办公厅、国务院办公厅2020年印发《深圳建设中国特色社会主义先行示范区综合改革试点实施方案（2020—2025年）》，支持深圳在推进人民币国际化方面先行先试。金融市场尤其是债券市场需要抓住机遇、锐意创新，积极探索在深圳、上海、海南等改革开放试验田积极推动与人民币国际化相关的开放试点。

其次，金融市场国际化的一项关键内容是基础设施的互联互通，这是金融市场开放的顶层设计内容。同时，人民币国际化的一项核心内容也是基础设施的联通。实际上，区块链、数字货币乃至清算结算创新，可能是人民币国际化进一步冲开层层阻力破局的重要渠道。当前，国际清算结算体系中一些不合理的结构已经不能充分反映全球经济格局的变化发展。同时，清算结算基础设施动辄被用作制裁工具，广受国际社会诟病。金融市场跨境清算结算涉及证券、衍生品等资产流、资金流、外汇汇兑、数据信息流。我国开放金融市场，包括债券市场，一方面需要考虑维护国家金融安全，另一方面也宜开拓创新，为人民币国际化夯实金融交易结算的基础设施。

最后，未来若干年，我国金融市场对境外投资者等各类参与主体的吸引力将逐步上升。推动人民币国际化，需要在防范风险的同时，抓住国际环境变化带来的机遇，通过深化金融市场改革为境外投资者提供更多的人民币资产和交易便利，从而吸引更多的境外机构持有人民币。在这一过程中，正如美元与美国国债的关系所表明的，我国国债市场的深化改革开放将成为关键。我国需要加快国债市场的现代化治理改革，进一步推动国债市场对外开放，切实让国债发挥金融市场的基础定价资产作用，成为人民币国际化之锚。

五、金融市场国际化中的非传统风险

未来，我国在金融市场国际化过程中，既要锐意进取，也要防范风险，尤其是近年来凸显的非传统风险，需要加强研究应对之策，并在实践中不断积累总结经验。

第一，未来一段时间，由于西方国家政府和中央银行长期采取高负债加低利率政策刺激经济增长，其政策空间不断缩小，全球金融市场对主要西方国家经济复苏、高负债等问题可能出现愈发频繁的信心波动，造成市场风险传导，影响我国对外开放的稳定环境。

第二，在上一轮全球增长周期中积累的贫富差距、政治矛盾等因素会继续推动一些国家陷入社会冲突和政局动荡。而新冠肺炎疫情冲击带来的经济萎缩、失业扩大等因素可能会产生持续影响，破坏金融市场和金融体系的稳定，并引发国际金融市场的波动。

第三，越来越多的地缘冲突和贸易冲突、金融制裁干扰国际金融市场的正常秩序，扩大了我国金融市场开放所面临的一些风险。在经济高度全球化、产业分工高度专业化、金融与资本高度国际化、国际清算高度美元化的今天，如果美国利用其经济、科技、金融、美元的优势或霸主地位，为实现其自身经济利益和政治目的，带头破坏国际贸易和全球治理规则，以本国法代替国际法，以本国规则代替国际规则，对他国发起贸易战、关税战、科技战、金融战，对他国进行贸易和金融制裁，将对他国的产业与企业、经济与金融、资本与投资等造成严重干扰和冲击，对货币和金融的稳定形成严重威胁，增加经济、金融及投资的不确定性。

第四，金融科技信息系统的高度发展可能带来新的金融风险。

随着金融机构和金融体系对信息科技的依赖不断增强，科技信息系统的复杂性也在不断上升。一旦遭遇外部攻击、外方制裁、环境破坏等，就可能造成系统瘫痪、金融业务停滞、客户信息数据泄露等风险。

第五，发生全球性、地区性疫情或自然灾害、气候灾害等可能带来的金融风险逐步上升。受气候、生态、环境恶化，以及人口流动、人际交流更加频繁和密集等因素的影响，发生此类灾害的概率和频率可能会越来越高，如果预防和管控不够及时有效，其所造成的破坏和危害就会越来越大。经过此次全球疫情后，国际金融市场对此类风险的敏感度会显著提升。

正是因为这些非传统金融风险的出现，我国更需要与更多国家、更多主体建立更深的联系，防止金融脱钩，共同抵御风险，构建命运共同体。我国在金融开放过程中，应倡导国际金融多边合作，共同应对、化解各类非传统风险。

第二节　从跨境投融资视角看中国债券市场国际化前景

一、全球长期资金配置与中国债券市场国际化

我国债券市场国际化需要顺应国际金融市场变革的大势，更加明确地定位自身国际化的优先目标，以及实现这些目标应该优先吸引的机构。从投资者角度看，引入长期资金应成为债券市场国际化发展的目标。价值投资、长期主义逐渐成为很多国家金融市场的发展远景。与短期资金投资行为通常表现为高转手率、量化交易、套利交易、"羊群效应"等不同，长期资金由于资金来源更加稳定，投资行为更多地表现为价值投资、逆周期投资、耐心资本投资。长期资金作为长期债权人或股东，通常表现为负责任的利益相关方角色。

由于长期投资者预期在较长时间内承担风险、获得收益，其与融资人长期利益的一致性更强，对融资人的管理有更多监测，形成外部约束，提高公司治理水平和管理效率，维护实体经济和金融体系稳定。

我国在实现债券市场国际化过程中，也以吸引长期资金入市为导向。例如，从最初的QFII/RQFII制度，到后来优先引入境外央行（货币当局）、国际金融机构、主权财富基金，再到中国人民银行在2016年3号公告中明确境外投资者涵盖"养老基金、慈善基金、捐赠基金等中国人民银行认可的其他中长期机构投资者"，可以看出我国债券市场国际化的侧重点。从海外长期投资者的配置策略看，开展跨境债券投资尤其是在包括中国在内的新兴市场进行债券投资，成为其投资重点方向。养老金是全球长期资金中最主要的组成部分，且其规模每年都在增长，在长期资金投资中具有代表性。本节将以全球养老金为例，介绍养老金及其投资策略对我国债券市场国际化前景的影响。

（一）长期资金是开展跨境债券投资的重要力量

养老金成为全球债券市场的重要资金来源。从绝对规模看，截至2018年年末，全部OECD国家养老金资产总计约48.6万亿美元。从相对规模看，OECD国家私人养老金/GDP平均为126%。长期以来，股票和债券都是资产配置的重要标的。根据韦莱韬悦公司的报告，截至2019年年末，全球7个主要国家[①]的养老金在股票、债券、另类投资、现金中的配置比例，分别为45%、29%、23%、3%。过去20年，股票的配置比例从61%下降至45%，债券的配置比例一直保持在30%左右。

近年来，本国偏好的下降推动了养老金投资的国际化、跨境化。例如，1999—2019年，全球7个主要国家养老金的本国股票持有比例

---

① 包括澳大利亚、加拿大、日本、荷兰、瑞士、英国和美国。

从68.6%降至39.7%，本国债券持有比例从79%降至70.9%。OECD的数据也进一步证实，2008—2018年，绝大部分国家养老金的海外资产占比提升。以日本第一大养老金GPIF为例，自2012年以来，GPIF多次降低本国资产持有占比，增加海外资产配置。2020年3月，GPIF进一步调整本年度资产配置组合，将本国债券持有比例由35%降至25%，外国债券持有比例由15%调升至25%。

被动投资策略进一步推动养老金投资的长期化、国际化。在投资策略上，被动投资已成为主流投资策略。根据CREATE-Research对全球25个国家135家养老金的调研，66%的养老金管理人认为被动投资已成为其资产管理中的"成熟组成部分"，另有15%表示被动投资正在实施。82%的养老金管理人表示在其资产配置中有被动投资的股票，54%的管理人表示有债券被动投资。被动投资方式主要包括指数化投资、ETF等。被动投资占据主流，主要源于过去10多年主动投资扣除费率后相对收益率较低。

（二）市场国际化有助于吸引长期资金入市

金融市场开放对于吸引长期资金有十分积极的作用。在长期资金积累的初期，各国对长期资金（尤其是养老金）开展海外投资限制较多。但近年来，全球金融市场开放成果显著，尽管部分国家对养老金海外投资的总比例、投资国别等仍有一定限制，但各国放松长期投资者海外证券投资的限制已是大势所趋。主要的OECD国家对本国养老金投资海外证券的管制都较少。

目前，长期投资者主要存在于发达经济体中，根据世界银行2015年发布的数据，高收入国家的长期资金规模/GDP为64%，中高收入国家和低收入国家的这一数据分别为19%和9%。由于长期资金在不同收入水平的国家之间存在显著差异，低收入国家长期资金供给不足，加之发达国家对长期资金在国际市场配置资产限制较少，很多发达国家的长期投资者对投资发展中国家兴趣浓厚。世界银行数据显示，美国和英国的共同基金在海外投资债券时，对发展中经济体偏好长期限公司债,且投资期限通常比该发展中经济体自有的共同基金更长。有学者认为,发达国家共同基金之所以愿意承担更高的长期投资风险,是因为它们的规模更大,能够通过投资不同的经济体来分散这种风险。可以看出,对发展中经济体而言,金融市场开放有助于吸引国际投资者,并开展长期投资。

(三) 全球长期资金对中国债券市场兴趣浓厚

随着中国加入三大国际主流债券指数,海外养老金对投资中国债券市场的兴趣上升。荷兰养老金 APG 早在 2016 年就投资了中国债券市场,与易方达基金开展合作,并在中国设立了办公室。APG 认为,"中国作为全球第二大经济体,债券市场正在进行前所未有的开放"。自 2016 年人民币加入 SDR 后,海外长期投资者通过多种渠道表达了参与人民币债券市场的强烈兴趣。另据中国人民银行上海总部公布的信息,目前已有多家海外养老金进入中国债券市场,包括韩国国民年金公团、加拿大年金计划、安大略省教师养老金、瑞士联邦养老金、丹麦养老金保险、阿布扎比退休养老金、安大略退休金、工银(澳门)退休基金等。

中国资产尤其是中国债券还有很大的提升空间。通过梳理全球养老金年报发现,一些大型养老金基于提高"风险调整后收益"、资产分散化等考虑,打算进一步加大新兴市场投资,并明确表示了对中国资产的兴趣。目前,中国资产在海外养老金总资产中比例很低,特别是中国债券的持有占比很低,明显低于其债券配置在总资产中的占比。

(四) 海外长期资金参与中国债券市场仍存在挑战

展望中国债券市场国际化,海外长期资金的参与将成为一股趋势性力量,这是短期、中期和长期因素叠加的结果。短期看,中国债券市场提供了三类相比海外成熟市场有竞争力的资产:人民币资产、高收益资产、低相关性资产。在全球低利率环境下,以及全球老龄化加剧、养老金投资压力增大的背景下,从收益成本权衡的角度考虑，养老金等海外长期资金无法忽视中国债券市场。中期看，扩大债券市场国际化成为我国的一项持续性政策，各项便利措施围绕这一开放性政策而展开，海外长期资金的各种诉求不断得到解决。同时，人民币债券已经被纳入三大国际主流债券指数，在被动投资风头正盛的时代，海外长期资金必须选择将人民币债券纳入投资组合中。长期看，人民币国际化正在稳步发展，在国际货币篮子中的作用日益突出。与此同时，海外长期资金正在向全球化投资、指数化投资、新兴市场投资、ESG投资等策略转型，中国债券市场正好契合了海外长期资金的内在投资需求。

当然，也应看到当前海外资金参与中国债券市场面临一些障碍。其中一些障碍是难以克服的，如海外投资者对中国债券市场不熟悉，参与模式与其海外既有模式不匹配等，但也有一些障碍与大环境相关。近年来，国际形势日益复杂，海外养老金投资中国也受到了一些非市场化因素的影响。例如，2019年8月，美国两位参议员致信美国联邦雇员退休金委员会主席，认为"把美国政府雇员的退休金投资给特定中国企业，有损美国政府雇员的利益和美国国家安全，还将使约500亿美元的联邦政府雇员的退休资产暴露在严重的、未披露的风险中"。这两位参议员已拟定专门议案，通过要求美国公众公司会计监督委员会进行全面检查的方式，对美国联邦养老金投资标的设置障碍。此外，美国将包括海康威视、科大讯飞等在内的中国公司列入黑名单，而这些公司正是美国多家养老金的投资标的。尽管当前国际政治因素尚没有明确针对中国债券市场，但这些风险仍然不容忽视，值得前瞻性预防和应对。

二、熊猫债市场发展前景展望

债券市场融资端国际化，意味着中国债券市场在全球具备一定的影响力和吸引力，并由此加深各类投融资机构、中介机构和中国金融体系的联系。尽管当前熊猫债市场规模不大，与中国庞大的债券市场规模相比，仍属于"珍稀品种"，但其未来前景是很值得期待的。特别是如果一些掣肘跨境融资的政策能够及时解除，将吸引更丰富的境外机构进入境内人民币债券市场融资。

（一）熊猫债市场发展潜力值得期待

研究表明，从国际市场看，一国债券市场国际化水平一定程度上受该国储蓄率水平影响。例如，英、美两国储蓄率低，经常项目持续逆差，在国际市场上通常以借款人身份出现，境外投资者持有本国债券占比较高；相反，德、日、韩三国是全球储蓄和资本的主要提供者，通过债券市场国际化利用外国资本的比例较低。考虑到中国实际情况和国际化现状，未来债券市场境外投资者持有占比仍有上升空间，而境外机构在国内融资（熊猫债）也有较好的发展潜力。

熊猫债的市场发展潜力来自多个方面。首先是中国债券市场坚实的投资者基础和庞大的人民币资金供给。中国债券市场是超大规模债券市场，包含的投资群体极为丰富，根据中国人民银行的统计数据，截至2019年年末，中国银行间债券市场各类参与主体共计25 888家。对极力拓展多元化投资者结构、需要多元化负债币种结构的海外发行人而言，中国债券市场十分具有竞争力。其次是跨国企业与境内的联系越来越紧密，内生地需要债券市场提供金融服务。2019年颁布的《中华人民共和国外商投资法》明确了"准入前国民待遇＋负面清单管理"制度，外国企业在境内开展外商直接投资将享受更多便利。跨国企业在境内投资规模越大，对整个金融生态的需求就越强烈。从国际经验看，跨国企业在东道国开展跨境债券融资也成为必选项。

（二）熊猫债市场的结构朝更合理的方向演进

熊猫债市场是一个具备跨境融资属性的国际化市场，这决定了其发展方向是真正地引入国际资源、服务本国发展，而不是形式上的国际化和低质量的国际化。

1. 熊猫债将更加贴合实体经济的发展

资产价格的趋势性走势会刺激套利需求。例如，长期的低利率环境、人民币汇率的单边贬值趋势，都会增强海外发行人基于跨境套利的融资需求。事实上，近年来境内外持续维持正利差，并且自2015年相关汇率机制改革以来，汇率形成机制更加市场化，汇率自由浮动的趋势愈发明显，有涨有跌的双边行情也有助于击退套利型融资者。

2. 熊猫债将实现更加国际化、高质量的发展

优质企业发行熊猫债的条件不断成熟，除了《中华人民共和国外商投资法》优化外商投资管理，吸引跨国企业参与境内市场，债券市场自身的吸引力也在不断增强。交易商协会于2020年9月推出熊猫债分层分类管理机制，实质就是在注册发行、信息披露、中介管理等方面给予优质跨国企业多重便利，让优质企业不仅"进得来"，而且"进得顺"，以一种符合国际惯例、发行人更熟悉的方式参与中国市场。对于国际上常用的"SPV＋担保"发行结构，相关机制也已明确。而外资银行、外资证券公司的进入进一步提高了跨境融资的"友好性"。截至2020年10月末，已有8家外资控股证券公司获批，这将为境外发行人的跨境融资活动提供中介机构多元选择。

3. 熊猫债对国内金融市场的带动作用将更加明显

熊猫债只是中国金融市场国际化的冰山一角，但仅仅是这冰山一角就对金融市场发展与开放的带动作用十分强劲。境外发行人进入中国后，提出制度规则和信息系统英文化、信息披露国际化的新要求，必将推动监管部门、投资者和中介机构朝更加国际化的方向发展，提升国际化视野，打造国际化团队。此外，海外发行人追求长期投融资，有望突破中国金融市场过于短期化的困境，助力中国金融体系化解风险、支持实体、行稳致远。

(三) 激活熊猫债潜力，亟须构建系统性和前瞻性管理框架

尽管熊猫债市场发展前景好、潜力大，但潜力的激活有赖于系

统性的管理政策，不仅需多方施策，更要加强政策协调，真正把机遇留住，把风险管住。熊猫债涉及的管理部门较多，不仅涉及金融监管，还涉及审计监管、外汇外债管理、人民币跨境管理、税务管理、金融外交等。可以说，每只熊猫债成功发行的背后，都离不开监管部门、自律组织和市场机构的协同发力。展望未来，熊猫债的高质量发展对系统性管理提出了更高的要求，无论是风险防范化解，还是投资者建设，抑或是降低业务操作成本，都要求不同管理部门基于职责，形成合力。在跨境投融资方面，在人民币市场发展的基础上，还需要协调统筹进行突破，将中国债券市场打造成真正的多币种市场，构建投融资跨境循环的国际金融中心。熊猫债的跨境融资属性，还要求监管部门增强前瞻性，借助金融科技，形成更高水平的信息收集、数据分析和风险防范应对能力，为跨境投融资互促循环保驾护航。

三、形成债券市场跨境投融资互促循环机制

国际成熟市场尤其是国际金融中心的实践证明，投资端开放和融资端开放不应也不能割裂开来，两者应当相互促进、融为一体。债券市场的国际化应该是"两条腿"走路，形成跨境投融资互促互利的良性循环。

（一）融资端开放可丰富资产类型，带动境外投资者进入

熊猫债的资产类型十分丰富，涵盖了不同类型的主体，是境外投资者的重要投资标的，这从熊猫债的境外投资者持有比重超过20%也能看出。熊猫债这一资产对境外投资者的拉动作用主要体现在三个方面：一是熊猫债发行人类型包括主权政府、地方政府（及相关机构）、国际机构、市场化机构等，无论是配置型需求，还是交易型需求，熊猫债都能满足；二是熊猫债发行人通常在海外有成熟的发债经验、透明的信息披露，很多海外投资者在其他市场对这些发行人已经较为熟悉，参与熊猫债投资更多是顺势而为；三是对于

希望配置海外主体信用、人民币计价资产的海外投资者而言，熊猫债是一个难以替代的选择。

（二）投资端开放可扩展多元投资者，吸引境外发行人融资

投资端开放吸引了大量国际化程度高、在全球开展资产配置的中长期投资者，而这对海外发行人具有很大的吸引力。一是大规模境外投资者的进入，可提高境外机构在境内融资的认购比例，降低融资成本，夯实投资者基础，并进一步维护和牢固投融资主体之间关系。二是提高熊猫债发行便利性。境外投资者国际化程度高，对跨境投融资流程和海外发行主体熟悉，可以接受更加国际化的披露方式和内容，减轻了熊猫债在信息披露方面的压力。三是海外投资者的长期投资属性可在一定程度上缓解境外主体的长期融资需求。从中国人民银行上海总部公布的海外投资者名单中可以看到，海外投资者包括很多境外央行类机构、主权财富基金、养老金、年金、保险公司等长期投资者，而这类投资者通常采取配置型策略，对长期限债券接受度较高，与海外发行人共担风险、共享收益、共同成长。

中国债券市场的国际化，应当是"融资端＋投资端"的国际化，这不仅契合了境外投资者和发行人的现实诉求，也有利于中国债券市场国际化水平的提高，更是中国平衡国际收支、建设国际金融中心、提升金融"软实力"的必由之路。

第三节　从管道式开放转向综合性高水平开放

一、如何理解综合性高水平开放

"不畏浮云遮望眼，只缘身在最高层。"我国债券市场在国际化之初，自身的改革发展尚处于探索阶段，债券市场的规模、深度、

广度都有限。债券市场的基础设施架构、信用风险机制、市场参与者分层、交易工具和手段丰富程度、配套法规和司法仲裁体系都不完善。从对外角度看，我国汇率和资本账户管理配套改革尚在蓄势，我国市场和人民币资产对国际参与者的吸引力有限，正如登山人尚在山脚和山腰，只能关注眼前和脚下，对各领域逐一探索开放，对问题逐个寻求解决方案，从而形成了条块分割的管道式开放和竖井式解决思路。

在推动资本项目可兑换的初期，管道式开放体现在监管部门、制度规则、金融产品、基础设施等各个方面，如境外机构开展股票、债券、基金、衍生品、外汇等业务时，各业务彼此相对分割，人民币业务和外汇业务相对独立，具体表现为：银行间市场和交易所市场的管道式开放，交易方式（现券、回购、衍生品、国债期货等）的管道式开放；交易产品的管道式开放（开始是境外投资者能投资境内什么产品的管道式分割，后来是境内不同类型投资者能投资哪些境外发行人在境内产品的管道式分割）；对境外主体准入、监管、处罚的管道式分割，交易渠道（基础设施）的管道式开放；资本账户管理的管道式开放；"引进来"与"走出去"的管道式开放；等等。

这种管道式开放在一定程度上有利于风险隔离。但随着金融国际化的纵深推进，管道式开放所带来的管理低效、规则庞杂、监管分割等弊端开始显现，开放政策的不同步和不协调反而可能刺激跨市场、跨产品的监管套利。如今，我国债券市场已发展成为全球参与者关注的重要市场，国家的整体经济改革和司法改革为我国债券市场深化改革开放提供了坚实的基础，人民币资产的吸引力正在趋势性上升。可以说，我国债券市场正在从山腰登向山峰。我国将更有条件登高望远，从更高层次、以更高水平统筹规划债券市场国际化，从管道式开放走向综合性开放。

第一，债券市场的综合性开放需要有顶层设计，并且必须有能够承担顶层设计的机制。我国金融市场经过多年探索，已经形成在国务院金融稳定发展委员会的统筹下，各部委分工合作、协同推进的工作机制。债券市场开放涉及我国资本账户管理改革和人民币国际化的全局性问题，宜在国务院金融稳定发展委员会的统一协调下，央行等相关部门协调合作，共同设计我国债券市场深化开放的顶层规划，明确新时期的开放目标、总体步骤、协调机制、风险防范机制等。银行间市场和交易所市场在对外开放过程中，需要就对外开放涉及的规则、标准、风险防范、金融外交等问题加强协调。

第二，债券市场的综合性开放需要破除监管分割带来的交易分割。交易方式的管道式开放是不同监管部门对不同产品、场所的交易准入进行各自独立的牌照管理的结果。在市场国际化之初，这种管理方式有其积极作用和现实原因，一方面有利于摸着石头过河，通过分割式的开放积累经验，逐步扩散；另一方面有利于循序渐进，先易后难，防范风险。这种开放最大的问题就是表面上境外参与机构已经进入我国债券市场各个领域，却无法便利交易和有效对冲风险，也无法在合理范围内进行套利，提升市场交易活跃度。例如，境外投资者大量进入我国国债市场投资，但只能通过场外的利率衍生品对冲风险，无法通过流动性更好的国债期货对冲风险。随着对外开放规模的扩大，高质量开放的紧迫性上升，有必要将管道分割的准入式开放升级为交易友好型开放。关键是在开放过程中通过整体设计和综合规划，将与市场交易密切相关的各个产品、场所统筹开放，至少通过分层分类，对重点吸引的境外交易主体优先试点综合性、交易友好型的市场开放。

第三，债券市场的综合性开放应兼顾一级市场和二级市场。我国在过去较长时间内着力加强一级市场建设，尤其是信用债一级市场建设。但近年来，二级市场尤其是投资者群体建设愈发重要，关系到整个市场的信用机制建设、风险管理水平和评级发展等重大问题，也是真正保持市场创新活力的关键。在对外开放中，由于债券市场投资者归属不同监管部门监管，各类投资者对于同一类境外发行人进入境内的融资产品受到不同的监管约束，造成了对外开放的一、二级市场脱节，也造成了投资者投资范围的管道式开放。例如，保险公司、年金等中长期投资者倾向于投资境外高等级发行人发行的中长期债券产品，而境外高等级中长期发行人正是我国市场开放应重点引入的对象，但受制于投资者监管的管道式分割，需求相互匹配的境外发行人与境内投资者至今仍无法实现互利共赢。今后的综合性开放需要针对发行产品端与投资者端进行整体分层分类设计，建立白名单机制，以便不同监管机构管理的投资者能够根据清晰的风险匹配标准进行自主投资。

第四，债券市场的综合性开放应注重与资本项目开放的协调统筹。债券市场基础设施的互联互通和资本账户管理开放是两个紧密相连的问题，将影响我国国内市场的结构性改革，以及与国际市场接轨的基本模式。当前我国债券市场正在探索国际化的多级托管，进而逐步扩大外资基础设施机构与境内合作的空间，同时也在积极探索在国际化中维护金融数据安全和金融风险防控的有效机制。此外，与债券市场相关的资本账户管理改革也将逐渐进入深水区。这些都需要站在金融市场高水平开放的角度统筹考虑，协调推进。与之相关的是，基础设施开放与资本账户管理改革也将推动债券市场开放从偏重"引进来"走向双向开放、协调发展的阶段。这不仅对我国债券市场改革开放的综合性管理协调能力提出了更高的要求，也会推动我国国际金融中心建设和人民币国际化走向新的发展阶段。例如，随着RCEP的签署实施，亚太区域经济合作将进一步深化，实体经济合作也将带动区域金融合作进一步深化。而我国金融市场不断增强的活力和日益开放的态势将使我国市场在亚太地区金融合作中发挥特殊作用。在推动债券市场双向开放过程中，我国需要审视新的形势，顺应区域合作带来的机遇，利用我国在亚洲债券市场合作中打下的基础，进一步促进我国债券市场在亚太区域发挥金融中心市场的作用。

第五，债券市场的综合性开放意味着数据统计、监督管理、执法处罚需要打破管道式分割，不断加强协调统筹，以便有效应对开放带来的潜在风险，并在全球或区域性金融危机中有效应对外部冲击。其中，金融科技是对外开放中提升综合性监管能力的重要基础。我国监管部门近年来高度重视监管数字化、系统化、科技化建设，大力开展监管科技运用的探索实践。经过一段时间的探索，各部门金融科技运用的管道化和条块化探索将面临进一步加强协调、统筹标准、加强互通的问题。打破管道式管理，还需加强对外开放过程中的法规与执法清晰化，减少模糊地带，减少中央与地方之间及各地方之间的解释差异。此外，债券市场深化开放将带来更多涉及国际金融规则标准制定乃至金融外交的问题，这些都需要有顶层设计和综合管理来有效应对。

二、加强债券市场国际化的统筹协调

近年来，我国稳步推进债券市场国际化，越来越多的境外机构在国内债券市场投资、融资、提供中介服务。尽管债券市场国际化的大门已经打开，但在实际业务开展中依然存在不少"暗门""偏门"，一些隐性壁垒的存在使国际金融组织、境外企业、境外金融机构在国内开展债券市场国际化业务依然面临障碍。由于债券市场国际化推进工作分散在不同部门，如"一行两会"、国家发展改革委、财政部、外汇管理局、税务总局等分别在各自职责范围内形成影响，一些规则缺乏协调性，增加了市场运行成本。债券市场国际化是一项系统性工程，既包括宏观层面的统筹，也包括微观层面的协调。

（一）宏观层面的统筹

宏观层面的统筹，是将债券市场国际化置于我国构建开放型经济新体制的框架内，统筹考虑债券市场国际化和经济国际化的关系，使债券市场国际化服务于我国对外开放大局。宏观层面统筹的核心是统筹好以下三对关系。

1. 统筹机构监管和业务监管

债券市场国际化的落地从两个维度展开：机构维度和业务维度。前者指境外机构进入我国债券市场，后者指债券市场跨境投融资业务，两者具有内在统一性，没有离开业务的机构，缺少机构则业务也无从谈起。我国应就债券市场国际化相关的机构准入、业务准入、牌照管理、额度管控、展业管理等加强统筹，减少多头监管下境外机构展业面临的"过度监管、监管空白并存"局面。

2. 统筹债券市场国际化的主线和支线

债券市场国际化除了跨境债券投融资项目这类"实打实、有抓手、落地快"的主线工作，还包括很多配套的支线工作，如基础设施的建设和联通、财务报告准则和审计监管的趋同、跨境税务规则的明晰、外汇外债和资本流动的管理，乃至法制和信用建设等，这些工作虽然不一定在台前，但对债券市场国际化影响深远，应当与主线工作同步统筹推进。

3. 统筹债券市场国际化的不同侧面

统筹债券市场国际化的不同侧面，如融资端、投资端、中介端开放的统筹推进，业务发展和规则制定的统筹推进等。

(二) 微观层面的协调

微观层面的协调，包括在业务落地层面加强不同职责部门的协调，降低债券市场国际化中的摩擦和成本。以熊猫债为例，首先是亟须构建熊猫债存续期管理机制。熊猫债存续期管理不仅关系存续期，更关系整个熊猫债业务的全流程。如果存续期管理机制不明确、不完善、不健全，风险防范的关口势必前移至注册发行环节，熊猫债"资质下沉"之路困难重重，市场也难以真正发展壮大。熊猫债存续期管理涵盖内容较广，诸如信息披露、持有人会议、违约处置、调查处分、跨境监管执法等，需要监管部门从更高层次进行统筹。其次是继续加强熊猫债投资者建设。境外机构在境内发债，扩展投资者基础是其高阶需求，但在实践中出现了投资者结构单一的问题。原因之一就是很多投资者（尤其是保险等中长期资金）投资熊猫债仍存在政策掣肘，这需要监管机构从审慎性和国际化的角度进行统筹考虑。最后是要系统地降低熊猫债业务操作成本，包括税收成本、审计师备案成本、外债额度占用的成本等。

三、增强监管的科学性和规则的包容性

在债券市场国际化过程中，与之相适应的监管能力至关重要。我国对金融市场国际化领域（及配套领域）的监管，要摒弃"非黑即白、非零即一"的二元对立思维，实现监管能力与国际化水平的匹配。应优化监管方式，提高开放条件下金融监管的科学化和国际化，让政策更加透明、可预期。例如，对于熊猫债资金的跨境使用，考虑到发债时间窗口对融资主体的重要性，使相关工作机制化、规则统一就十分重要，对此可明确资金跨境使用的管理标准，如总量管理还是比例控制，或者对境外主体实行分层分类管理，建立白名单制度，允许白名单上的主体进行更加灵活的跨境资金使用。又如，境外机构在境内开展外汇衍生品交易时，可探索将"逐笔按实需原则对冲"的规定有序放开，转为按照一揽子总额进行管理。

监管规则的包容性和透明性也同样重要，境内的许多制度规则都是基于历史、境内主体和交易经验形成的，在规则发布时未预期到境外主体和跨境交易的因素，但受制于路径依赖，在债券市场国际化后，相关规则尚未进行适应性调整。例如，海外汽车集团公司的境内汽车金融公司和境外汽车金融公司之间的拆借能否适用同业拆借，非自用熊猫债是否需要占用外债额度，跨境资金池的准入标准如何适应跨国企业的需求等，这些规则有待调整。

我国应系统梳理与债券市场国际化直接或间接相关的制度规则。一方面要增强制度规则的层次性和简洁性，尽量防止监管规则过度烦冗复杂，避免一些规则"大补丁"上打"小补丁"，减少不同部

门、不同地区对规则解读的差异，便于境外机构查阅、理解，降低境外机构查找和适用监管规则的成本，对不好理解的条款以问答的形式予以解释；另一方面要提高制度规则透明度，尽量减少窗口指导，同时打破路径依赖，在制度规则修订过程中广泛听取境外机构意见，提升规则的包容性和国际化。此外，统一的协议文本是市场发展的基础设施，应从统一的市场、统一的基础设施出发，形成统一的相关协议文本，减少交易成本。

四、实现债券市场制度规则的国际化

一是从"无规则"到"有规则"再到"优规则"。实践表明，国际机构，尤其是在全球不同市场开展跨境投融资的国际机构，十分重视声誉风险。它们在经历市场的大风大浪后，认识到了安全生存的意义，认识到了合规经营的重要性。因此，国际机构进入新市场展业面临较高的内部合规门槛，这也是很多国际机构历经上百年依然屹立不倒的原因。正因如此，在债券市场国际化背景下，建章立制、明晰规则有特殊意义，而且对不熟悉境内市场的国际机构而言，规则越清晰越有利。从没有规则到建立规则是中国债券市场走向成熟的第一步，而规则的进一步清晰透明、优化升级则是关键一步。

二是让规则真正做到"境内机构能接受，境外机构能做到，中介机构能尽职，监管机构能监管"。制定债券市场国际化规则最根本的困难在于需要调和两对矛盾：市场和监管的矛盾、境内机构与境外机构的矛盾。前者是指市场机构希望适用其熟悉的国际规则和惯例，而这可能与东道国的既有监管规则甚至监管主权发生冲突；后者则涉及如何在适应海外主体需求和一视同仁对待境内外主体，防止超国民待遇之间寻找平衡的问题。解决方法之一是探索建立分层分类管理机制，对于全球声誉显著、受到良好监管的境外金融机构或跨国企业，可在市场准入、交易类型和额度管控、衍生品对冲、外汇外债、资金跨境等方面显著减少政策限制，提高可兑换程度，并逐渐推广至更多主体。

三是实施制度规则英文化工程。在债券市场国际化中,英文化是国际化最直观的体现,是金融市场"软环境"建设的重点举措,也是在开放条件下实现制度规则"友好度、人性化"的重要体现。与日本、韩国乃至一些东南亚国家相比,我国金融市场各项制度的英文化程度很低,境外机构只能通过中介机构(金融机构、律师事务所等)协助翻译,这不仅导致重复建设,增加了成本,而且各方对制度规则的翻译质量、理解程度存在偏差,影响了实际效果。当然,除了制度规则,还应推动申请文本、协议与合同文本、业务流程、信息系统、监管部门官方网站等的高质量英文化,让各方便利、高效地参与我国债券市场。

五、在绿色发展、可持续发展中实现债券市场国际化

根据 Environmental Finance Data 的数据,2021 年,全球绿色、社会、可持续性和可持续发展挂钩债券(GSSS 债券)的发行总额达到 1.03 万亿美元,比 2020 年增长近 70%。有关专家预测,2022 年 GSSS 债券发行总额将达到 1.5 万亿美元。而这一趋势在我国也有望取得重大进展。2021 年,习近平总书记在世界经济论坛"达沃斯议程"对话会上的特别致辞中指出:"中国将全面落实联合国 2030 年可持续发展议程。中国将加强生态文明建设,加快调整优化产业结构、能源结构,倡导绿色低碳的生产生活方式。"[1] 可持续发展理念将融入我国经济社会发展。

绿色发展、社会责任、可持续发展等理念的发展,国际走在国内前面,很多概念和实践经验也都是从国际引入国内的,一旦引入国内,发展速度会很快。近年来,在新发展理念的指引下,我国对上述理念的重视程度显著提高,由此给债券市场国际化带来了广阔

---

[1] 让多边主义的火炬照亮人类前行之路. 人民日报,2021-01-26.

的前景。事实上，绿色发展、社会责任、可持续发展等与我国债券市场国际化具有天然的关系，而我国可持续债券市场的国际化也将对国际可持续理念的发展不断贡献中国智慧和中国力量。

从跨境融资的角度看，境外机构有较强的动力在全球开展跨境GSSS债券融资，而我国债券市场凭借规模优势和投资者优势，对其有较大的吸引力。国际开发机构是全球绿色债券、社会责任债券、可持续发展债券的引领者，也是主要发行人，对当地绿色债券市场、可持续发展债券市场的发展具有很强的示范效应和带动效应。早在2016年，新开发银行就在中国银行间债券市场发行了30亿元绿色债券，资金全部用于污染防治和清洁能源类项目。2020年，在新冠肺炎疫情全球蔓延的背景下，新开发银行、亚洲基础设施投资银行分别发行了50亿元和30亿元疫情防控债。未来，我国可顺势而为，引入更多国际开发机构、外国政府类机构、世界500强企业在境内发行绿色、社会责任、可持续发展相关债券，实现我国债券市场国际化的高质量、高水平。

从跨境投资的角度看，我国可持续发展债券及相关ESG债券投资产品的不断发展将为境外机构投资者进一步进入我国金融市场创造有利条件和更强的动力。与当前ESG投资理念在权益市场的繁荣发展有所不同，无论是在国际市场还是国内市场，绿色、社会责任、可持续发展相关主题的固定收益产品的供给都明显不足，相关债券领域亟待丰富和完善。极大的探索和创新空间对我国债券市场国际化来说，既是挑战也是机遇。积极地建设和发展债券领域的ESG政策与监管、产品与服务、市场基础设施体系，将赋予我国债券市场极大的吸引力和溢出效应，在加速吸引海外ESG投资者群体进入的同时，也为本币国际化乃至更高层次的气候金融外交工作注入新的动力。尽管境外机构对我国信用债券市场投资仍存在犹豫，但熊猫债、政金债、金融债等品种也有朝ESG方向发展的趋势，ESG领域有望成为未来我国债券市场跨境投融资的主阵地。

图书在版编目（CIP）数据

大国债市：金融高水平开放背景下的国际化之路／万泰雷，张琪，陈夙著．－－北京：中国人民大学出版社，2022.7
　　ISBN 978-7-300-30261-4

Ⅰ.①大… Ⅱ.①万… ②张… ③陈… Ⅲ.①债券市场－国际化－研究－中国 Ⅳ.①F832.51

中国版本图书馆 CIP 数据核字（2022）第 020897 号

大国债市——金融高水平开放背景下的国际化之路
万泰雷　张　琪　陈　夙　著
Daguo Zhaishi——Jinrong Gaoshuiping Kaifang Beijingxia de Guojihua Zhilu

出版发行	中国人民大学出版社		
社　　址	北京中关村大街 31 号	邮政编码	100080
电　　话	010-62511242（总编室）		010-62511770（质管部）
	010-82501766（邮购部）		010-62514148（门市部）
	010-62515195（发行公司）		010-62515275（盗版举报）
网　　址	http://www.crup.com.cn		
经　　销	新华书店		
印　　刷	北京联兴盛业印刷股份有限公司		
规　　格	155 mm×230 mm　16 开本	版　次	2022 年 7 月第 1 版
印　　张	24.5 插页 2	印　次	2022 年 7 月第 1 次印刷
字　　数	306 000	定　价	108.00 元

版权所有　　侵权必究　　　印装差错　　负责调换